생산도시 순천
북한 신지역경제의 탄생

생산도시 순천

설송아 지음

북한 신지역경제의 탄생

웃을 수 있었던, 그리고 울어야 했던 고향 순천을
북한 출신 연구자의 사명으로 기록했다.
순천 사람들에게 이 책을 바친다.

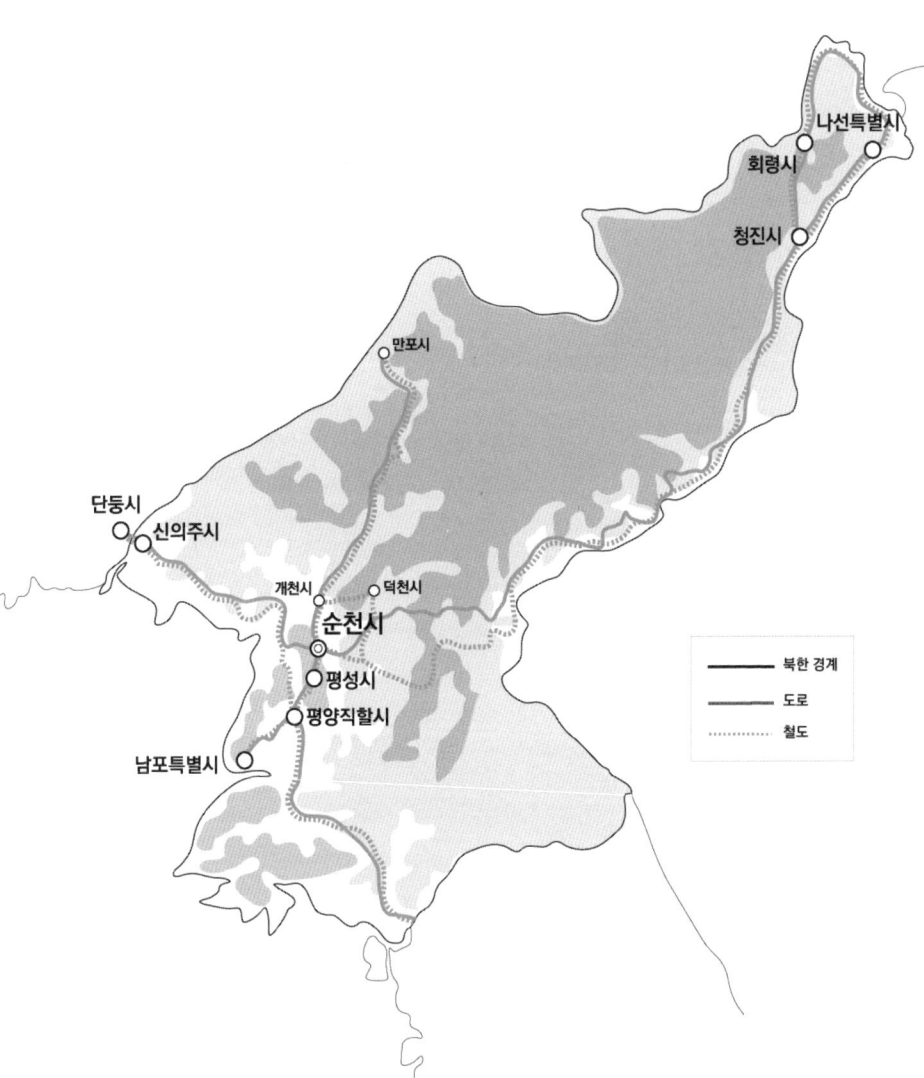

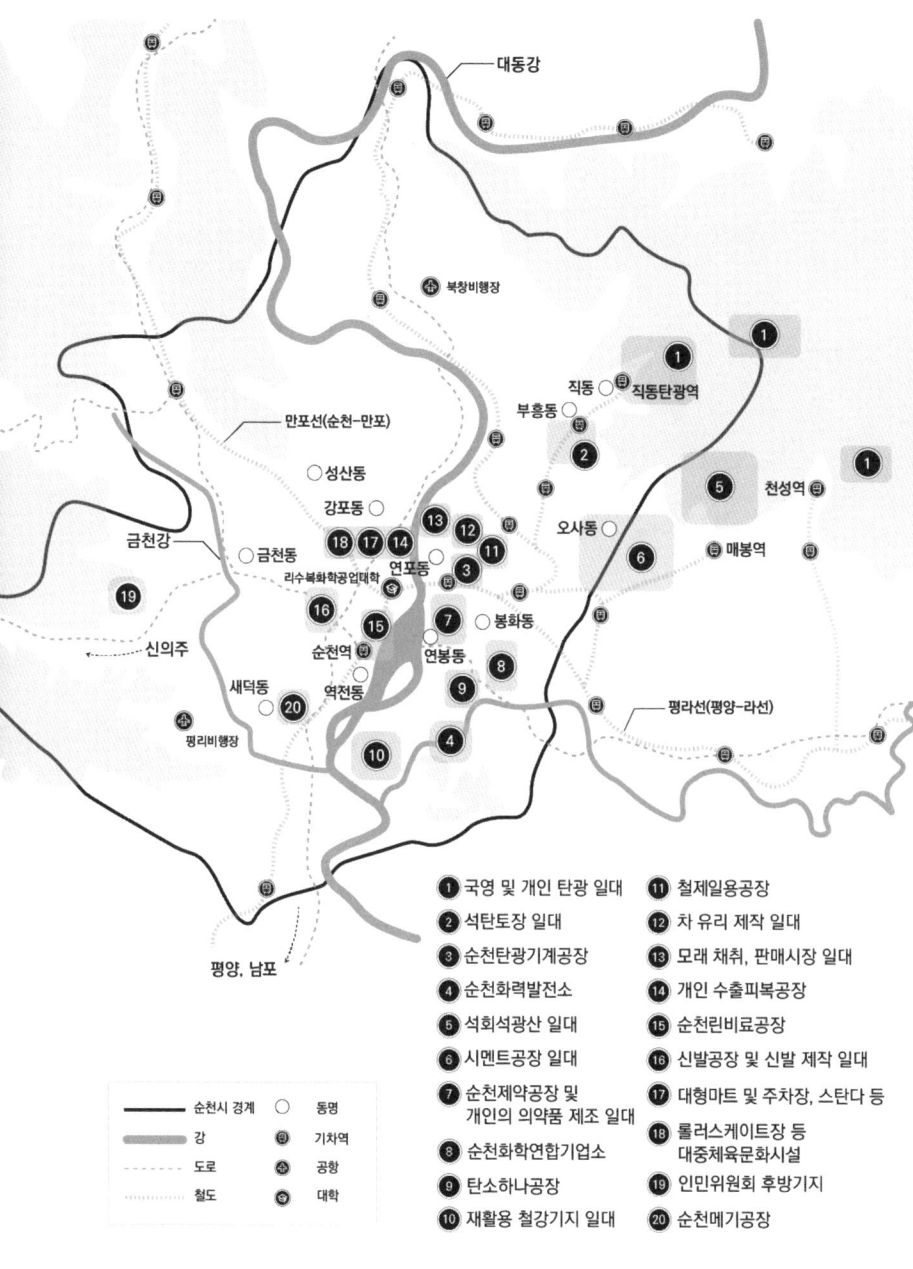

심층 인터뷰 대상자 목록

순번	연령대	성별	탈북연도	주요 경력	거주지역
1	50대	여	2010	석탄 수출기지 지도원	순천
2	40대	여	2017	돌가공 회사 직원	순천
3	50대	남	2008	2.8직동청년탄광 굴진공	평양-순천
4	50대	남	2010	상업관리소 소장	순천
5	50대	남	2010	조선인민군출판사 인쇄공	순천
6	50대	남	2010	성산광산 목수	순천
7	50대	남	2010	화학공장건설연합기업소 직관원	순천
8	30대	남	2012	평성 주재 '알론회사' 운전사	평성-순천
9	60대	남	2008	평양 군수동원총국 자재지도원	평양-순천
10	40대	남	2014	제약공장 노동자	순천
11	50대	남	2009	순천시멘트공장 자동화직장 노동자	순천
12	40대	남	2017	상원시멘트공장 자재과 지도원	평양
13	40대	남	2017	연료 정제기지 기지장	순천
14	40대	남	2012	탄광기계공장 선반공	순천
15	50대	남	2015	서해 수산기지 기지장	안주
16	50대	여	2014	인민위원회 부원	길주
17	50대	남	2010	인민위원회 부원	평성
18	60대	남	2008	순천구두공장 운전사 및 평양 철도국 행정 간부	평양-순천
19	30대	남	2015	주차장 및 세차장 직원	순천
20	50대	남	2008	의약품 제조 및 도매 상인	순천

순번	연령대	성별	탈북연도	주요 경력	거주지역
21	30대	남	2025	남흥화학연합기업소 자재지도원	안주
22	50대	남	2010	51건설사업소 운전사	순천
23	40대	남	2013	석탄 수출 수송대 운전사	덕천-순천
24	50대	여	2017	평양 물자공급관리소 부원	평양
25	40대	남	2013	안주기계공장 사무원	안주-개천
26	40대	남	2014	포병 군부대 장교	신의주-정주
27	40대	남	2018	종합시장 매대 상인	덕천
28	50대	남	2017	금강관리국 부원	신의주
29	40대	남	2017	밀수 상인	용천
30	40대	여	2018	석탄토장 상인	남포
31	40대	여	2018	석탄 장사	단천
32	40대	남	2014	삼일포무역회사 기지장	원산
33	40대	여	2018	석탄 수출 및 원유 밀수입	강계-만포
34	40대	여	2023	종합시장 상인	신포
35	30대	남	2017	석탄 및 시멘트 유통 상인	순천
36	50대	여	2011	신발제작 상인	순천
37	40대	남	2015	서창탄광 노동자	덕천
38	40대	여	2019	금융기관 부원	평양
39	40대	남	2011	연유(연료)가공공장 지배인	청진
40	40대	남	-	북중 물류 중개	중국 단둥

차례

생산도시 순천

15		들어가며
21	**1부**	**지역경제로 본 순천**
23	1장	북한의 지역경제 개념
28	2장	북한의 대표적 공업도시 순천
		개괄
		중화학 중심 도시로의 발전
43	**2부**	**순천의 신지역경제는 어떻게 형성되었나**
45	3장	경쟁력을 갖춘 순천의 배경
		경쟁력 하나. 지하자원
		경쟁력 둘. 산업인프라
		경쟁력 셋. 인적자원
		경쟁력 넷. 교통

53 4장 경제난 이후 지역시장의 형성과 발달
[1990년대] 경제난 이후 태동한 지역시장
[2000년대] 정책으로 공식화된 지역시장
[2010년대] 기업·개인의 자율성 확대와 지역시장 발달

67 5장 순천 지방정부의 역할 변화
[1990년대] 국영상점 시장화의 교두보
[2000년대] 인허가를 통한 시장화 촉진
[2010년대] 지역경제 시장화의 직접적 행위자

81 3부 순천의 주요 산업은 어떻게 변화하였나

83 6장 석탄산업
[1990년대] 일상의 필수 연료 석탄 | 석탄 수요와 자체 탄광 공급
[2000년대] 중국시장의 석탄 수요 폭발과 자본 선투자 | 외화벌이 탄광의 급증 | 석탄 물류산업의 등장
[2010년대] 석탄 수출시장의 변화와 대응 | 석탄 물류기지의 설비·통신망 확충 | 석탄 전문 수송대의 등장 | 최고조에 이른 석탄 수출

138 7장 시멘트산업
[1990년대] 공장과 농장의 물물 거래 시장 | 계획분 시멘트의 유통 방식
[2000년대] 부동산 건설 붐과 시멘트 수요 급증 | 중앙공업 산하 시멘트공장에 유입된 투자 | 지방공업 산하 시멘트공장에 유입된 투자 | 내화벽돌과 보온통 개발 | 시멘트시장의 분업화 발달
[2010년대] 새롭게 등장한 시멘트 생산 주체 | 국영기업의 시멘트공장 신설 | 개인의 시멘트 생산기지 신설 | 공급 주체 증가에 따른 시장 경쟁

187 **8장 제약산업**

[1990년대] 경제난으로 무너진 무상치료제 | 제약공장의 원자재 유출 | 항생제 주사약 및 알약 제조 | 개인 제조 의약품의 유통과 판매 | 제약시장 발달과 자재시장 분업화

[2000년대] 중국 의약품의 비공식 수입 | 중국 의약품의 공식 반입 | 시장 수요에 대응한 제약공장과 개인의 상품 개발 | 중국 의약품 증가로 약화된 순천 제약 시장

[2010년대] 빙두 생산기지로 부상한 순천 | 빙두 제조와 해외 시장 밀수출 | 종합비타민 제조와 국내 시장 유통

237 **4부 파생산업과 신지역경제로의 발전**

239 **9장 준내구재산업**

경쟁력을 확보한 신발 제작업 | 입지에 기반한 의류 가공업 | 소득 상승이 촉발한 맞춤가구 제작업

264 **10장 식품산업**

평양 소비시장과 연계된 양조업 | 가계 수익원으로 발달한 양돈업 | 식생활 변화로 촉진된 제빵업

289 **11장 건자재산업**

시멘트산업 연계 모래 채취 발달 | 위생사업과 농업의 필요로 부각된 생석회 제조 | 석탄 수송의 발달로 파생된 차 유리 제작

302 **12장 재활용 철강산업**

고철 매입처 개인 강철기지 | 자투리 철판으로 8.3용접봉 생산

310	13장 서비스산업
	일반 주민 대상 봉사시설	중산층 대상 종합봉사소	순천의 대형마트, 릉라88 종합상점·종합식당	지방정부 주도의 운송 서비스 확대	후방기지 및 도시건설·수산기지 확장

341	나가며

351	후주

일러두기

1. 이 책은 저자의 "경제난 이후 북한 순천 지역경제의 발전에 관한 연구"(북한대학원대학교 박사학위논문, 2022)와 최근 자료를 추가해 상당 부분 내용을 보완 및 재구성한 것이다. 또한 "북한의 자생적 건자재시장 연구: 시멘트·모래 시장을 중심으로"(《북한경제리뷰》, 제24권 7호, 2022), "북한에서의 제약시장 생성과 확대 요인"(《북한연구학회보》, 제26권 2호, 2022), "북한 시멘트시장의 형성·발달요인에 관한 연구"(《동북아경제연구》, 제35권 3호, 2023) , "북한의 비공식 신발제조 활성화 실태 분석"(《북한연구학회보》, 제28권 1호, 2024) 등의 연구 결과도 일부 포함돼 있다.
2. 북한에서 사용하는 용어에도 두음법칙을 적용했다.
3. 인터뷰 인용문은 되도록 면접자의 발언 그대로 기록했으며, 설명이 필요한 북한 단어의 경우 괄호로 설명을 병기했다.
4. 단행본은 겹화살괄호(《 》)를, 논문 및 기사는 큰따옴표(" ")를, 정책은 작은따옴표(' ')를, 법명은 홑화살괄호(〈 〉)로 표기했다.
5. 본문의 내용을 이해하는 데 필요한 주석은 각주로, 단순 출처 표기는 후주로 표기했다.

들어가며

　북한 순천은 필자가 태어난 고향이다. 그곳에서 40년을 살았다. 그중 20년은 사회주의 체제가 식량과 의류, 주거지를 인민에게 공급하던 계획경제 시대였고, 나머지 20년은 모든 것을 스스로 해결해야 했던 자본주의 시장경제 시대였다. 젊은 그 시절, 삶의 양쪽에서 사회주의 경제와 자본주의 경제를 체험할 수 있었던 배경은 세계를 휩쓸던 냉전시대의 지정학적 변화가 불러온 '현장 대학' 덕이었다. 김일성종합대학 강좌에서도 배울 수 없었던 그 시절 고향의 벅찬 현실은 북한식 자본주의 시장경제가 국내외로 빠르게 확장되면서 개인의 삶마저 통째로 바꿔 놓은 역동적인 현장이었다. 수요와 공급으로 작동하는 시장경제 현장을 두 눈으로 직접 보고 두 발로 직접 밟아보지 않았다면 이 책을 쓰는 것은 상상조차 못했을 것이다.
　경험만큼 값진 학습 효과는 드물다. 북한 사회를 새로운 시선으로 인식하기 시작한 것은 1980년대 중반, 중앙집권적 국가 공급 체계가 균열을 드러내던 바로 그때였다. 그 균열은 1991년 소련을 비롯한 동구권 사회주의 붕괴로 부각됐고, 이는 1994년 김일성 사후 '고난의 행군'으로 상징될 만큼 심각한 경제난을 불러왔다. 예기치 못한 경제적, 사회적 혼란은 정부와 기업, 가계 모두에 타격을 입혔다. 경제 주체별로 생존 출구를 모색했고 이는 새로운 질서를 탄생시키며 수동적이었던 주민들의 행위를 능동적으로 변화시켰다. 필자 역시 순천시장과 역외시장을 공식 직업과 비공식 직업으로 넘나들었다.

경제 주체별 행위의 변화로 순천은 석탄, 시멘트, 의약품 등이 활발히 거래되는 시장경제 구조로 탈바꿈했다. 이곳에서 정부와 기업, 주민은 수요자이자 공급자였다. 경제난에 대처해 지방정부가 국영상점 시장화의 교두보 역할자로 나섰다면, 국영기업은 시장과 연계해 멈춰 섰던 설비를 살려냈다. 연료를 한 방울도 공급받지 못해도 기관, 기업, 개인의 차량은 자력갱생 연료로 운행하면서 순천에 잠재된 지역자원을 국내 시장과 해외 시장에 공급했다. 활력이 가해진 도시는 신발과 가구, 옷을 비롯한 경공업 제품의 제조에서 시멘트와 철강 등 중공업 제품 제조로 발전했고, 주민들의 소득 수준은 눈에 띄게 향상됐다. 이러한 순천의 경제적 역동성은 파생산업의 발달로 이어지며, 경제난 이전에는 상상할 수 없었던 신지역경제, 즉 '생산도시'를 탄생시켰다.

그렇다면 1990년대 경제난 이후 '생산도시'로 성장한 순천의 동력은 무엇이었을까? 순천 주민들의 실질적 소득은 어떤 요인과 경로를 통해 상승할 수 있었을까?

북한에 머물던 시절부터 깊이 고민하던 문제였다. 이에 대한 고민은 남한에 정착하며 북한을 바라보는 남한 사회의 상반된 시각에 직면할 때마다 한층 더 깊어졌다. 북한 기업의 가동이 멈추고 주민들의 삶은 피폐해지면서 머지않아 국가경제가 붕괴할 것이라는 비관론, 시장화가 급격히 지속되면서 '평양 맨하탄'을 논하는 낙관론이 충돌하기 때문이다. 상반된 두 시각은 남한 땅 너머의 북한 땅을 편향적이고 상징화된 이미지에 머무르게 하고 더 나아가 왜곡할 수도 있어 곤혹스럽기도 하다.

신냉전 구도로 국제사회 질서가 재편되는 상황에서 북한의 현실을 균형 있게 이해하지 못한다면, 한반도 평화와 공존 전략은 제대로 기능하기 어렵다고 본다. 북한을 있는 그대로 바라보고 분석하려는 진지한 노력이 반드시 선행돼야 하는 이유다. 물론 분단국가의 특성상 접촉과 방문이 제한된 남한에서 북한을 연구하는 과정은 어렵다. 더욱이 정부가 바뀔 때마다 북한 연구 방향이 단기적으로 전환되는 구조 또한 연구를 심화시키는 데 한계로 작용한다. 그럼에도 북한 연구의 어려운 길을 묵묵히 걸어가는 남한 연구자들의 모습을 볼 때마다 북한 출신 연구자로서의 책임을 느낀다. 비록 학문적 연륜이 부족하지만, 남과 북을 살아 본 경험자의 시각으로 북한 연구에 나서야 한다는 사명감도 들었다. 최선을 다해 현실적이고 균형적으로 접근한 연구 결과를 풍부한 자료와 함께 제시한다면, 진입장벽으로 북한 연구에 어려움을 겪는 연구자들과 다소 낯선 북한 연구에 첫발을 내딛는 대학원생들에게 유용한 기초

자료가 될 것 같다는 생각이 들었다.

이 책은 이러한 동기에서 시작됐다. 1990년대 경제난으로 중앙 공급체계가 마비된 상황에서 북한 주민들이 생존기반을 구축하고, 의식주를 해결하고, 나아가 현금을 축적하고 투자하면서 사경제 주체로 성장한 것에 주목해 북한의 변화를 입체적으로 전달하는 것이 중요하다고 인식했기 때문이다. 북한 주민들의 삶은 거주지에서의 경제활동을 의미하므로 북한 주민들의 삶의 거점인 '지역'이라는 공간에 착안해 북한 경제의 메커니즘을 순천의 사례로 분석하고자 한다. 순천을 분석 대상으로 선정한 이유는 1990년대 경제난 이후 지역경제 시장화가 진전되는 과정에서 계획과 시장, 중앙과 지방의 관계가 재편되며 지역경제 발전을 견인하는 과정을 순천이 구체적으로 보여주기 때문이다. 이 책에서 말하는 순천 지역경제란 석탄과 석회석 등 지역자원에 기반을 둔 중앙공업이 시장화되고 경제 주체별 무역활동을 계기로 정부, 기업, 가계가 유기적으로 연계돼 작동하는, 지역경제의 실질적 운영 메커니즘을 의미한다. 특히 순천의 입지는 지역경제가 해외(중국)로 확산하는 데 결정적 기능을 수행하며, 이에 경제 주체별로 대응함으로써 나타나는 시너지 효과, 즉 '신(新)지역경제'를 전제하고 있다. 이는 김정은 정부가 추진하고 있는 '지방정부 20×10정책'의 실효성을 평가하는 동시에 북한 경제 개혁과 개방 가능성을 진단하는 데도 의미 있을 것으로 기대한다.

북한 연구는 무엇보다 관련 정보와 자료를 확보하는 것이 중요하다. 필자 또한 남한에 입국한 첫해부터 지금까지 대북 전문 기자로 활동하면서 상당한 자료를 축적했지만 1990년대, 2000년대, 2010년대의 북한의 변화를 연구하기에는 충분하지 않다. 따라서 본 연구는 부족한 자료를 보완하고자 북한이탈주민과 심층 인터뷰를 진행했다. 인터뷰 대상은 남한에 입국한 북한이탈주민 가운데, 순천에서 20년 이상 거주하거나 순천과 연계된 석탄, 시멘트, 제약산업에 직간접적으로 참여한 40명을 선정했다. 심층 인터뷰는 1:1 방식으로 진행했으며, 순천지역경제의 시기별 변화를 고찰하는 데 초점을 맞춰 1차, 2차로 나누어 실시했다. 1차 인터뷰는 1990년대 경제난 전후 북한의 정책 변화와 순천지역경제와 관련된 무작위 질문으로 진행했다. 2차 인터뷰는 1차 인터뷰 내용을 바탕으로 순천의 산업 관련 시장 활동에 공식 및 비공식 직업으로 참여했던 20명을 선정해 진행했다. 심층 면접자의 주관적 편향을 최소화하기 위해 면접자마다 동일한 질문을 여러 차례 제시해 세부적이고 일관된 자료를 확보하는 데 노력했다. 특히 2차 인터뷰는 구글 위성지도를 공유하고 1990년대 경제난 이후 순천에 증설되거나 신설된 산업 등의 위치를 확인한 후 중요 산업과 사기업의 작동 구조를 면접자가 그림으로 그리도록 하고, 이를 연구자가 도식화해 독자들의 이해도를 높이고자 했다.

이와 함께 《김일성저작선집》과 《김정일선집》, 《노동신문》, 《경제사전》, 《경제연구》 등 북한의 1차 자료들을 연구 자료로 활용했다. 북한의 공식자료는 현실과 일정한 괴리가 있다는 한계가 있지만, 최고지도자와 북한 당국이 기업과 주민에게 전달하려는 정책적 의도와 담론을 파악하는 데 중요한 가치가 있다. 순천지역 경제의 형성 배경과 발전 과정을 공식 문헌으로 접근하면 정책적 맥락 속에서 역사적인 배경을 보다 깊이 탐색하는 것이 가능하기 때문이다. 아울러 순천의 산업을 집중 소개한《조선중앙텔레비존》영상 기록물과 북한 역사 및 지명 유래를 담은《조선향토대백과사전》,《북한지지》등도 자료로 활용했다. 특히 국내의 선행연구는 북한을 바라보는 시각적 차이가 다소 존재하지만 북한 경제제도와 시장화 실태를 체계적으로 분석한 자료로 매우 중요하다. 이에 순천지역경제의 발전 경로를 추적하고 분석하는 자료로 적극 활용했다. 이와 함께 국내 언론과 대북 언론의 보도 내용도 객관성에 기반해 자료로 활용했다.

1부
지역경제로 본 순천

1장 북한의 지역경제 개념

지역경제(地域經制)란 국가경제를 지역별로 나눠 형성된 공간경제로 지역의 독자적 경제를 뜻한다. 각 지역은 지역 고유의 작동 원리와 구조를 갖춰 경제적 기반을 확충하고 생산성을 증대시켜 지역 주민에게 일자리와 소득 원천을 제공해 정주 기반을 강화한다.[1] 즉 지역자원을 적극 활용해 지역의 혁신적인 잠재력을 일으키고 지역 산업 구조를 다변화시켜 고용 기회를 창출하는 것이다.

북한에서의 '지역경제' 개념은 남한의 지역경제와 유사한 측면도 있으나 본질적인 개념에서 차이가 두드러진다. 북한은 공식적으로 시, 군(郡)을 단위로 하는 지방경제 개념을 명시한다. "국가 전체 공간의 하위 공간 단위가 지역"[2]이듯이 북한에서도 국가 전체 공간의 200분의 1을 차지하는 군 단위를 사회주의 경제건설의 지역적 거점으로 분류하고 있다.[3] 인민경제를 종합적으로 발전시키려면 생산력의 지리적 배치가 매우 중요한데, 시, 군이 공업의 생산력을 고르게 발전시킬 지역적 연결 거점으로 적합하기 때문이다.[4] 그렇다고 시, 군에 지방경제만 있는 것은 아니다. 1956년 4월에 개최된 제3차 당 대회에서 김일성은 중공업의 우선 발전과 경공업과 농업을 동시적으로 발전시킨다는 경제노선을 발표했다. 이러한 경제노선에 입각해 원료 산지와 가깝고 생산물의 수급이 유리한 지역을 중심으로 산업이 골고루 분산 배치됐다.* 이에 따라 시, 군 단위 지역의 기업은 전국적 수준에서 관리되는 국영기업과 지방적 수준에서 관리되는 국영기업으로 구분되면서 전국적 단위의 대규모 기업은 중앙경제로, 지방적 단위의 중소기업은 지방경제로 분류돼 관리체계도 달라졌다. 같은 지역에 자리해도 중앙경제는 내각 성기관이, 지방경제는 시, 군 인민위원회의 해당 관리부서에서 관리하는 체계다.[5] 특히 중앙경제는 국가예산과 자재를 우선적으로 공급받아 중공업 제품 등을 생산하는 데 주력하는 반면, 지방경제는 지방의 원료, 원천에 기초해 지방의 수요를 충족시키는 목적으로 인민생활소비품 생산에 주력해야 했다.[6] 이는 국가적 투자를 조정할 필요 없이 국방공업과 중공업 발전에 더 많은 투자를 집중해 지방경제가 중앙경제를 뒷받침하도록 한 당국의 의도였다.[7]

이로써 북한 당국은 전후 사회주의 경제개발을 추진할 때부터

---

* 북한은 전쟁 당시 경공업 부문보다 중공업과 군수공업 부문에서 훨씬 큰 피해를 입었다. 김성금, "군 경제의 종합적발전은 사회주의경제건설을 다그치기 위한 중요한 요구," 《경제연구》, 1999년 4호(1999), 14쪽.

지방경제 자립을 중요하게 강조했다. 지방경제 자립에서 지방공업의 생산 모델은 매우 단순하다. 중앙공업에서 나오는 부산물과 폐자재, 그리고 지방에서 나오는 농업 생산물, 부업 생산물 등의 원료와 노동력을 포함해 중앙의 투자나 공급 없이, 지방에 남아 있는 모든 잠재 생산력을 이용해야 한다. 지방공업이 스스로 원료, 설비, 노동력을 해결하면, 중앙은 중공업 건설에 더 많은 국가 투자를 집중할 수 있다는 논리 때문이다.[8] 지방공업에서 스스로 조달해야 하는 자재는 국가가 통일적으로 생산 분배하는 자재가 아니라 각 지방의 공장, 기업소들에서 자체로 생산하거나 채집하기 때문에 '지방자재'로 불린다. 북한 당국은 "오늘 나라의 형편이 어려운 것으로 하여 지방 산업공장들에서 요구되는 원료자재를 국가가 다 생산 보장할 수 없는 조건에서 지방자재를 효과적으로 동원 이용하는 것은 생산을 정상화하기 위한 필수적 요구로, 근본담보로 된다"고 강조한다.[9]

특히 지방경제 자립은 전쟁 대비와도 연결된다. "유사시에 전선과 후방 인민들의 생활상 수요를 다 같이 충족시키는 가장 효과적인 방도는 농업과 함께 지방공업을 발전시키는 것"이다. 나라가 분열돼 있는 조건에서는 모든 문제를 전쟁의 관점에서 봐야 하는데,[10] 특히 농업은 전체 인민과 지방 주민의 먹는 문제와 직결되므로 매우 중요했다. 또 다시 전쟁이 일어날 경우 지방 스스로 생존할 수 있는 자립적 지방경제 체계를 구축한 것이다.

하지만 북한이 추구한 자립적 지방경제의 성격은 지방의 자립과는 거리가 멀었고, 주민소득 상승과는 더욱 거리가 멀었다. 지방에 자리한 중앙경제가 지방의 자원을 우선적으로 흡수하면서 지방경제에는 원자재 부족이 불가피했다. 북한 당국이 식량뿐 아니라 된장과 간장 등 기초식품부터 의류와 신발 등의 인민생활소비품까지 국가계획으로 주민들에게 배급한 배경도 여기에 있다. 북한 당국은 군을 지방(지역)경제 단위로 설정하고 "지역의 잠재력을 동원하여 인민생활을 균형적으로 향상시키는 가장 합리적이고 현실적인 경제발전 단위"라고 설명하지만, 이는 사회주의 경제 발전에서 중앙의 책임과 역할을 스스로 축소하는 논리를 제공하는 측면도 있다.[11] 이러한 정책 기조는 경제난 이후 지방경제가 사회주의 논리와는 전혀 다른 양상으로 발전하게 되는 현실적 명분으로 작동하게 된다.

실제로 1990년대 경제난으로 촉발된 북한의 시장화는 권력체제, 공장체제, 지역체제 모두에 영향을 미쳤는데, 특히 지역경제체제에 큰 변화가 있었다.[12] 지역경제체제는 중앙경제와 지방경제, 시장이 연결되면서 새로운 방식으로 재편된다. 이는 북한 당국이 중앙공급체계가 마비되자 지방 스스로 인민생활소비품을 생산 공급하도록 자력갱생을 촉구하면서 부각됐다. 자력갱생 정책은 지방에 소재하는 중앙공업에도 강구됐는데, 아이러니하게도 중앙공업의 자력갱생은 지역경제 시장화를 촉발했다. 중앙공업이 자력갱생하려면 소재한 지역의 유휴자원을 활용해야 했고, 유휴자원이란 지역시장의 자원을 의미했기 때문이다. 중앙공업 체제가 지역시장과 연계되면서 새로운 지역경제 메커니즘을 탄생시킨 것이다. 이러한 변화는 2000년대의 '7.1경제관리개선조치'와 2010년대의

'우리식경제관리방법' 등 실용주의 정책과 맞물려 한층 뚜렷하게 나타나며 지역경제 시장화로 이어졌다. 하지만 이러한 실태는 지역별 입지에 따라 격차를 보였다.

대표적인 도시가 순천이다. 순천에는 석탄과 석회석 등 지하자원이 풍부해 중앙공업 인프라가 지역산업으로 구축돼 있었다. 이러한 기반은 경제난을 계기로 시장기반으로 활용되면서 지역경제 시장화를 촉진시켰다. 특히 북한의 지역경제 발전에서 무역은 매우 중요했는데, 순천은 지역에 매장된 석탄자원이 북중 무역 자원으로 연결되면서 석탄수출의 호황기를 맞게 된다. 석탄산업에서 발생한 잉여자본은 또 다른 산업으로 재투자되면서, 지역산업 간 부분적 통합이 이뤄졌다. 이 과정에서 지역경제 시장화에 적극 편승한 지방정부의 역할도 주목할 만하다. 이러한 변화는 파생산업의 발달과 동시에 주민 소득 상승으로 이어졌고, 주민 소득 상승은 다시 지역 내 소비를 자극하면서 지역경제 발전의 선순환 효과를 가져왔다.

2장 북한의 대표적 공업도시 순천

개괄

순천은 평안남도 중부 대동강 중류 연안에 위치하고 있으며 북쪽으로 개천시와 북창군, 서쪽으로 안주시와 숙천군, 남쪽으로는 평성시, 동쪽으로 은산군과 접해 있다. 순천시의 면적은 767.95 km²로 평안남도 면적의 6.2%를 차지하고 있다. 행정구역 면적의 31.4%가 농업용 토지*이며 산림 토지가 53.2%, 산업주민지 및 특수 토지가 7.7%, 수역 토지가 2.7%로 산림 토지가 군 면적의 절반

---

* 순천의 대표적 작물은 '기름골'이다. 기름골은 1980년대 김일성이 숨은 영웅으로 내세운 백설희 연구원이 순천 오봉리농장에서 14년간 연구해 성공한 우량종 기름작물로 재배돼 식료공장 기름원료로 공급됐다. 1990년대 경제난 이후 기름골 재배는 강냉이 재배로 대부분 바뀌었다.

이상을 차지한다.[13] 순천은 1983년 군에서 시로 승격됐다. 행정구역은 동(洞) 21개(강안동, 강포동, 금산동, 금천동, 동암동, 련봉동,[†] 련포동, 룡악동, 봉우동, 봉화동, 부흥동, 새덕동, 새마을동, 석수동, 수복동, 순천동, 역전동, 오사동, 응봉동, 증산동, 직동), 리(里) 11개(내남리, 룡봉리, 룡지리, 북창리, 서남리, 신덕리, 신리, 오봉리, 원상리, 평리, 풍덕리) 등으로 구성돼 있다.[14]

인구는 약 29만 7,000명[15]으로 북한의 시, 군, 구역 행정단위 27개 중 10위에 해당한다. 인구의 직업 비율은 노동자가 72%, 사무원이 14%, 농장원이 13.4%에 이른다. 인구는 대부분 철도와 주요 도로 인근, 대동강 연안 및 석탄 생산 지역에 집중돼 있다.[16]

순천의 교통은 철도, 도로, 대동강 수로(水路)가 평양 및 주변 도시들과 연결돼 있어 서부지역에서 교통 연결망의 중심이라고 할 수 있다. 순천에서 평양까지 철도노선 거리는 46.8km, 도(道) 소재지인 평성까지는 21.3km, 개천까지는 39km이다.[17] 순천철도역에서 시작되는 만포선은 북한의 서북부내륙지대의 남북으로 뻗어 있으며, 개천선, 강계선, 혜산·만포청년선 등의 철도노선과 이어져 지역적인 연계를 맺어주는 주요 간선 철도이다. 순천의 주요 도로망으로는 순천과 북창을 잇는 2급도로가[18] 남북으로, 순천과 개천을 잇는 2급도로가 동서로 순천시의 중심부를 통과하고 있으며, 인근지역의 안주, 문덕, 숙천, 평성, 성천 등지와 연결되는 지방 및 무명 도로들이 조밀하게 발달해 있다.[19] 북한은 1970년대 세계적

† 이하 두음법칙을 적용해 련봉동을 연봉동, 련포동을 연포동 등으로 표기한다.

인 유류 파동으로 차량 이용을 억제하고 도로교통망을 등한시했음에도 불구하고[20] 국가적 투자로 순천에 도로인프라를 건설했다.* 1980년대 순천비날론연합기업소,† 순천화력발전소,‡ 순천갑문 등이 들어서면서 도로인프라는 더 확장되기 시작했다.

순천시의 기본 수계는 대동강이다. 순천으로 흐르는 대동강 본류의 길이는 41.2km,[21] 대동강의 물자원량은 $127m^2/s$이며 이용 가능한 수량은 $13.7m^2/s$이다. 1980년대 동암갑문이 완공되면서 물 이용원천량은 $110m^2/s$로 늘어났다.[22] 길이가 5km 이상인 하천은 모두 19개고 그중 1지류는 7개, 2지류가 7개, 3지류가 3개, 4지류가 1개, 5지류가 1개다. 20km 이상의 하천은 금천강, 장선강이 흐르며 10-20km 사이의 하천은 5개, 그밖의 하천들은 모두 10km 이하다. 금천강의 길이는 39.5km, 장선강의 길이는 37.8km다.[23]

---

* 북한에서 도로는 등급별로 정의된다. 중앙과 도를 연결하는 국가의 주요 간선도로는 1급, 도와 도를 연결하는 도로는 2급, 도와 군, 군과 군을 연결하는 도로는 3급, 군과 리를 연결하는 도로는 4급, 리와 리를 연결하는 도로는 5급, 리 내 마을과 마을 사이 도로는 6급이다. 1급, 2급, 3급 도로는 도에서 관리하고 4급, 5급 도로는 군에서, 6급도로는 리에서 관리한다.

† 1983년에 착공해 1989년에 1단계 준공한 순천비날론공장은 산소열법에 의한 카바이드 생산에 실패하면서 2000년대 중반 국가적 조치로 설비 해체 수준에 이르렀다. 하지만 초산비닐과 도색재료 등을 생산하는 촉매 직장과 알데이드 직장 등은 가동하고 있다. 방대한 규모의 비날론공장 부지에는 2017년 탄소하나화학공업 창설의 일환으로 공장이 착공된 것으로 알려져 있다.

‡ 순천화력발전소는 순천비날론공장과 동시에 설립됐다.

중화학 중심 도시로의 발전

순천은 한국전쟁 이전까지는 농촌에 불과했지만 전쟁 이후 국가적 측면에서 중공업 우선발전 경제정책을 실현할 수 있는 적합한 도시로 주목받아, 국가경제 차원에서 중요한 도시로 개발됐다.[24] 순천은 지하자원이 풍부하면서도 평양과 인접한 내륙에 자리해 중화학공업을 육성하는 동시에 평양경제를 뒷받침하는 데 유리했기 때문이다. 김일성은 순천을 여러 번 시찰하면서 사회주의 선진형 공업도시로, 대내외로 선전할 도시의 전망을 갖춰야 한다며 관심을 드러냈다. "순천시 중심지역의 인구가 해방직후 함흥시 인구만큼 되는데, 앞으로 순천시에 공장 기업소를 많이 건설하면 인구가 지금보다 더 늘어날 것"이라며 "순천시를 잘 꾸리지 않으면 앞으로 다른 나라 사람들에게 순천비날론연합기업소를 참관시킬 때 망신할 수 있고, 후대들에게도 좋지 못한 영향을 줄수 있다"[25]고 강조했다. 순천시의 중요성을 알고 순천시에서의 사업을 강조한 것이다.

김정은의 행보에서도 순천에 대한 관심이 지속되고 있음을 알 수 있다. 36년 만인 2016년 5월에 열린 제7차 당 대회에서 김정은은 국가경제발전 5개년전략 수행기간(2016-2020년) 내 탄소하나화학공업 창설을 제시했다. 이에 따라 순천에는 지역에 매장된 석탄을 가스화해 에너지 자립과 유기화학공업의 주체화를 실현할 탄소하나화학공업 건설이 2017년 5월 착공됐고, 이어 순천린(인)비료공장도 같은 해 7월에 착공됐다. 2020년 5월 순천린비료공장 준공식에 참여한 김정은이 "린비료공장의 완공은 우리 나라의 화학공업을 한 계단 도약시키는 데 중요한 계기라며 린비료 생산을 정상화하기 위한 통합생산체계, 생산공정 안정화, 환경보호사업에 특별한 관심을 돌릴데 대한 구체적 과업을 제시"하면서[26] 순천은 또 다시 북한에서 중요한 중화학공업도시로 부각됐다. 순천의 공업 총생산액에서 중앙공업은 86.4%, 지방공업은 13.7%를 차지한다. 주요공업은 채굴공업, 건재공업, 화학공업, 기계공업 및 식료일용공업 등이다.[27]

[표 1] 순천시 공업부문별 생산 비율

(단위: %)

구분	생산 비율	구분	생산 비율
석탄공업	27.8	건재공업	20.9
광업	1.2	제약공업	11.5
금속공업	2.3	식료일용공업	10.8
기계공업	11.9	방직공업	3.5
화학공업	2.4	기타	7.7

출처: 정보사령부 편,《북한지지: 평안남도 남포시편 2》, 548쪽.

순천지역경제는 도시의 정치적, 지리적, 자원적 특성에 따라 다른 지역에서는 보기 어려운 특징을 가진다. 첫째, 순천은 지하자원을 보유하고 있어 북한의 전통적인 중공업 우선 발전 전략에서 독특한 지위를 갖고 있다. 북한 당국은 국내 자원과 원료원천에 의거해 원료와 자재, 기계 설비들을 자급자족하는 중공업기지를 설립하는 것을 경제 노선으로 내세운다. 이에 따라 북한은 순천에 매장된 석탄과 석회석 등 지하자원에 기반한 중화학공업의 성장 기반을 마련하고자 했다.

둘째, 순천은 평양의 배후 도시로서 '평양 차별화' 국가정책을 실질적으로 뒷받침하는 역할을 하고 있다. 김일성은 "평양시민들의 생활을 높이는 것은 수도의 면모를 갖추는데서 매우 중요한 의의를 가진다"[28]며 평양에 대한 우선 공급 및 특별 관리를 원칙으로 삼고 있다. 따라서 평양에 필요한 에너지와 식량, 생필품 공급의 상당 부분은 지방에서 충당하며, 순천은 평양에 필요한 에너지와 자재 등을 공급하는 역할을 맡고 있다. 평양 에너지 생산을 담당하는 평양화력발전소와 동(東)평양화력발전소에 순천의 석탄이, 평양건설에는 순천의 시멘트 등이 공급된다.

셋째, 대북제재 장기화 국면에서도 순천은 자생력이 있어 잠재력을 보인다. 모든 산업의 기반은 에너지며, 북한의 경우 에너지의 대부분을 석탄자원에 의존하고 있다. 순천은 풍부한 석탄 매장량을 바탕으로 중앙의 에너지 공급이 단절되더라도 지역 산업이 자립할 수 있는 잠재적 에너지 공급 기반을 갖추고 있다. 더불어 기술자와 기능공을 중심으로 한 인적자원이 높은 비중을 차지하는 것도 자생력을 갖추는 데 기여한다.

순천의 대표적인 산업 기반으로는 순천지구탄광연합기업소, 순천시멘트연합기업소, 순천제약공장 등을 들 수 있다.

순천지구탄광연합기업소

순천지구탄광연합기업소의 역사는 1940년대 일본이 개발한 평안남도 신창탄광에서 시작된다. 1910년대부터 해방되기 전까지 일본은 평안남도의 신창, 안주, 함경북도의 아오지 등 여러 지역에 탄광을 개발하고 유연탄과 무연탄을 생산해 일본으로 반출했다.[29] 해방 이후 북한은 일본이 운영하던 신창탄광 등을 확장해 '공업의 식량'인 연료자원을 확보하고자 했다. 이러한 전략은 전후 복구와 경제발전을 목표로 한 제1차 5개년계획(1957-1961년)과 함께 천리마운동을 전개하면서 집중 추진했다. 순천지구에 연간 300만-350만 톤의 생산능력을 가진 강력한 연료기지를 건설하라는 김일성의 지시[30]에 따라 1958년 신창탄광의 탄맥과 연결된 송남탄광을 개발한 이후, 순천 직동, 천성, 무진대 탄전을 확장 개발하는 정초식*이 진행됐다. 1963년 연간 350만 톤 이상의 석탄을 생산하는 대규모 탄전이 개발됐으며, 1977년 순천시멘트공장 준공과 동시에 평안남도 북부지구탄광 소속이던 신창탄광을 순천지구탄광에 통합해 순천지구탄광연합기업소로 명명했다.

순천지구탄광연합기업소는 내각 석탄공업성(省) 소속으로 약 3만여 명의 종업원을 보유한 특급 기업소다. 산하에 63개의 중소규모탄광이 소속돼 있으며 6,100-6,900Kcal/kg의 고품질 무연탄(이하 석탄)을 생산하고 있다. 산하에 순천탄광기계공장, 은산탄광기계공장, 동발공장 등 탄광 설비를 생산하는 국영공장들이 있

* 최용건 위원장과 정일룡 부수상이 정초식 테이프를 끊으며 순천탄광이 설립됐다. 최용건 위원장은 정초식의 첫 삽을 뜨면서 수억만 톤의 석탄이 매장된 순천에서 연간 300만-350만 톤의 생산 능력을 가진 강력한 연료 기지를 건설하자고 독려했다. "신창탄광에서 새 탄맥을 개발," 《노동신문》, 1956년 9월 1일.

다. 생산된 석탄은 주로 평양화력발전소와 동평양화력발전소, 서부지구공업에 연료와 원료로 공급하며, 운영에 필요한 전력은 북창화력발전소와 순천화력발전소에서 공급받는다.

[표 2] 순천지구탄광 석탄매장량과 생산 규모

(단위: 천 톤)

탄광명	함량 면적 (km²)	전망 매장량	1984년 1월 1일 기준		1983년 생산실적	소재지
			총 잔존 매장량	채굴 가능 매장량		
2.8직동 청년탄광	30	225,487	69,492	58,510	1,474.30	직동
신창탄광	21	147,043	51,200	25,146	1.302	재동 (신창)
천성 청년탄광	24	203,880	54,918	38,729	1,317	천성
영대탄광	20	167,071	30,479	23,636	1,211.20	영대
계	95	743,481	206,039	146,020	5,304.60	

출처: 차석칠 외, 《조선지리전서: 경제지리》(평양: 교육도서출판사, 1989), 102쪽.

순천시멘트연합기업소

순천시멘트연합기업소의 설립 배경은 북한의 외화난과 밀접하게 연결돼 있다. 1970년대 북한 경제가 외채에 직면하자 김일성은 순천에 매장된 석회석 자원을 주목했다. 순천에 연간 300만 톤 규모의 시멘트 공장을 건설하면, 자본주의 시장에 시멘트를 수출해 외화난을 해결하는 동시에 주체공업을 발전시킬 수 있다고 판단한 것이다.

"순천세멘트공장에서 세멘트를 한해에 300만 톤씩 생산하면 원유 1

톤 값이 세멘트 2톤 값과 맞먹으므로 원유를 약 150만 톤 사올수 있습니다. 순천세멘트공장은 한해에 원유를 150만 톤 생산하는 공장이라고도 말할수 있습니다. 우리는 우리나라에 많이 매장되여 있는 무연탄과 석회석을 리용하는 세멘트공업을 발전시켜 원유문제를 풀어야 합니다. 세멘트공업은 우리나라에 많이 매장되여 있는 석회석을 원료로 하여 세멘트를 생산하는 주체공업입니다. 순천세멘트공장에서 생산한 세멘트를 가지고 나라의 긴장한 원유문제를 푸는것은 매우 흥미있습니다."[31]

김일성은 순천시멘트공장에서 연간 300만 톤을 생산하고, 여기에 2.8시멘트공장과 해주시멘트공장의 생산량을 합쳐 수출하면, 한 해에 자본주의 시장에 400만 톤, 사회주의시장에는 200만 톤을 수출할 수 있다고 봤다. 특히 순천시멘트공장에서 생산한 시멘트는 자본주의국가들에 더 높은 가격으로 팔아야 한다며 시멘트를 수출해 벌어들인 외화 중 일부는 반드시 순천시멘트공장 보수·정비에 돌리도록 강조했다.[32] 김일성의 관심은 공장 부지가 갈골 저수지와 성산 저수지로 침수될 수 있다는 우려가 제기되자 모든 저수지를 말려서라도 공장 건설 추진을 지시할 정도로 높았다.[33]

김일성의 추진으로 1973년 4월 일본 미쓰이(三井)상사와 덴마크 스미스사(F. L. Smidth)를 주축으로 순천시멘트공장이 착공됐다. 당시 순천시멘트공장 건설과 설비 조립에 참여했던 면접자18에 의하면, 북한 당국은 전국에서 젊은 대학생들을 군 징집 방식으로 선발해 군복을 입혀 시멘트공장 건설에 투입했다. 현역 군인과 일반 건설자 수천여 명이 투입되면서 공장건설은 '새로운 천리마속도, 새로운 평양속도'로 빠르게 진척됐다. 소성로를 비롯한 설비 조립에는 일본과 덴마크 기술자, 북한 기술자 30여 명이 한 조로 참여했고, 시멘트를 생산하는 핵심 부분인 사일로(silo) 축조는 덴마크 기술자가 직접 지도했으며 덴마크 기술자의 임금은 일본 회사에서 지급했다. 설비의 80%는 일본에서, 20%는 덴마크에서 도입했다.

"순천에 파견된 덴마크 기술자 중 대학 졸업자는 서너 명, 나머지는 전문학교 졸업생이었으나, 수준은 북한에서 대학을 졸업하고 (설비 조립 기술조)파견된 기술자들보다 높았거든요. 덴마크 자동화전문학교 학생들이었는데, 북한 기술자들과 영어로 회화했어요. 북한 외사과에서는 덴마크 기술자에게만 여과담배 '555'를 공급했고 우리한테는 공급 안 했어요. 그때 당시 북한에서 여과담배는 고위간부들만 피웠거든요. 덴마크 기술자들과 친해지면서 '555' 담배를 한 대 피우라고 주기도 해서 피웠는데, 그러면 우리는 풋 강냉이를 주곤 했어요. 그런데 그냥 안 먹어, 풋 강냉이 값을 (엔화)돈으로 주기도 해서 친하게 지냈어요. 일본 기술자들은 까칠해서 우리하고 말도 잘 안했는데 덴마크 기술자들은 텁텁한 게 좋았어요."
면접자 18.

1977년 4월에 1호 소성로를 완공해 생산을 시작했으며 2호 소성로도 1977년 10월에 완공했다. 순천시멘트공장 건설이 마무리되자 북한 당국은 시멘트공장 직장장(長) 이상의 행정간부들을 덴마크에 8개월 간 유학을 보내 시멘트 생산 관련 기술을 전수받도록 했다. 또 순천시멘트공장 노동자의 기술 수준을 높이기 위해 공장 지역의 고등중학교를 성산화학고등기술학교로 변경하고 '규산염 설비'와 '규산염 생산' 과목 등을 보충해 실습교육을 강화했다. 1979년 8월 내화물직장이 증설되면서 순천시멘트공장은 연합기업소*로 승격됐다. 내각 건설건재공업성 산하 순천시멘트연합기업소에는 원료를 공급하는 5.4광산, 점판암광산, 대동광산, 자동화분공장, 내화물공장 등이 자리한다.[34] 1995년 3월에는 순천시멘트연합기업소와 2.8직동청년탄광을 연결하는 총 5,570km의 벨트 컨베이어 설치 공사를 착공했고 1997년 10월 완공했다.†

순천시멘트연합기업소는 순천 부흥동과 오사동에 자리한다. 부흥동은 1983년 순천군이 시로 승격되면서 부산노동자구 일부를 분리해 신설한 동으로 시멘트공장이 부흥하라는 뜻에서 붙인

---

* 연합기업소에는 세 가지 형태가 있다. 첫째 생산 공정상 관련이 있는 기업들이 모체기업에 수직적으로 결합돼 있는 형태, 둘째 일정 지역 내의 동종 기업들이 수평적으로 결합해 구성하는 연합기업소, 셋째 전국적 단위에서 자재와 생산물을 수급 조정할 수 있도록 동종 기업들이 수평적으로 결합한 연합기업소가 있다. 전현진 외,《북한 이해의 길잡이》(서울: 박영사, 2000), 159쪽. 순천시멘트연합기업소는 첫 번째 형태에 해당한다.

† "우리나라에 와있는 다른 나라 사람들도 순천세멘트공장과 같이 현대화된 세민트공장은 세계에 몇개밖에 되지 않는다고 하고 있습니다. 순천세멘트공장에서 생산을 정상화하는 것은 나라의 긴장한 외화문제를 풀며 세멘트에 대한 인민경제적 수요를 충족시키는데서 매우 중요한 의의를 가집니다. 순천세멘트공장에서 생산을 정상화하지 못하는 것은 평안남도당위원회와 순천군당위원회의 책임일군들이 이 공장에 관심을 돌리지 않은 것과도 관련되여 있습니다. 내 생각에는 순천세멘트공장 자동화설비부속품을 구라파의 어느 사회주의나라에서 사오도록 하며 자동화설비운영을 위한 실습생들도 사회주의나라에 보내는 것이 좋을 것 같습니다. 순천세멘트공장에서 생산을 정상화하지 못하는 것은 평안남도당위원회와 순천군당위원회의 책임일군들이 이 공장에 관심을 돌리지 않은 것과도 관련되여 있습니다." 김일성, "세멘트생산을 정상화하자," 512-521쪽.

지역명이다. 오사동은 김일성이 시멘트공장 터전을 잡아 준 5월 4일을 기념한 지역명이다.

순천시멘트연합기업소의 부지 면적은 88만m², 건물 면적은 27만m²이다. 평양의 북쪽으로 약 50km 지점, 순천에서 동쪽으로 약 7km 지점에 있는 고도 100m 내외의 구릉성 저지대에 자리 잡고 있으며 석회석광산, 탄광, 발전소 등이 부근에 있어 입지적 여건이 유리하다. 평양-원산 간 평원선의 1차 지선과 평성-순천 간 도로에서 파생된 2차선 도로가 시멘트공장으로 연결된다.[35]

순천제약공장

해방 전 북한에는 제약공업 기반이 없었기 때문에 해방 후 대부분의 의약품과 생산 원료를 수입에 의존했다.[36] 북한 전역에서 페니실린 등 항생제 의약품의 수요가 증가해 의약품 총수입액의 약 3분의 1을 항생제 의약품이 차지할 정도로 외화 액수가 상당해졌다. 따라서 북한이 외화를 절약하려면 수입산 의약품을 국내산으로 대체해야 했다. 이에 1956년 북한은 당중앙위원회 8월 전원회의에서 국내 약초와 제약원료 원천을 광범히 이용해 의약품생산을 확대함으로써 인민들에게 값싼 의약품을 공급하는 동시에 외화를 절약하자는 내각 결정 제91호를 채택했다. 제1차 5개년계획 기간 제약공업을 발전시켜 1961년에는 의약품 및 수의 축산용 약품 수요의 3분의 2이상을 국내에서 생산하도록 목표를 세운 것이다. 수입에 의존하던 대부분의 제약 원료를 국내 원료로 대체함으로써 외화를 절약하자는 목적이었다.[37] 특히 수입산 의약품 중에서 비중이 가장 높은 유기 합성의약품을 생산할 수 있는 제약공업을 발전시켜야 했다. 순천에는 이미 화학공업 기반이 구축돼 있어 제약공업 창설에 유리했다.*

이에 따라 1957년 4월 초 루마니아의 원조를 받아 순천에 아스피린공장†이 착공됐고 1958년 9월 5일 공화국창건 10주년을 맞아 준공됐다.‡ 당시 아스피린공장은 연간 25톤의 아스피린과 35톤의 살리칠산을 생산했다. 이후 아스피린 공장 산하에 현대적인 기술을 갖춘 주사약직장이 증설됐다.[38] 1960년에는 페니실린공장이 착공됐으며 1961년 12월 31일 새해를 앞두고 조업식이 진행됐고, 3개월 남짓한 기간에 25만 병의 페니실린을 생산했다. 페니실린직장은 약 1만 7,000m^2의 부지를 비롯해, 총 건평 5,900m^2의 부지를 차지하고 있다.[39] 5년 안에 준공된 아스피린공장, 주사약직장, 페니실린공장들은 통합해 내각 화학공업성(이후 보건성) 산하 순천제약공장으로 명명했다.

* 순천에는 1940년 초 일본이 건설했던 순천화학공장이 계속 운영되고 있었다. 북한은 1954년 일제 시기 건설된 순천화학공장을 순천석회질소비료공장으로 명칭을 변경했으며 질소비료를 비롯한 카바이드 등 여러 가지 화학제품을 2016년까지 생산해 왔다. 2017년 순천석회질소비료공장을 전부 해체하고, 그 자리에 대규모의 순천린비료공장을 착공해 2020년 5월 준공했다.
† 착공 이후 루마니아는 56대 차량에 달하는 설비와 기술적 방조를 지원했다. 김일성은 순천아스피린공장이 준공된 이후 공장건설에 참가해 성의 있는 기술적 방조를 준 루마니아 기술자들에게 선물을 보냈다. "순천아스피린공장 완공,"《노동신문》, 1958년 9월 5일.
‡ 순천아스피린공장 준공식에는 루마니아 원유 및 화학공업성 총서기장 이온 데리야누 등 북한 주재 해외 대사들과 당시 북한의 이천호 화학공업상, 리병남 보건상 등이 참가였다. 준공 테이프는 홍명희 부수상이 끊었다. 조업식에서 북한 화학공업성이 루마니아 공화국 원유 및 화학공업에 축기를 전달했다.

순천제약공장은 1급기업소이며 산하에 항생소 1직장과 2직장, 아스피린직장, 주사직장, 유리직장, 공무직장, 포장재료직장, 원동기직장 등이 있다. 기술자를 양성하는 2년제 야간전문학교와 1년제 기능공학교가 공장 내 자리를 잡고 운영되고 있다. 이 외에도 1983년에 착공해 1989년 1단계 준공된 비날론연합기업소, 2017년 착공해 준공을 앞두고 있는 순천화학연합기업소 산하 탄소하나화학공업과 2020년 준공된 린비료공장 등 특급 및 1급 규모의 중앙공업 단위들이 자리하고 있다.

[그림 1] 순천에 자리한 주요 중앙공업

출처: 최설, "1990년대 경제난 이후 북한 지방경제 변화 연구: 평안남도 순천시 사례,"《도시사학회》, 26호(2021), 124쪽에 게재한 내용을 수정 보완

2부
순천의 신지역경제는 어떻게 형성되었나

3장

경쟁력을 갖춘 순천의 배경

 알프레드 베버(Alfred Weber)에 의하면 인간의 경제활동에서 공업의 입지는 지역적 분포의 한 부분이다. 경제형태와 기술적·경제적 발전단계에서는 생산과 유통, 소비가 어떻게 행해지는지와 더불어 어디서 행해지는지의 문제가 반드시 따르는데 이때 입지가 중요하게 작용한다.[1] 어떤 입지에서 경제활동을 전개하느냐에 따라 발생하는 이익이 다르기 때문이다. 여기서 발생하는 이익이란 다른 지역보다 생산비용을 최소화하면서 이윤을 극대화할 수 있는 경쟁력을 의미한다. 예를 들어 원료산지와 가까운 입지에 공업이 배치되면 원료를 조달하는 운송비가 절약돼 생산비용과 판매가격에서 경쟁력이 확보돼 지역경제 발전을 견인하게 된다.

 이에 따라 북한에서도 입지가 중시된다. 북한 당국이 자립적 민족경제를 내세우면서 원료 산지와 가까운 지역에 국가산업을 배치한 것은 입지에 기초한 정책이라고 말할 수 있다. 입지의 중요성은 1990년대 경제난 이후 시장화가 진전될수록 한층 더 부각됐다. 입지적 요인이 수요와 공급으로 결정되는 가격에 직접적 영향을 미치기 때문이다. 순천이 갖고 있는 입지적 경쟁력은 다음과 같다.

경쟁력 하나. 지하자원

북한의 전통적인 경제건설 노선은 자립적 민족경제다. 즉 튼튼한 원료기지와 연료기지 등을 자체적으로 구축함으로써 생산과 소비의 연계가 완결된 독자적인 경제체제, 외세에 예속되지 않는 주체적 경제를 주창한다. 이에 따라 북한은 무겁고 운송비 부담이 큰 지하자원이 매장된 입지에 산업을 배치한다. 순천에 석탄공업과 시멘트공업, 전력공업, 비료공업 등이 집중 배치된 배경이다.

전후 북한은 중국에서 석탄을 수입하기도 했다.[2] 김일성은 "석탄위에 앉아서 석탄을 다른 나라에서 사들이지 않으면 안 되는 수치스러운 일을 하지 말라"[3]며 순천지구탄광 등에 석탄산업 개발을 적극 강조했다. 국내에 매장된 석탄을 채굴해 산업의 에너지 원료로 공급하도록 한 것이다. 하지만 국가계획으로 생산과 소비가 통제되다 보니 석탄산업은 지역경제 외연 확장과는 관련이 없었다. 하지만 1990년대 경제난 이후 정부와 기업의 자력갱생이 강조되면서 순천에 매장된 석탄자원이 지역경제 시장화에 크게 기여하기 시작한다. 순천에 매장된 석탄으로 인해 경제 주체별 탄광이 급증하고 석탄 물류기지가 등장하기 시작했으며, 특히 해외 시장 수요와 맞물리면서 순천에 매장된 석탄자원은 지역경제 외연을 국내에서 해외로 확장하는 데 크게 기여했다.

석탄자원이 순천지역경제의 외연적 확장, 즉 해외 시장 진출에 기여했다면, 석회석 자원은 내연적 확장, 즉 내수 확대에 기여했다. 1970년대 순천에 매장된 석회석 자원이 외채에 시달리던 국가경제 회복에 절실히 필요한 외화 재원으로 주목받았다면, 1990년대 경제난 이후에는 지역경제 위기를 극복하기 위한 내화 재원으로 부각된 것이다. 특히 석회석은 산업 및 건설 분야에서 수요가 높은 시멘트와 카바이드를 비롯해 농업과 환경미화에 필수적인 생석회와 소석회의 원료로도 사용된다는 점에서 그 중요성이 더욱 크다. 2000년대 들어 평양건설과 지방도시에서 민간 주도의 부동산 건설 붐이 일어나면서 시멘트 수요가 폭발적으로 증가한 현상은 국내 자본을 순천으로 유인하는 주요 요인으로 작용했다.

경쟁력 둘. 산업인프라

이미 언급했듯이, 순천에 자리한 굴지의 산업들은 중앙공업에 해당한다. 중앙공급체계가 마비됐던 시기, 시장에서 수요하는 상품을 생산하는 중앙공업 단위가 시, 군에 한두 개만 자리하고 있어도 초기 지역시장이 형성되는 데 상당한 이점을 제공했다. 예를 들어 순천에 자리한 제약공장과 시멘트공장에서 유출된 생산물은 시장에서 가장 수요가 높았던 상품으로 지역시장 형성에 상당한 영향을 미쳤다고 할 수 있다. 북한 당국이 경제난 속에서도 중앙공업과 군수공업에는 일정 수준의 원료와 자재를 공급하면서 생산 가동 유지에 주력했기 때문에, 당시 원료와 자재를 유출할 수 있었던 국영기업들은 대부분 중앙공업이었다. 한 예로 항생제 원료와 의약품을 생산하는 순천제약공장은 상대적으로 가동이 어느 정도 유지됐다. 전력 공급이 3시간만 중단돼도 생산 공정에 투입된 원료의 배합과 농축 효능을 잃어 오수장으로 폐기 처리되고, 이는 막대한 국가적 손실로 이어지기 때문이다. 이러한 이유로 순천제약공장은 전국 단위의 의약품 도매 시장이 순천에 형성되고 발달하는 데 중요한 기반으로 작용했다.

또한 일반적으로 북한 시장을 논할 때 생산재시장에 비해 소비재시장과 서비스시장이 상대적으로 발달한 것으로 평가되지만 순천은 예외라고 할 수 있다. 순천에서는 생산재시장이 활성화된 양상을 보인다. 생산재란 최종 소비에 사용되지 않고 다른 재화를 생산하는 데 사용되는 것을 말한다. 북한에서 중앙급 기업들은 대부분 생산재를 생산하기 때문에 중앙기업이 집적돼 있는 순천의 특성[4]을 고려하면, 생산재시장이 자연스럽게 형성될 수 있었음을 추정할 수 있다. 예를 들어 순천에서 생산되는 석탄은 대표적인 생산재 에너지원이나 시멘트 제조 등에 필수적인 연료로 사용된다.

석탄이 생산재시장의 확산에 기여한다면 순천에서 생산되는 시멘트는 생산재시장과 소비재시장 모두와 연결되는 품목이다. 시멘트는 부재(部材) 생산이나 블록 생산에 사용될 경우 생산재의

[그림 2] 석탄산업과 시멘트산업을 통한 생산재시장의 확산

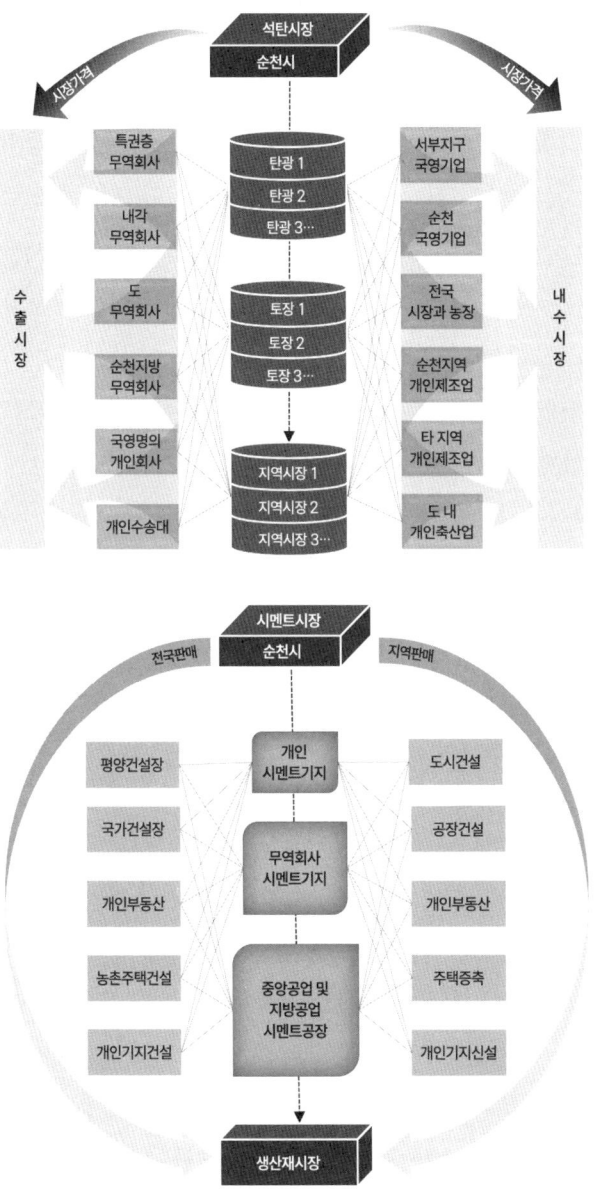

3장 경쟁력을 갖춘 순천의 배경

성격을 띠며, 건축에 직접 사용될 경우 소비재로 간주된다. 그러나 전체적으로 볼 때 시멘트와 모래 또한 대부분 부동산 건설자재인 부재, 블록 등을 생산하는 자재로 유통되므로 생산재 비중이 높다고 할 수 있다. 이처럼 생산재시장의 비중이 높은 순천시장의 구조적 특징은 시장이 위치한 입지에서도 드러난다. 일반적으로 소비재시장은 인구가 밀집된 종합시장 중심으로 형성되는 반면, 생산재시장은 운송비용을 최소화할 수 있는 공장 주변에 집중되는 경향이 있다. 순천 내 종합시장은 다섯 곳 정도에 불과하지만, 생산재가 거래되는 입지는 순천 내 공장 분포에 비례해 증가하는 이유다. 순천에 입지한 중앙공업 입구마다 철도 인입선이 연결돼 있는 것도 생산재시장이 활성화되는 데 중요하게 작용한다.

경쟁력 셋. 인적자원

지역경제 발전을 논의할 때 가장 중요한 요소는 인적자원이다. 국내외 자본과 노동력이 유인돼 산업이 발전하더라도, 산업의 침체를 극복하고 장기적인 성장을 이끌어 내려면 지역산업의 전문화와 성장 속도에 큰 영향을 주는 기술개발이 필수적이다. 순천의 풍부한 인적자원은 순천에 위치한 교육기관을 통해 설명할 수 있다. 순천에는 화학공학 기술자를 전문 양성하는 '리수복 순천화학공업대학'이 중앙대학으로 자리하고 있으며, 이 대학에서는 유기합성화학공학, 무기화학공학, 고분자화학공학, 항생소 제약화학공학 등 다양한 분야의 전문가를 양성한다. 통신교육을 발전시키라는 김일성의 지시에 따라 1961년 9월 창립된 순천공업대학은 석회질소비료공장 근로자를 대상으로 운영했으나, 대학전문부를 병설(1971-1990년)하고, 순천비날론공장 분교를 설립(1993년)하면서 순천 소재 공장 근로자를 위한 야간 대학으로 확대돼 운영하고 있다.[5] 1977년에 창립된 순천규산염공업대학도 규산염공학, 기계공학, 자동화공학, 사회과학, 공업경영학 등 다양한 강좌를 제공하며, 공장 노동자들이 일하면서 공부하는 야간 대학으로 기능한다. 특히 순천금융대학이 신설된 것이 주목된다. 2020년 8월《노동신문》에서는 후대교육사업에 헌신하고 있는 순천금융대학 최윤식 강좌장을 소개한 바 있다.[6] 이 외에도 특급 및 1급 규모의 기업소마다 전문대학과 기능공학교가 자리하고 있어 순천에 거주한 인구 구성 중 기술자와 기능공이 높은 비중을 차지한다.

경쟁력 넷. 교통

순천의 입지에서 핵심은 전국과 연결된 교통망이다. 북한의 철도와 도로 교통망은 서부지역에 집중돼 있는데, 그중에서도 평양과 인접한 순천은 교통의 요충지로 전국의 시장 네트워크에서 매우 중요한 역할을 담당한다.[7] 지하자원이 풍부하고 산업 기반이 갖춰져 있더라도 교통이 불리하면 운송비가 증가해 생산물 가격이 상승하고, 이로 인해 시장 수요는 감소하게 된다.

순천과 덕천의 사례가 교통의 중요성을 잘 보여준다. 두 도시는 모두 평안남도 내륙에 위치하고 있으며, 도시 규모와 석탄자원 분포도 유사하다. 순천에 직동탄광, 천성탄광, 영대탄광 등이 중앙공업으로 자리한 것처럼, 덕천에도 제남탄광, 덕선탄광, 서창탄광 등이 중앙공업으로 자리하고 있다. 그러나 덕천은 순천과 달리 평야보다 산지가 많은 특성으로 물류 유통에 제약이 따른다. 덕천이 석탄 수출시장에 빠르게 진입하지 못했던 배경이었다. 뒤늦게 덕천도 석탄 수출시장에 진입했지만 여전히 운송비용이 높아 순천에 비해 활성화되지 못했다. 석탄산업의 발달로 인해 석탄 물류 중개기지와 상권 등이 확대된 순천과 차이가 있을 수밖에 없었다.

또한 순천에서 생산되는 석탄, 시멘트, 모래, 철근뿐 아니라 주류, 육류, 채소 등 다양한 생산물이 평양으로 유통돼 소비되는 구조는 경제적으로 매우 중요하다. 북한 최대의 소비도시 평양과의 근접성이 생산자들에게 안정적인 판로를 제공하는 동시에 수익성을 높이는 이점으로 작용하는 것이다. 이러한 구조는 생산을 촉진해 관련 시장을 파생시키며 지역경제 전반의 성장으로 이어진다. 특히 전국적으로 도매시장 기능을 담당하는 평성도 순천에서 20km 거리에 위치해 있다는 것도 무시할 수 없는 입지적 강점으로 평가된다.

4장 경제난 이후 지역시장의 형성과 발달

1990년대 — 경제난 이후 태동한 지역시장

1990년대에 들어서면서 순천의 상황은 악화됐다. 중앙집권적 자재공급체계가 와해되면서 공장 가동이 멈추기 시작한 것이다. 자재공급체계는 1980년대 후반까지는 자재 물량이 미달되더라도 유지돼 왔다. 하지만 1990년대 초 동구권 사회주의 붕괴로 인해 원자재 수입이 중단되면서 자재공급이 미달되더니 1990년대 중반 이후에는 사실상 마비 상태에 이르렀다. 평양화력발전소에 석탄을 공급해야 하는 순천탄광마저 자재난으로 가동 중단 위기에 처했다. 북한 당국은 평양의 전력난을 해소하기 위해 순천탄광의 가동 정상화에 주력했지만, 갱목의 공급마저 부족한 상황이었다. 갱목이 부족하면 탄갱을 떠받치며 채탄장을 마련하는 선행 공정에 차질을 빚으며 생산 중단이 불가피해진다.

> "갱적으로 수행해야 할 굴진은 150여 메터, 여기에 필요한 동발(갱목)만 해도 수십 립방메터… 8갱 탄부들이 2개 구역의 채탄막장에 뜻하지 않게 생긴 붕락구간을 결사의 각오를 안고 극복해 나갈 때… 심부의 채탄막장에 나타난 암석층이 채탄 1중대 전투원들의 전진을 가로막았다."[8]

일부 기업은 해체되기도 했다. 순천벽돌공장은 '8호벽돌'을 생산해 평양으로 보내는 건재공업 기지였음에도 해체가 불가피했다. 벽돌 생산에 가장 중요한 요소는 흙 공급이다. 벽돌공장에서 원토장까지는 8km 구간의 철도가 연결돼 있어 10-13개의 광차가 오가며 흙을 운반했다. 그런데 원토장에서 흙을 파서 광차에 실어주는 굴착기에 넣을 연료 공급부터 중단되자 공장 노동자들이 인력으로 흙을 퍼 올리는 작업에 동원됐다. 하지만 이번에는 철도로 오가던 광차 운행에 필요한 전기가 공급되지 않았다. 광차는 인력으로 움직일 수 있었지만 벽돌을 구워내는 소성로와 대풍기를 가동하려면 전기가 필수적이었기 때문에 공장의 해체는 불가피했다.

자재공급 중단보다 더 심각한 것이 식량난이었다. 1970년대부터 북한은 전시식량을 마련한다며 15일분 단위로 배급하던 주민 식량에서 4일분을 공제하며 식량난의 징조를 보였다. 이러한 징조가 1980년대 들어 식량배급 지연으로 이어지면서 지역마다 자리한 식량배급소에는 지금껏 볼 수 없던 광경이 재현됐다고 한다.

"사실 배급이야 85년 이전부터 밀리기 시작했잖아요. 배급타는 날짜가 지정돼 있거든요. 우리 집은 매달 10일과 25일인데… 며칠 밀리다가 열흘 씩 밀리면 상순 배급날짜하고 하순 배급날짜가 겹치기도 해요. 그렇게 밀려도 수입밀이나 알락미(베트남쌀)가 배급소로 들어와야 탓거든요." 면접자 14.

"순천 봉화동 배급소에서 온 집안 식구가 교대로 잠을 자야 했어요. 배급소에 쌀이 들어와도 순서가 돼야 배급 쌀이 차려졌거든요. 잠을 자면서 순서를 잡아놓아도 배급쌀 들어왔다 하면 앞줄에 서겠다고 싸우고, 쌀이 떨어지면 받지 못하니까요. 너무 싸우니 질서 세운다며 완력 있는 여자가 줄반장으로 나와서 오이꼬시(새치기) 못하게 종이에 순서대로 이름을 기록하며 질서 잡기도 했는데 94년 이후부터 완전 끊긴 거예요." 면접자 22.

1994년 김일성 사후 식량배급체계는 마비됐다. 공장 노동자들은 공장 자재를 훔치거나, 공장 기계와 설비를 뜯어 암시장에 팔아 식량을 해결했다. 그나마 가동이 유지되는 중앙공업 단위의 공장 간부와 노동자에게는 공장자재를 절취할 수 있는 기회가 있었다. 순천연유(燃油, 연료)사업소 노동자들은 연유를, 시멘트공장 노동자들은 시멘트를, 제약공장 노동자들은 의약품을 절취해 식량을 해결했다. 이러한 방식은 단기성에 그칠 뿐, 생계를 이어갈 안정적인 방식이 아니었다.

김일성 사후 국가 수반이 된 김정일은 "내가 혼자서 중요 부문만 틀어쥐어야지 경제사업에 말려들면 당사업도 못하고 군대사업도 할 수 없다"[9]며 시, 군 자체로 살림살이를 해 주민들의 식량을 지방 차원에서 해결해 공급하도록 했다. 식량 문제만은 중앙이 책임지고 해결했는데, 이제는 지방에 그 책임을 떠민 것이다. 식량이 이 정도면 일반 소비품은 말할 것도 없었다. 이러한 지시는 공장기업소에도 하달됐는데, 자력갱생 범위에는 식량과 생필품은 물론, 공장, 기업소 가동에 필요한 원자재도 포함돼 있었다. 이는 시장의 태동을 불러왔다.

여기서 중요한 기능을 수행한 것이 대외무역이었다. 1991년 북한 당국은 국가 유일 무역을 성(城)과 위원회, 각 도에 위임했으며, 1994년 이후에는 지방정부와 기업으로까지 위임했다. 무역 분권화로 기업의 무역은 개인의 무역으로 확장됐다.[10]

이로써 순천에는 석탄을 채굴해 국내외 시장에 유통하는 주체가 등장하게 된다. 석탄을 연료로 사용해 신발을 만들고, 술과 식품 등을 가공하는 사기업이 일찍 등장한 배경이었다.

2000년대 — 정책으로 공식화된 지역시장

2002년에 발표된 '7.1경제관리개선조치'(이하 7.1조치)*는 지역

* 2000년을 전후해 김정일은 중앙당 경제정책검열부에 내각이 국가경제를 통일적으로 장악할 수 있는 구체적 방법론을 제시하도록 했다. 중앙당 경제정책검열부는 2000년 10월 관련 문제를 연구하는 '6.3그루빠' 상무조를 신설했다. 상무조는 8개월 동안 전국의 공장과 기업소, 협동농장, 농민시장 실태를 조사하며 경제관리 개선 방향을 연구하면서 중국과 베트남의 개혁개방 정책도 검토했다. 이렇게 검토된 경제개혁 입안은 시행계

경제 여건에 변화를 가져왔다. 7.1조치는 이미 형성된 전국의 시장과 시장가격을 제도적으로 공식화했다는 데 의미가 있다. 우선 기업 차원에서 '사회주의물자교류시장'이 도입됐다. 기업과 기업 간 생산물 거래가 공식 허용된 것이다. 1990년대에도 공장 생산물이 시장으로 판매되기는 했으나 사실상 불법이었다. 하지만 이제는 국영기업 간 유무상통해 일부 원자재와 부품 등을 거래하는 것이 공식화됐다. 예를 들어 순천탄광에서 설비가 필요하면 대안기계공장에 사업비용으로 석탄을 주고 설비를 받거나, 시멘트공장이 석탄연료를 조달하기 위해 생산물을 시장에 판매하는 등의 공장 자재 뒷거래가 '사회주의물자교류시장'이라는 제도적 공간에서 허용된 것이다.

기업의 '번 수입 지표'도 도입됐다. '번 수입'이란 국영기업이 시장경제 활동으로 계획 외 생산한 기업의 제품을 시장에 판매해 벌어들이는 수입을 말한다. 이러한 변화로 순천에는 8.3노동자를 장려하는 기업이 늘어났다. 8.3노동자란 국영기업에 출근하지 않고 장사할 수 있도록 허가받는 대가로 장사로 벌어들인 이윤의 일부를 공장에 지불하는 노동자를 말한다. 아예 8.3작업반을 조직해 시장 활동에 적극 참여하는 기업도 등장했다.

2003년에 들어 북한 당국은 전통적으로 10일장으로 운영돼 온

획 수립으로 2001년 6월 김정일에게 보고된다. 그리고 2002년 6월경 다시 집행계획(물가, 임금 현실화 등)으로 보고돼 2002년 7월 1일부로 시행되면서 7.1경제관리개선조치로 불리게 된다. 한기범, "북한 정책결정과정의 조직행태와 관료정치: 경제개혁 확대 및 후퇴를 중심으로(2000~09)," 북한대학원대학교 박사학위논문(2009년), 114쪽.

농민시장을 상설시장으로 공식화했다. 식량배급제가 무너지면서 식량과 생필품이 불법 거래되던 비공식 시장을 제도권으로 흡수함으로써 개인의 영리활동을 합법화한 것이다. 순천에는 2003년 8월부터 종합시장 건설이 시작돼, 2004년에 역전시장, 강포시장, 연포시장, 직동시장 등이 신설됐다. 종합시장 내부는 공업품과, 쌀, 고기, 식료품 매대 등으로 구획이 나눠진다. 각 구획마다 길이 150cm, 너비 70cm 정도의 매대가 병렬식으로 배치되고, 각 매대는 개인이 장사하는 매탁이 된다.

당시 연포종합시장 건설에 동원됐던 면접자1에 의하면 시장관리소가 종합시장 매대를 하나라도 늘리려고 신경을 썼는데, 울타리 밖에 건설하려고 했던 종합시장 변소를 없애고 그 자리에 가스라이터(라이터에 가스를 넣어주는) 매대를 설치했다고 한다. 또 종합시장 울타리 주변에도 구두수리소, 매점 등을 차리려는 상인에게 일정한 간격으로 장사자리를 배분했다. 종합시장 매대에는 매탁이 있지만, 종합시장 울타리 주변에는 매탁이 없다. 즉 말 그대로 좌우 1m 정도의 '앉을 자리'만 배분하고 땅값(자릿세)을 받았다는 것이다. 만약 1m 부지에서 10cm라도 더 차지하면 시장관리소가 땅값에서 10cm만큼을 더 계산해 돈을 받았다. 이를 두고 순천 주민들은 6.25전쟁 시기 한 치의 땅도 빼앗기지 않으려고 피 흘리며 싸웠다는 계급교양자료가 떠올라 혀를 내둘렀다고 한다.

종합시장은 시, 군 인민위원회 산하 시장관리소가 관리 감독한다. 종합시장 안팎에서 장사하려면 자릿세를 시장관리소에 선불로 지급하고 매대 자릿세와 별도로 매일 시장사용료를 바쳐야 한다. 시장사용료는 보통 상품가격의 10%를 적용한 것으로 알려졌다. 예를 들면 남새(채소)를 판매하는 상인은 배추 1킬로그램에 해당하는 가격인 1,000원의 10%인 100원을, 가전제품을 판매하는 상인은 냉장고 한 대에 해당하는 가격인 30만 원의 10%인 3만 원을 하루치 시장사용료로 내야 한다.

종합시장 제도화로 지역시장이 활성화되면서 국영상점을 인수하거나 임대한 개인도 급증했다. 개인상점화는 북한의 내각결정 24호에 의해 힘을 받았다. 내각결정 24호는 "무역성, 상업성, 도 인민위원회와 해당 기관들은 지금 운영을 제대로 하지 못하고 있는 국영상점들을 임시로 상품보장을 담보할 수 있는 무역회사들에 넘겨주어 운영"[11]하도록 한 것이다. 특히 공장 자재와 원료 수입만 허용됐던 무역회사들이 생필품을 수입해 수매상점에서 판매하는 것도 가능해졌다. 이러한 여건은 국영상업망의 시장화를 촉진했다. 2005년 이후부터 북한 당국은 시장화를 억제하는 일부 조치를 시행했으나 기업과 주민들의 시장 활동을 전면 통제하는 데는 한계가 있었다. 사실상 시장은 정부세원과 맞물려 있기 때문에 단속과 통제는 단기성에 불과했다.

2010년대 — 기업·개인의 자율성 확대와 지역시장 발달

김정은 정부 출범 이후 북한 당국은 '우리식경제관리방법'을 발표했다.[12] 우리식경제관리방법은 사회주의 국가들이 시행했던 경제개혁과 공통적 요소를 가지고 있었는데, 핵심은 사회주의기업책임관리제와 포전담당책임제이다. 기업관리 제도를 시장 친화적으로 개편하고 이를 법제화한 것이 사회주의기업책임관리제*라면, 농업부문에서 농장의 생산 단위(10-20명)를 개인 농 형태의 가족 단위(3-5명)로 축소한 것이 포전담당책임제다.

특히 사회주의기업책임관리제는 기업소 지표의 도입 등을 통해 계획의 수립과 수행, 평가 등 계획화 전반에 대한 기업의 권한을 크게 제고시켰다. 국가로부터 자재를 공급받지 않고 기업이 자체로 조달해 생산한 상품에 대해서는 가격과 판매처를 자체로 결정하는 권한도 부여했다. 2000년대의 7.1조치가 계획경제 밖에서 기업의 시장화를 인정한 것이라면 2010년대의 사회주의기업책임관리제는 기업의 시장화를 계획경제 내로 공식 편입했다는 데 의미가 있다. 기업이 스스로 번 소득의 처분권도 크게 강화시켰는데, 국가예산으로 납부하고 나머지 소득은 노동자 임금이나 설비투자 등으로 배분할 수 있도록 했다. 이러한 조치로 순천에서 가장 먼저 눈에 띈 것은 생산 수단의 민영화였다. 시멘트공장 소성로 설비 등

---

* 김정은은 2012년 초 7.1조치의 연장선으로 경제관리개선 방안을 마련하도록 상무조에 지시했다. 여기서 제안한 개선안을 기초로 2012년 9월에는 상업부문에, 2013년에는 농업부문에 실험적으로 도입한 후 정책의 입안 및 실험 단계를 거쳐 2014년 5월 30일 당, 국가, 군대의 책임일꾼들과의 담화를 통해 '우리식경제관리방법'을 발표했다. 5.30 담화는 '우리식경제관리방법'을 중심으로 '사회주의기업책임관리제'를 핵심적으로 도입함으로써 경제관리의 효율성을 제고하겠다는 내용을 담고 있다. 2014년 하반기에서 2015년 상반기까지 〈인민경제계획법〉, 〈재정법〉, 〈기업소법〉 등의 경제 관련 법을 개정하고 사회주의기업책임관리제 시행을 위한 세칙 등을 개정하거나 제정함으로써 새로운 경제관리체계의 법제화를 완료했다. 이석기, "김정은 시대 북한 경제개혁연구: '우리식 경제관리방법'을 중심으로,"《KDI 북한경제리뷰》, 2019년 3월호, 30-31쪽.

을 개인에게 임대해 기업과 개인 간 생산물 배분이 활성화된 것이다. 아예 생산 설비를 직접 구축하고 시멘트, 강철 등을 생산하는 사기업도 늘어났다.

또한 2010년대 국가 주도의 이동통신시장이 도입된 것은 북한의 시장이 질적으로 발달한 핵심 요인으로 꼽을 수 있다. 통신요금만 지불할 수 있으면 누구나 손전화로 물가와 환율 등 시장 정보를 수시로 확인해 시장의 변화에 대처할 수 있었기 때문이다. 이러한 변화를 북한 상인들은 '장마당 혁명'이라고 말한다. '집을 팔아서라도 손전화를 산다'는 북한 주민들의 의식 변화는 일상생활에서 손전화의 중요성을 엿볼 수 있다.

북한 시장에서 눈길을 끄는 '신용'의 발달도 시장화의 발달에서 시작됐다고 말할 수 있다. 물론 신용은 1990년대 '외상'과 '고리대'의 형태로 존재했다. 하지만 당시의 외상거래와 고리대는 돈이 있는 사람이 없는 사람에게 상품을 판매하는 것이 목적이었고, 이자를 빌려주는 방식이 불법적으로 이루어지므로 위험이 따랐다. 돈을 꾸어주고 이자를 받은 사람은 2년 이하의 노동교화형에 처해지고, 이득 규모에 따라 2년 이상이거나 5년 이하의 노동교화형을 받아야 했다.[†] 따라서 "앉아 주고 서서 받는" 관행이 일상사여서

---

† 1990년대부터 고리대가 성행하자 북한은 2007년 10월 16일 최고인민회의 상임위원회 정령으로 수정 보충된 북한 형법 118조에 고리대죄 처벌을 새로운 조항으로 신설했다. 사금융 거래를 통제한 것인데, 2006년에는 〈상업은행법〉을 채택하고 상업은행을 통한 금융거래의 편의를 제공했다. 각 지역에 상업은행을 설치하고 거래자의 예금에 대한 비밀을 철저히 보장하고 원금과 이자를 제때 지불해야 한다고 규정했다. 거래자에는 기관, 기업소와 개인이 모두 포함된 것으로 보인다. 임을출,《김정은 시대의 북한 경제: 사금융과 돈주》(파주: 한울, 2015), 61쪽.

"돈을 꾸는 사람은 노력영웅이고 돈을 꿔준 사람은 일등머저리"라
는 사회적 풍조도 형성됐다.[13]

하지만 2010년대에 들어서 신용거래는 정책적 기조에 의해 변
화된다. 우선 북한 당국이 자본주의 사회에서 사용하는 신용카드
개념과 절차를 소개하며 국내에서도 신용거래 관련 절차를 마련
하고 대책을 준비하도록 했다.[14] 이는 위에서 언급한 사회주의기
업책임관리제로부터 비롯했다고 볼 수 있다. 사회주의기업책임관
리제에 의해 국영기업이 개인으로부터 이자 돈을 조달해 제품을
생산하고, 이를 시장에 판매한 수익금에서 국가 예산을 납부한 후
남은 금액으로 이자와 원금을 상환해, 노동자의 임금과 원자재 조
달에 재배분하는 것이 허용됐기 때문이다. 신용을 바탕으로 자금
을 대출할 때는 국영기업이라고 절대적인 '갑'이 아니며, 개인이라
고 항상 '을'도 아니다. 채권자는 이자를 통해 수익을 얻고, 채무자
는 자금 회전과 상품 유통 촉진을 목적으로 서로의 이해관계가 강
화되는데, 그 근간이 바로 신용이다.

신용거래는 반드시 담보를 전제로 한다. 그 방식은 다양하다.
개인이 국영기업에 자금을 대출해 줄 경우, 공장에서 생산한 제품
이 신용 담보로 작용한다. 예를 들어 고리대업자가 국영 탄광에 돈
을 빌려줄 경우, 탄광에서 생산하는 석탄이 신용 담보가 된다. 이
는 석탄이 언제든 현금으로 교환될 수 있기 때문이다. 개인 간 신
용 담보로는 주로 자산이 사용된다. 장사를 하려는 개인이 고리대
업자로부터 1만 달러를 빌리려면 자신의 살림집을 담보로 제공해
야 하며, 이때 살림집의 가치는 빌리려는 금액의 한도를 넘어야 한

다. 예를 들어 5,000달러를 빌리려면 채무자의 살림집이 8,000달러 이상의 가치여야 한다. 권력이 신용 담보로 활용되는 경우도 있다. 순천시 안전부(경찰) 부장의 동생이 물류 유통에 필요한 거액을 빌릴 경우, 그는 고리대업자에게 사법기관 간부인 형의 영향력을 신용 담보로 제공한다. 이때 고리대업자는 사법기관과의 인맥을 일종의 '보험'으로 간주하고 고리대 자금을 빌려 준다.

신용거래는 물류거래에서도 보편화됐는데, 대표적 사례가 후불제 관행이다. 전국적으로 소비재를 비롯한 생산재 시장의 메커니즘은 후불제로 작동한다 해도 과언이 아니다. 중국에서 수입돼 평성과 청진 등 도매시장 거점을 통해 국영상점과 시장으로 유통되는 물류의 대부분이 후불제로 대금이 환수되기 때문이다.

신용거래가 발달하면서 순천에는 '물주'라는 개념이 등장했다. 물주는 말 그대로 물품을 가진 주인을 의미하며, 이는 기존의 '돈주' 개념과 대비된다. 돈주란 부의 상징이 아니다. 돈을 가지고 재화를 구매하려는 사람이 돈주고, 재화를 판매하려는 사람이 물주다. 돈주와 고리대업자를 혼동해서는 안 된다. 고리대업자는 이자를 목적으로 자금을 빌려주는 반면, 돈주는 자금을 순환시켜 이윤을 창출한다. 예를 들어 쌀 도매시장에서 쌀을 판매하는 상인은 물주고, 쌀을 구매하려는 상인은 돈주다. 쌀 거래가 완료되면, 돈주는 쌀을 보유한 물주로 변하고, 기존의 물주는 자금을 가진 돈주가 된다. 두 개념은 유연하게 작동한다.

국영기업 간에도 돈주(자금 제공자)와 물주(물류 제공자)의 관계가 작동한다. 개인 탄광에서 생산된 석탄을 식료공장에 판매하려는 개인은 물주고, 석탄을 구매하려는 식료공장 자재지도원은 돈주에 해당된다. 지역경제가 발전할수록 이들의 역할은 명확히 구분된다. 물주는 석탄과 시멘트 등을 저장하거나 보관할 수 있는 입지, 이를 운송할 수송 기재를 필수적으로 갖춰야 한다. 또 돈주는 통신망을 통해 거래를 성사시키고 자금 이체를 할 수 있는 손전화와 중앙은행 전성카드 등 통신수단과 송금수단을 확보해야 한다. 계획과 시장에서 각각 누구를 필요로 하는지에 따라 돈주와 물주의 접근 방식도 달라진다.

물주와 돈주가 자기 기반을 형성하는 데는 인적 요인과 지역적 요인이 복합적으로 작용한다. 흥미로운 점은 초기 자본이 없는 주민도 조건만 갖추면 물주나 돈주로 성장할 수 있다는 점이다. 예를 들어 신의주에 거주하는 주민이 무일푼 상태에서 무역회사가 수입한 수십 톤의 설탕을 후불제로 넘겨받으면, 그는 물주가 된다. 무역회사 입장에서는 세관에서 멀리 떨어진 주민보다 세관 인근에 거주하는 주민을 유통 파트너로 택할 가능성이 높기 때문이다. 지역적 이점이 물주로의 진입을 가능케 하는 핵심 요인으로 작용하는 것이다.

돈주가 자금을 확보하는 경로는 다양하다. 그중 대표적인 방식이 '모임돈'이다. 순천의 의류가공업자가 신의주에서 5만 달러어치 원단을 확보해야 할 경우, 지역 내 의류가공업자들과 협력해 자금을 공동 조성한다. 이렇게 여러 사람이 모은 자금을 모임돈이라고 부른다. 모임돈은 고리대와는 자금 흐름과 목적이 다르다. 고리대가 다수에게 자금을 빌려주고 매달 이자를 받는 구조라면, 모임돈은 단기간 내 자금을 집중 투자하고 이윤을 배분하는 방식이다. 이처럼 모임돈 운영에는 인적·지역적 요인이 모두 작용하며, 산업의 특성에 따라 물주는 비교적 합법적 공간에서, 돈주는 비법적 공간에서 자기 기반을 확장해 나간다.

또한 이 시기에는 각 산업에서 기술혁신이 등장했다. 기술혁신이란 기술의 발전으로 새로운 시장이 개척되면서 생산과 공급이 변화하고, 이로 인해 발생한 경제적 충격과 변동으로 동태적(動態的) 이윤이 창출되는 계기를 의미한다.* 보트(G. H. Bort)에 의하면 지역에서 낡은 기술이 변화하고 발전할 경우 새로운 자원이 발견되고 생산 기반이 새롭게 구축되는 과정이 발생한다. 같은 노동력이라도 기술자의 노동은 지역총생산의 증가를 수반하기 때문에 기술개발은 지역경제 성장의 원동력이 된다.[15] 이런 측면에서 2010년대 순천지역경제의 기술혁신 과정에도 주목해야 한다. 시장경쟁에서 우위를 선점하려면 생산의 변화가 뒷받침돼야 하고 이를 위해서는 기술혁신이 선행돼야 한다. 순천에 잠재된 인적자원이 시장 상품 가치로 부각되면서 주요 산업마다 기술혁신 붐이 일어난 과정에 대해서는 3부에서 자세히 서술하려 한다.

* J.A 슘페터(Schumpeter)가 주창한 '혁신(innovation, 革新)'에는 기술 발전뿐 아니라 신제도 도입 등도 포함된다. 일반적으로 기술혁신은 ① 그것을 구체화하기 위한 설비투자가 반드시 수반돼 호황을 야기시키고, ② 노동생산성을 향상시키며, ③ 새로운 제품보다 성능이 좋고 값이 싼 제품을 생산해 새로운 산업을 성립하고 기존산업의 변혁을 일으켜 수요구조를 변화시킨다. 그러므로 기술혁신은 자본주의 경제발전의 원동력이라 할 수 있다. 기업에게는 이윤확보의 수단이 되고 근로자에게는 노동 강화나 정리의 방법이 된다. "글로벌 시대 경쟁력 강화 원동력, 혁신(Innovation)," 《데이터넷》, 2005년 11월 6일.; "조지프 슘페터," 《네이버 지식백과: 21세기 정치학대사전》.

5장
순천 지방정부의 역할 변화

　중앙정부의 정책적 변화가 지역경제 시장화의 제도적 기반을 마련했다면, 지방정부는 시장화를 현실화하는 데 핵심적인 역할을 담당했다. "시, 군 인민위원회는 인민생활을 책임진 호주로 인민들이 잘 살도록 책임을 다해야 할 의무가 있는 데,"[16] 그 의무란 도·시·군 책임일군들이 당과 국가 앞에서 자기 지역을 책임진다는 관점을 갖고, 지방의 특성을 살려 인민들이 기다리고 반기는 실제적 성과를 냄으로써 지역 발전의 지름길을 모색하는 것이다.[17] 순천 지방정부가 시기마다 적극적으로 대응해 수행한 역할은 다음과 같다.

| 1990년대 | | 국영상점 시장화의 교두보 |

경제난이 심각했던 1990년대 중반 김정일은 책임일꾼들에게 "쩍하면 원료와 자재가 없다고 우는 소리하면서 위만 처다보지 말고 외화벌이기지와 원료기지를 자체로 꾸려 인민들의 수요를 충족시키라"[18]고 강조했다. 외화벌이기지는 수출할 수 있는 원천이 반드시 확보돼야 하지만, 원료기지는 새 땅 찾기나 부업기지를 조성하는 방식으로 가능하다. 여기서 말하는 원료기지란 "공업발전에 필요한 여러 가지 원료를 생산하는 곳"[19]이다. 다시 말해 인민 생활소비품 공급체계가 마비된 상황에서 지방정부가 지방공업 공장에 필요한 원료를 자체로 해결할 수 있도록 부업기지를 조성하라는 의미였다. 북한 당국이 원료기지 조성을 지방정부 역할로 강조한 배경에는 '정춘실 운동'이 자리하고 있다. 정춘실 운동은 상업부문에서 모범을 보인 자강도 전천군 상업관리소장 정춘실을 내세워 상업부문 종사자들의 충성심과 노력을 독려하기 위한 사회운동이었다. 전국적으로 '정춘실운동 모범단위' 쟁취운동이 전개돼 순천에서도 원료기지 조성이 본격적으로 시작됐다.

당시 순천시 상업관리소 소장이었던 면접자 4에 의하면, 순천에서는 지방정부가 30만 평에 달하는 풍덕리 농장 농경지를 떼어내 상업관리소 원료기지로 넘겼다고 한다. 원료기지에서 강냉이(옥수수)와 콩 등을 재배해 식료공장과 술공장의 원료로 공급하도록 한 것이다. 작물 재배에 필요한 영농물자는 상업관리소가 해결해야 했다. 이 문제를 해결하려면 수확한 곡물의 일부를 시장에 판매해야 하는데, 상업관리소는 곡물 처분권이 없었다. 여기에 사법기관의 원료기지 검열까지 수시로 진행됐다. 위에서는 실적을 압박하고 아래 단위 노동자들은 생산된 곡물을 훔쳐가다 보니 적자가 발생했다. 2년도 되지 않아 지방정부는 상업관리소의 원료기지를 지역 내 자리한 국영상점들에 분산 배분했다. 원료기지 운영을 상점에 떠민 것이다. 물론 무작정 떠민 것은 아니다. 지방정부가 직접 중국에서 생필품을 수입해 국영상점으로 유통하면, 상점에서 해당 생필품을 지역시장에 도매하도록 허용했다. 이를테면 지방정부가 중국시장과 지역 내 상점 사이에서 '중개상' 역할에 나선 것이다. 순천의 인구는 약 27만 명으로 7만 세대로 분류되며, 각 세대별 생필품 공급을 책임지는 상업관리소는 동, 리 단위로 운영되는 공업품, 식료품, 과일남새 상점 70곳과 종합상점 6곳을 관리하고 있다.[20] 이들 상점에 지방정부를 대표하는 상업관리소가 중국에서 수입한 생필품을 시장가격으로 유통한 것이다.

국영상점에서 판매하는 생필품은 대부분 개인에게 넘겨져 시장에서 소매됐다. 상업관리소가 1차 도매자, 국영상점이 2차 도매자, 최종 판매는 시장을 통해 이뤄지는 구조가 지역 상업망으로 형성된 것이다. 당시 중국에서 생필품을 수입할 수 있는 무역 와크(무역권)는 대부분 당과 군부 등 특권층 기관에 배당돼, 지방정부 산하 상업관리소에서 직접 생필품을 수입하는 것은 어려웠다. 이에 순천상업관리소 소장은 무역 와크를 임대하기 위해 신의주 호텔로 가거나, 중앙은행 순천지점에서 자금을 대출하는 등 적극성을 보였다.

"상업관리소 소장은 완전히 장사꾼이다. 중국과 마주한 신의주 압록강 호텔에서 며칠 숙박하면 평양의 무역회사 사장들과 친해져 와크 임대가 어렵지 않다. 상업관리소는 인민생활을 책임지라는 당 정책을 실현한다는 명목을 내세워 중앙은행 순천지점에서 돈을 대부해 물품을 수입한다. 은행 지배인은 이자 없이 돈을 준다. 그러나 알아서 이자를 줘야 한다. 상환 시 월 20% 이자를 안 주면 다시 대출할 수 없다. 이렇게 물품을 수입하면 순천에 자리한 수십 곳의 상점책임자들이 저마다 넘겨받아 팔았다." 면접자 4.

순천 상업관리소가 국영상점 시장화의 교두보로 부각되자 순천시장 상인들은 상업관리소 소장에게 직접 상품 수입을 주문하기도 했다.

"뭐랄까요. 잘사는 것들이 돈을 모아서 주문한단 말입니다. 좀 이렇게 덩치 큰 물건들 예를 들어서 냉동기 몇 개 갖다 달라, 양복지 뭐 기름통이랑 큰 장사꾼들이 받아서 또 이렇게 데꼬 한단 말입니다. 상점 거치지 않고요." 면접자 13.

상업관리소가 중국에서 다양한 상품을 수입하자 일부 중국 거래처는 상업관리소에 후불제로 상품을 제공하기도 했다고 한다. 상업관리소는 지방정부를 대표하고 있기 때문에 국가 상업망이라는 일정한 신용이 작용한 결과다. 이렇게 수입된 상품을 지역상점

[그림 3] 순천상업관리소를 통해 국영상점으로 중국 상품이 유통되는 구조

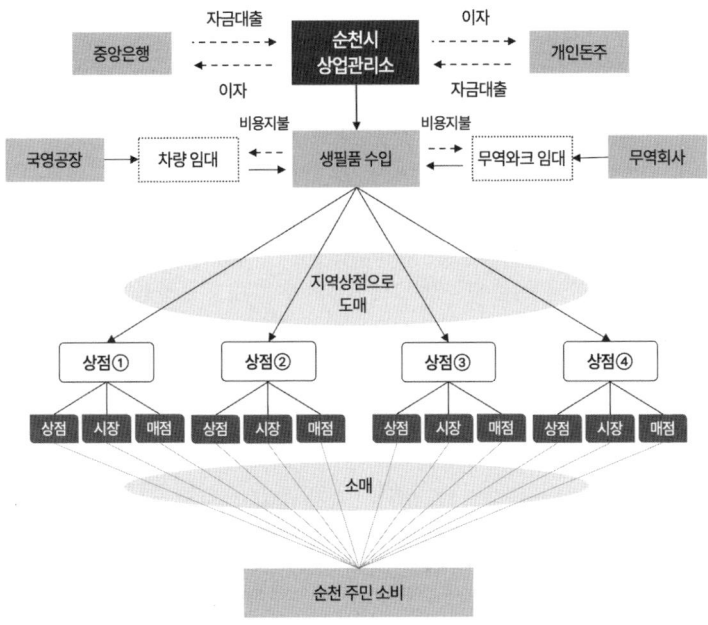

을 통해 시장에 판매하며 확보한 수익은 중앙은행에 납부하지 않고 상업관리소 경리과(회계)에 납부해 관리했다. 이러한 일로 순천상업관리소는 중앙 검찰소의 검열을 받기도 했는데, 중국과의 무역을 통해 벌어들인 수익이 상업관리소 소장 개인의 비리에 사용한 게 아니라 국영상점을 살려 원료기지 운영에 사용한 것이라면 문제되지 않았다고 한다.

| 2000년대 | | 인허가를 통한 시장화 촉진 |

    2000년대에 들어서면서 순천에서는 국영상점과 국영식당을 개인이 인수하거나 임대해 운영하는 사례가 급증했다. 일부는 자택을 개조해 식당을 영업하기도 했는데, 이러한 형태는 정확한 수를 파악하기 어려울 정도였다고 한다. 일부는 지방정부로부터 공식 인허가를 받고 상업활동을 한 반면, 일부는 비공식적으로 영업했다. 지방정부는 인허가에 따른 차별화 정책을 적용해 인허가를 받은 영업소에는 상호명 간판을 주고, 인허가를 받지 않은 영업소에는 간판을 주지 않았다. 이로 인해 간판의 유무는 공식적이냐 비공식적이냐의 여부를 가늠하는 기준이 됐다. 식당 간판 아래 '○○식당'이라는 지방정부 산하 명칭이 들어가면, 매달 일정 비율의 수익금을 지방정부에 납부하는 대신 영업에 필요한 각종 편의를 제공받는다. 반면 간판이 없는 무허가 식당은 제도권 밖에 존재하므로 시장 통제나 단속의 위험에 노출될 수밖에 없다.

    예를 들어 '농마국수집', '개고기집' 등의 식당 간판에는 '순천급양관리소' 또는 '협동가내편의' 등 지방정부 소속 명칭이 표기돼 있다. 이러한 간판이 있는 식당은 해마다 국가정책으로 실행되는 농촌지원전투나 사회동원 등으로 종합시장의 개장을 단기간 중단하거나 개장 시간을 단축하는 등 시장통제 조치가 시행될 때도 예외를 적용받아 영업이 가능하다. 순천시장 입구에 자리한 협동가내편의 소속 돼지고기 판매점이 있었는데, 이 판매점은 국가적 조치로 종합시장 운영이 전면 중단됐을 때도 정상 운영을 했다. 오히려 종합시장 고기 매대가 문을 닫는 상황이 되면, 고기를 구매하려는 손님들이 몰려 매상이 크게 증가해 시장 통제가 기회로 작용하기도 했다. 식당도 같은 양상을 보였다. 시장이 통제되면 길거리 매대나 비공식 음식점은 영업을 중단해야 하지만, 간판이 있는 식당은 영업을 계속할 수 있다. 이로 인해 장거리 장사로 순천에 온 상인들이 식당에 몰리면서 하루 30그릇 팔리던 온면이나 냉면이 60그릇까지 팔리는 등 매상이 두 배 뛰는 사례도 있었다고 한다. 이러한 경험은 영업 규모가 큰 상인일수록 지방정부의 인허가를 받도록 유인하는 효과를 낳았다.

하지만 지방정부의 인허가는 늘 합법적으로 이뤄지는 것은 아니었다. 2005년경부터 북한 당국은 장사 연령을 40세 이상으로 제한하는 시장 통제정책을 시행했다. 그러나 전국적 지침에도 불구하고 지방정부의 대응은 지역마다 상이했다. 순천의 경우 이러한 시장통제 정책에도 불구하고 주민들의 시장활동은 크게 위축되지 않았는데, 그 이면에는 지방정부의 암묵적 인허가가 존재했기 때문이다. 당시 종합시장 매대에서 장사하는 상인들의 공민증을 검열해 40세 이하인 경우 장사행위를 제한했는데, 지방정부 산하 시장관리소의 단속과 검열은 형식적인 수준에 그쳤다고 한다. 특히 일부 사법기관은 공민증을 위조해 주기까지 했다고 한다. 장사 허용 연령보다 어린 여성들이 시 안전부 주민등록과 지도원에게 뇌물을 주면, 공민증에 표시된 생년월일을 위조해 주는 사례가 다수 발생했다는 것이다.* 중앙정부의 시장통제 정책이 현실과 괴리되면 지방정부가 정책의 실행자가 아닐 수 있음을 보여 주는 사례다.

북한 사회는 엄격한 위계적 체계로 운영되기 때문에 사법기관 간부에 의한 공민증 위조가 가능한지 의문이 들 수 있다. 실제로 지방마다 정책에 대응하는 방식은 달랐다는 게 면접자들의 증언이다. 시장화가 발달한 지역일수록 불법도 아니고 합법도 아닌 회색지대의 영역이 넓어지는 이유다. 계획의 공백을 시장이 메우듯이 권력기관 간부의 자력 기반은 지역 상인과의 연계 속에서 나온다. 시장이 발달한 지역일수록 간부 등용 경쟁률이 치열하고, 간부로 등용된 이후에도 권력 유지비용이 필요하다. 이 때문에 권력기관 간부들은 불법의 영역을 눈감아 주며 시장을 활용하는데 때로는 적극적이고 과감한 행태를 보이기도 한다. 정경유착 현상이라 할 수 있다.

이번에는 사사여행자(중국 등 해외 친척 방문자) 비자 발급 사례를 보자. 2004년 하반기부터 중국연고자를 중국에 보내 식량을 비롯한 해외 자금을 국내로 끌어들이라는 김정일의 방침이 떨어졌다고 한다. 이에 북한의 각 지역마다 중국연고자들의 비자 신청이

---

* 사법기관 간부 중에 먹을알(뇌물)이 없는 간부 중 하나가 사회안전부 주민등록과 지도원이다. 이들이 직업으로 뇌물을 받는 수단은 주민등록 자료의 위조밖에 없다. 주로 해외비자를 받을 수 있도록 친척 족보에 해외 친척을 만들어주거나 혹은 간부 승급에 불리한 남한 출신 등을 삭제해 준다. 이 경우 500달러 이상의 뇌물을 받지만, 장사 연령 통제를 회피하기 위한 단순 공민증 위조일 경우 쌀 30-50킬로그램 정도의 가격으로도 가능했다고 한다.

늘어났다. 사사여행자의 비자 신청 규정에 따르면 신청자는 결혼을 하고 가정을 이뤄야 하며 자녀가 있어야 한다. 친척족보에 교화출소자, 특히 탈북민도 없어야 한다. 무엇보다 연령 기준이 엄격한데 반드시 55세 이상이어야 한다. 이 모든 것이 충족돼야 시 당, 안전부, 인민반장의 보증사인을 받을 수 있다. 보증사인이 완료된 신청서를 시, 군 보위부 외사과를 거쳐 도외사국에 제출한다. 해당 절차 중 시, 군 보위부 외사과가 가장 중요한 기관이다. 해외 출국은 '남조선'을 비롯한 '적대국' 사람들을 접촉할 수 있는 기회가 있어 사상검토 등 국가보위부의 엄격한 규제가 따른다. 하지만 해당 규정 역시 지역마다 다르게 실행된다. 예를 들면 평안남도 성천군, 황해남도 해주 등 상대적으로 시장화가 덜 진행된 지역의 경우 보위부 간부들의 시장 활용 능력은 경직돼 있다.

  한 예로 2008년 해주에서 중국 사사여행자로 출국한 50대 여성에 따르면 해주시 보위부는 국가보위부 규정대로 55세 이상만 엄격히 선발해 중국 비자 신청자의 자격을 줬다고 한다. 반면 순천시 보위부는 의도적으로 규정을 위반하고 30대를 비자 대상으로 우선 선발했다. 장사를 할 줄 아는 젊은 사람들이 해외로 나가야 돈줄을 끌어온다는 것이다. 나이가 젊을수록 중국 비자 비용은 상승한다. 여기서 비자 비용이란 보위부 외사과에 바치는 비공식 비용을 말한다.* 이처럼 비자 대상 선발 규정을 우회하는 방식으로

---

* 중국 비자를 발급하는 공식 비용은 8유로, 달러로 환산하면 10달러 정도다. 이 비용은

외화현금을 확보한 순천시 보위부는 도 외사국에 달러 현금을 바치고 더 많은 비자폰트(공급 수량)를 받아 온다. 도 외사국은 도 내 각 시, 군 보위부 외사과에 해외 비자 할당을 배분한다. 순천시 보위부의 적극적인 역할로 순천에 배정되는 중국 비자 할당이 증가하면 해외진출자가 증가하면서 해외자금과 해외기술이 지역에 유입돼 지역경제 시장화가 진전된다.[†]

2010년대 — 지역경제 시장화의 직접적 행위자

2010년대 들어 순천에 위치한 사기업의 성격이 눈에 띄게 변화했다. 2000년대에는 개인이 운영하는 식당이나 상점 등 서비스 단위가 증가했다면, 2010년대에는 모래와 철강, 유리 제조 등 생산 단위가 증가했다. 특히 소속의 변화가 뚜렷했다. 2000년대는 주로 당과 군부 등 특수기관에 소속되는 경우가 일반적이었으나 2010년대 들어서 특수기관에서 지방정부로 이동하는 경향이 나타났다.

최종적으로 평양에 소재한 여권총국으로 들어간다. 비용을 유로로 받는 이유는 다음과 같다. "(미국의) 경제제재 너무 받으니까 2000년대 초부터 달러에 의한 경제제도가 달라졌어요. 국내에서 통용되는 외화가 달러, 위안화, 엔화 다 있지 않나요. 모든 외화가 유통은 되는데 국가 무역이나 수출입 계획을 세울 때 공식 서류에는 유로로 가격을 표기합니다. 규정이에요. 공식 비자 비용도 그래서 유로로 결제할 겁니다." 면접자 38

[†] "중국에 나가면 북한 전국에서 온 사사여행자들과 연계되므로 각 지역 보위부 외사과에서 비자를 둘러싼 다양한 정보가 공유된다. 황해남도 재령군 보위부 지도원은 지역 주민들이 사사여행자로 중국에 나갈 때 60일의 비자기한을 넘기지 말도록 교양사업을 강화하지만, 청진시 보위부 지도원의 경우 바보처럼 제 기일에 귀국하지 말고 1년간 중국에서 돈을 벌다오라고 조용히 말해줬다." 면접자 1.

예를 들어 탄광 운영 주체들은 간판을 무엇보다 중시한다. 군부를 비롯한 특권층에 소속될 경우 광권을 빠르게 확보할 수 있고, 특히 '안전기재'라는 보호 장치를 제공받았다. 광권이란 탄광 개발을 국가가 공식 허가한 증서를 말하며, 안전기재란 사법기관 단속과 통제 범위에서 벗어날 수 있는 장치를 의미한다. 예를 들어 군부에 소속된 개인 탄광은 사회 안전부의 단속 대상이 되지 않는다. 하지만 2010년대 들어 지방정부 역시 특권층이 제공하던 광권은 물론 '인민위원회 탄광'이라는 간판을 제공하면서 사법기관 통제가 상대적으로 느슨하게 작용하는 효과가 발생했다. 중앙정부가 지방정부 권한을 강화한 결과로 해석된다.

"그때(2010년대) 인민위원회가 자체 탄광 확 늘렸지. 탄광 하겠다는 사람만 있으면 그거 뭐 인민위원회 간판 주고 광권을 해결해 줬거든요. 탄광이라는게 지방정부가 지방산업공장들 연료 보장한다 하면 우에서 광권이 내려왔으니까…. 인민위원회 탄갱이 개인 탄광인데 2013년도에 열 곳은 넘었어요." 면접자 13.

"원래 군부대 탄광이 많았어요. 당기관도 있고, 인민위원회는 솔직히 해주는 거 없으니까 개인 탄광을 얼마 가지고 있지 못했지. 그런데 김정은이 하면서 달라진 게 인민위원회 소속이 되도 걸림돌을 해결해 줘요. 제일 걸림돌이 광권이거든요. 이런 거를 거기서 해결해 주고 또 '전기 좀 없습니까' 하면 그것도 어느 정도는 해결해 줘요. 아무튼 탄을 캐게끔 해줘요." 면접자 15.

인민위원회 명의로 개인 탄광을 운영하면 일부 노동력도 제공받는다. 가동하지 못하는 지방산업 공장 노동력을 노력동원 폰트로 돌리는 것이다. 노력동원 폰트란 국가적 차원에서 국영공장 노력을 농업 부문과 탄광, 국가건설장 등으로 임시로 이동하는 것을 말한다. 경제난 이후 북한은 전기와 원료, 자재난으로 인해 가동할 수 없게 된 공장, 기업소들로 하여금 대담하게 일정 기간 가동을 멈추게 하고, 남아도는 숱한 노력을 탄광 등에 조직적으로 돌림으로써 일자리가 없어 떠돌아다니는 노동자들에게 일자리를 주도록 했다.[21] 개인 탄광으로 파견된 공장 노동자들은 이러한 조치를 환영했다. 개인 탄광에서 일하면 국영공장과는 달리 시장가격의 월급과 식량을 지급받기 때문이다.

"지방 자체로 살라고 하니까. 직동탄광 석탄은 다 평양발전소로 나가지 지방공장까지 오나. 그니까 인민위원회가 개인 탄광들을 끌어오는 거지. (직동)독재골 올라가면 인민위원회 탄광이 골짜기골짜기 있는데, 거기서 사람(탄부) 달라고 하면 줘요. 모체는 인민위원회 탄광이니까 조꼬만 공장들 숱한 거 돌아 못가는거 거기서 젊은놈들 뽑아서 동원식으로 내보내지. 개인 탄광에 나가는 사람들도 좋지 뭐. 공장에 있어야 풀만 먹잖아요. 그런데 개인 탄광 가면 고기 먹어요." 면접자 22.

여기서 혼돈하지 말아야 할 점은, 경제난 이전부터 운영돼 온 시 인민위원회 소속 자체 탄광과 개인 탄광의 운영 방식이 다르다는 것이다. 시 인민위원회 자체 탄광은 지방산업 공장에 석탄연료를 공급하기 위한 공공 목적의 생산 단위지만, 시 인민위원회 명의로 운영되는 개인 탄광은 시장의 수요에 대응해 운영되는 사적 생산단위로 운영 주체는 개인이다. 따라서 개인 탄광 운영자는 매달 생산량의 30%를 지방정부에 바치고, 그 나머지 생산분을 자율적으로 시장에 판매할 수 있다. 다만 시 인민위원회에 소속된 개인 탄광이므로 인민위원회 지도원이 월 1회 탄광을 방문해 생산량 및 운영 실태 등을 점검하는 체계는 유지된다.

"개인이 탄광 운영하는 데 지도원들이 가끔 나가거든요. 인민위원회 지도원 교대 내보내요. 탄광이 늘어나니까 그걸 담당하는 거지. 그러지 않으면 개판이지. 명색이 인민위원회 탄광인데, 생산량이 얼마다는 건 알아야 하죠. 그리고 문제 생기면 책임져야 돼요. 굴이 무너졌다하면 누가 책임져요? 인민위원회 소속이니까 책임진다는 게 뭐 주는 게 아니고 그래도 책임진다는 명분은 있지." 면접자 28.

인민위원회에 소속된 사기업 중에는 시멘트 생산기지도 포함된다. 개인이 운영하는 시멘트 생산기지는 2015년부터 증가하기 시작했다. 이들 생산기지의 다수가 인민위원회 산하로 등록된 이유는 크게 두 가지로 나뉜다. 첫째, 생산 설비를 구축할 수 있는 부지를 확보하기 위함이고, 둘째, 사법기관의 통제에서 벗어나기 위한 전략 때문이다. 북한에서 '비사'(비사회주의 현상) 검열이 시작되면, 개인이 구축한 생산 설비는 무상으로 몰수될 가능성이 높다.

그러나 시 인민위원회 산하로 등록되면 형식상 공공기관 소속으로 간주되므로 비사 검열 대상에서 제외되거나 검열이 무마되기도 한다. 사법기관이 트집을 잡아 뇌물을 요구할 경우 합법성을 주장할 수 있다는 것이다.

"경제가 많이 개방됐거든요. 인민위원회가 내가 돈 벌어도 얼마만한 돈을 세금으로 내면 다 합법으로 하게 해줘요. 돈 벌어서 몽땅 자기주머니에 넣는 장사는 통제하는데 내가 만 원 벌어서 천 원 국가에 내면 합법이에요. 통제 안 해요. 인민위원회 적을 두고 기업을 운영하면 나도 떳떳하거든요. 보안원(경찰)이 통제하면 '왜 기니? 내가 내 장사하나? 나 국가 일해' 이러면 메라고 못 기래요." 면접자 34.

인민위원회는 지방정부의 성격을 가지므로 그 산하에 등록된 사기업은 사법기관의 통제에 대해 일정 정도 저항력을 갖는 것으로 보인다.

3부
순천의 주요 산업은 어떻게 변화하였나

6장 석탄산업

1990년대

일상의 필수 연료 석탄

북한에서 석탄은 국가경제와 주민들의 일상생활에서 필수적인 자원으로 자리 잡고 있다. 전체 도시가정의 63%가 석탄을 연료로 사용한다.* 볏짚†도 난방과 취사 연료로 사용되고 있으나 석탄산

---

* 사용하는 연료의 비율은 도시와 농촌 지역별 차이가 있다. 농촌 가정은 77%가 나무를, 19%가 석탄연료를 사용하고 있다. 남민지, "2008년 북한 인구센서스 결과," 《북한농업동향》, 제12권 1호(2010), 13쪽.
† 2010년대 들어서 석유, LPG가 일반 주민들의 가정 취사용 연료로 보편화되고 있다. 하지만 1990년대만 해도 평양을 제외한 지방도시에서는 석탄, 화목 등을 취사 및 난방 연

업이 자리하고 있는 평안남도 주민들은 대부분 석탄연료를 이용해 생활하고 있다. 이처럼 석탄연료가 있어야 취사와 난방이 가능하기 때문에 북한 주민들의 일상생활에서 식량 못지않게 중요한 것이 석탄이다.

경제난 이전 국가 공급시기에는 가정용 난방과 취사용 연료를 세대주인 남편이 일하는 기업을 통해 공급해 왔다. 예를 들어 순천구두공장에는 석탄연료를 종업원들에게 공급하는 후방 부서가 있다. 순천구두공장은 순천지구탄광에서 종업원 수만큼 국정가격으로 석탄을 공급받아 세대주에게 공급한다. 1980-1990년대 기준으로 공장종업원(세대주) 1인당 석탄연료는 연간 2톤을 공급했다. 이 기준은 한 가구가 1년 간 소비하는 연료량을 계산해 국가에서 규정한 것이다.* 하지만 식량배급제의 와해와 함께 석탄연료 공급도 중단됐다. 이제 주민들은 스스로 석탄연료를 구매해야 했고 이는 석탄 수요를 촉발시켰다.

평양에서도 석탄 수요가 증가했다. 평양의 용성구역, 사동구역, 동대원구역, 선교구역에는 연탄을 사용하는 온돌 구조의 아파트가 많다. 1970년대 평양 외곽에 건설된 아파트들은 대부분 석탄가

료로 사용하는 것이 보편적이었다.

* 1990년대 경제난 이전 순천에서 공장노동자들에게 석탄연료가 국정가격으로 공급되던 시기에는 연탄 직경이 170mm였다. 석탄 1톤이면 170mm 연탄이 350-400대 나오는데, 7-8월 여름철을 제외하고 가정에서 하루에 두 대의 연탄을 소비한다고 계산하면 석탄 2톤은 일 년 분의 취사와 난방 연료로 충분하다. 그러나 국가공급이 사라지고 주민 스스로 석탄시장에서 석탄을 구매해 소비하게 되면서 주민들은 연탄 직경을 150mm에서 120mm까지 줄였다. 연탄을 아껴 쓰기 위해서다. 석탄 1톤으로 150mm 직경의 연탄은 보통 500-650대, 120mm 직경의 연탄은 800대까지 나온다.

스 환기통이 설치된 온돌식 구조를 갖추고 있기 때문이다. 국가공급체계가 작동하던 경제난 이전에는 평양 만경대구멍탄공장에서 연탄을 생산해 평양 시민들에게 공급했다. 그러나 만경대구멍탄공장마저 연탄을 생산할 석탄 원료를 공급받지 못해 공장이 가동을 멈추게 되자 평양 주민들의 난방 및 취사용 연탄 공급도 중단된 것이다. 지방 주민들은 석탄연료 대신 나무와 볏짚이라도 사용할 수 있었으나 평양에는 대체재가 거의 없었다.

평양에서 온수난방 구조로 건설된 아파트도 어려운 건 마찬가지였다. 온수난방은 평양화력발전소에서 공급하는데 여기에 석탄을 공급하는 순천지구탄광의 가동이 약화되자 평양화력발전소의 가동률도 저조해져 온수난방 공급이 대부분 중단된 것이다. 그러자 1990년대 말부터 평양에서는 온수난방 구조를 온돌 구조로 개조하고 무동력 보일러를 설치하는 바람이 불었다. 무동력 보일러는 연탄 아궁이와 온돌을 연결해 난방과 취사를 동시에 해결하는 기구다. 평양 시민들의 무동력 보일러 수요가 높아지자 북한의 무역회사들은 중국에서 직접 무동력 보일러를 수입하기 시작했다. 평양에서 난방과 취사를 동시에 해결하는 무동력 보일러의 사용 확대는 석탄 수요 증가를 초래했으며, 이는 평양과 인접한 순천에 석탄시장이 빠르게 형성된 배경으로 작용했다.

석탄 수요와 자체 탄광 공급

평양을 비롯한 지방도시에서의 석탄연료 수요가 부각되자 순천에는 석탄을 공급하는 주체가 새롭게 등장했다. 오래 전부터 순천에는 중앙공업 단위인 순천지구탄광을 비롯해 각 국영공장에서 운영하는 자체 탄광들이 자리하고 있다. 이 가운데 국영공장 산하 자체 탄광이 공급자로 등장했다.

자체 탄광이란 북한 당국이 국영공장에 탄광 개발권과 운영권을 부여해 해당 공장이 독자적으로 운영하는 탄광을 말한다. 자체 탄광을 운영하는 국영공장은 공장 자체적으로 연료를 생산하고 사용할 수 있었다. 또한 생산된 석탄을 공장의 재량에 따라 처분할 수 있어 시장 수요에 신속하게 대응할 수 있는 구조적 유연성을 갖추고 있었다. 경제난 이전 순천에는 국영공장에서 운영하는 자체 탄광이 적지 않았다.

자체 탄광의 시장 참여는 석탄시장을 빠르게 형성했다. 자체 탄광에서 석탄을 싣고 출발한 차량이 순천에 자리한 식량배급소나 국영상점 인근에 석탄을 하차하면, 이를 개인 상인이 넘겨받아 소매하는 방식의 시장 공간이 자연스럽게 형성된 것이다. 식량배급소와 국영상점은 과거 국영상업망의 거점으로서 인지도가 높고 부지가 넓다. 특히 교통 요지에 위치하고 있어 시장 형성에 유리한 조건을 갖추고 있었다.

"1997년도부터 (식량)배급소 앞마당이 석탄 파는 공간으로 변했어요.

[그림 4] 1990년대 순천에 형성된 석탄시장

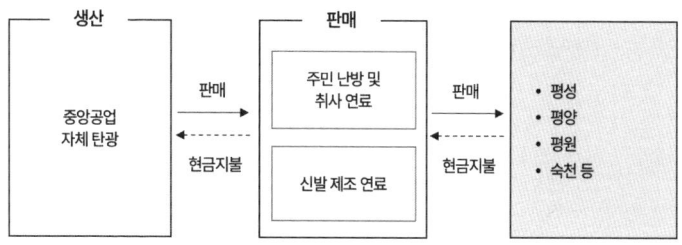

 돈만 있으면 아무 때나 가면 한 그루마 사겠으면 한 그루마 사고, 한 톤 사고 싶으면 한 톤 사서 땠거든요. 그 전엔 가을이 돼야 공장에서 공급하는 거 기다리거나 어쩌다 기차 빵통으로 싣고 가는 석탄을 인수원들이 몰래 팔아야 살 수 있었는데…." 면접자 14.

 현금만 있으면 석탄을 구매할 수 있게 됐고, 석탄 가격은 운송거리에 따라 상승했다.

2000년대

중국시장의 석탄수요 폭발과 자본 선투자

 2000년대 들어 중국경제가 가파르게 성장하자 중국으로부터의 에너지 수요도 급격히 증가했다. 중국은 세계적으로 석탄 매장량의 45%를[1] 보유하고 있음에도 경기과열로 에너지 공급이 부족해지자 북한산 무연탄(이하 석탄) 수입에 나섰다. 북한의 석탄은 러시아나 호주 등 다른 수출국에 비해 30-40% 정도의 낮은 가격으로 수입할 수 있는데다 지리적으로 인접해 운송비가 적게 들고 물류가 편리하다는 강점도 있었다.[2] 특히 다른 국가로부터 석탄을 수입할 경우에는 최소 구매 단위가 높았지만 북한의 석탄은 소량 단위로도 수입이 가능해 여러모로 유리했다.[3] 북한과 지리적으로 인접한 산동성, 랴오닝성, 허베이성, 장쑤성 등 중국 동부 지역이 주요 수입지로 부상했다.[4] 당시 중국 정부는 자국 내 자원의 해외 수출에는 10% 이상의 높은 관세를 부과한 반면, 해외 자원의 국내 수입에는 평균 5% 이하의 낮은 관세를 적용하는 무역 정책을 시행하고 있었다. 이러한 정책 또한 중국이 북한산 석탄을 적극 수입하는 데 유리한 환경을 조성했다.[5] 중국이 베트남과 북한으로부터 수입한 무연탄 총량 중 북한산 석탄이 차지하는 비중이 93.1%에[6] 달한다는 통계로 당시 북한산 석탄에 대한 중국의 수요가 상당했음을 짐작할 수 있다.

중국은 북한 내 안정적인 석탄 공급처를 확보하기 위해 북한 측에 선투자를 했다. 선투자는 중국이 북한의 탄광에 필요한 설비와 장비 등을 제공하고 그 대가로 상응하는 가치의 석탄을 확보하는 일종의 구상무역 형태로 이뤄졌다.[7] 현실적으로 중국이 북한의 석탄을 수입하기 위해서는 선투자가 필수적이었다. 경제난 이후 상당수의 북한 탄광은 갱내 침수로 방치돼 있었고, 배수를 위한 양수기 등 필수 장비가 부족해 석탄 생산 기반이 사실상 붕괴된 상태였다. 이에 따라 탄광을 정상적으로 가동하기 위해서는 설비와 자재는 물론, 탄부들의 식량 문제까지 해결할 수 있는 선투자가 불가피했다.

중국의 선투자는 북한 측 대방과의 계약을 통해 이루어졌다. 중국 대방이 투자를 하면 북한 무역회사는 이를 석탄으로 상환하겠다는 계약을 체결하는 방식이었다. 계약이 성사되면 중국 대방은 석탄 생산에 필요한 설비와 공구, 탄부들의 안전모와 작업복은 물론 밀가루, 쌀, 식용유까지 북한에 보내줬다. 이러한 방식은 점차 관행으로 자리 잡아 북한 측에서 직접 요청하기도 했다. 중국으로서는 투자한 자본을 석탄으로 상환받을 수 있기 때문에 경제적으로 손해가 없었다.

"그때야 중국이 없으면 탄광이 먹을 것도 없고 설비도 없는 거잖아요. 그래서 중국이 선투자 하는 거예요. 그런데 선투자 조건에서는 (석탄 가격) 체결하는 값이 싸죠. 선투자는 현금으로 주는 경우는 대체로 없어요. 설비나 식량으로 주기도 하고⋯." 면접자 24.

중국의 선투자를 받은 탄광은 평안남도 북부탄전지구에서도 순천지구탄광이 절대적 비중을 차지했다.[8] 평안남도 북부탄전지구에는 순천탄광, 덕천탄광, 개천탄광 등이 있음에도 중국 측은 높은 품질의 석탄을 보유하고 있으며 수송에 유리한 지리적 이점을 가진 순천지구탄광을 투자 대상으로 주목했다. 중국이 수입하는 석탄 품질은 6,500Kcal/kg 이상의 무연탄이다. 무연탄 품질을 비교하자면 덕천탄광, 개천탄광, 북창탄광 등도 순천 석탄 못지않게 열량이 높다. 그중에서도 덕천탄광의 석탄이 가장 높은 품질로 평가받는다.

"석탄도 3등급으로 가릅니다. 6,700칼로리 되는 탄은 1등급이에요. 여기서도 돌도 없는 건 더 비싸고 고 중간 데는 돌도 좀 있고 또 회분이 있는 탄이 2등급입니다…. 그다음 탄은 그 밑인데 회성분이 있어서 깜짝깜짝하거든요. 그건 눅어요. 순천하고 덕천에서 나오는 석탄이 6,500칼로리 이상이에요. 뻥급이죠." 면접자 28.

"북창탄광과 덕천탄광이 한맥이거든요. 덕천탄이 제일 좋은데 산세가 있어서 차가 붙기 힘들어요. 그래서 중국이 거긴 투자 안 했어요. 안주 쪽에도 아무데나 캐면 석탄 나오지만 갈탄이에요. 유연탄은 수출 못해요. 개천탄광은 순천, 덕천보다 칼로리가 낮은데다 2경제(군수공장) 많아서 외화벌이회사가 터 잡기 힘들어요. 수출은 순천 거로 기본 해요. 순천은 남포까지 도로도 구축돼 있으니까 나르는 것도 차만 있으면 되거든요." 면접자 23.

석탄 품질만큼이나 중요한 것이 수송이다. 석탄을 수송하는 거리가 멀어질수록 수입 가격이 오르기 때문에 신속한 수송이 가능할수록 수송비용을 절감할 수 있다. 따라서 교통이 불리하고 수송 거리가 먼 덕천탄광은 중국의 투자를 유인할 수 없었다. 덕천탄광에서 남포항까지 이어지는 도로는 경사가 급하고 순천에 비해

100km 이상 멀다.

"덕천 제남탄광에서 나오는 석탄이 진짜 좋아요. 덕천탄광에서 석탄을 실은 대밖차들이 덕천탄광에서 북창도로를 지나서 신창-은산-순천-평성으로 해서 남포로 빠지는데, 순천보다 거리가 두 배에요. 거기다가 북창에서 내려오는 길이 산세가 심해서 겨울에는 차들이 산비탈로 떨어지는 사고가 나거든요." 면접자 25.

북한은 신의주항이나 송림항보다는 규모가 큰 선박이 들어올 수 있는 국제항구인 남포항을 통해 석탄을 수출했기 때문에 남포항과 국도로 연결돼 있는 순천이 지리적으로 유리했다. 철도를 통해 수송하는 방법도 있었지만 전력난으로 열차 수송에는 한계가 있었다. 화물트럭과 연료만 있으면 수송이 가능한 도로가 석탄 수송에 유리하다는 점에서 순천은 중국의 선투자가 집중될 수 있는 조건을 갖추고 있었다.

"수출이라는 게 다 장사치기에요. 개인이 돈을 투자하는 건데 거리가 멀면 돈이 그만큼 더 들어요. 덕천탄이 좋아도 누가 투자해요? 그래서 순천에서 석탄을 많이 해요. 거리상 가차와야(가까워야) 되니까. 남포항에서는 순천이 가까워요. 평양 어디야 화력발전소, 그거 평화력도 순천하고 가까워서 탄 거기서 받잖아요." 면접자 24.

상대적으로 개천탄광은 차량으로 접근성이 좋았으나 군수산업

도시인 자강도와 인접해 있어 외화벌이 산업이 진입하는 데 장벽이 존재했다. 따라서 개천에서도 석탄을 수출했으나 중국의 투자나 개인 투자를 받은 개인 탄광과 물류기지 등은 많지 않았다. 무역회사에서 간헐적으로 국영 탄광에서 생산한 석탄을 철도로 수송해 남포항으로 유통했지만 그 규모가 확대되기는 어려웠다. 석탄 품질과 입지적 조건을 동시에 갖춘 순천에 중국의 투자가 집중될 수밖에 없었다.

외화벌이 탄광의 급증

하지만 중국의 투자는 중앙공업인 순천지구탄광이 아니라 특권층을 비롯한 개인이 운영하는 외화벌이 탄광에 집중됐다. 국영 탄광은 국가적 수요에 따라 평양화력발전소에 석탄 생산량을 우선으로 공급해야 했으므로 수출 시장에는 진입할 수 없었다. 이로써 석탄 수출시장은 외화벌이 탄광이 독점하게 된다. 외화벌이 탄광이란 1970-1980년대 국영기업이 개발해 운영하던 자체 탄광과, 1990년대 말부터 2000년대 초반 당과 군부 등 특권층이 개발한 개인 탄광을 말한다. 그러나 중국의 투자는 국영기업 산하의 자체 탄광보다 특권층이 운영하는 개인 탄광에 집중됐으며, 이로 인해 특권층 소속 탄광의 수가 압도적으로 많았다고 한다.

"중국이 맹탕 투자 안 해요. 어디 소속이냐를 먼저 보는데, 석탄을 수출하려면 제일 먼저 중국 대방과 계약해야 되거든요. 그 계약이 성사돼야 트럭을 30-40대 먼저 받고 석탄으로 상환해요. 그때 계약 상대가 군부 탄광이면 빨라요. 군부가 제일 힘이 세니까. 다른 데는 계약이 된다 된다 해도 계약 서류가 대외경제기관이나 국가계획위원회 올라가서 승인이 떨어져야 하거든요. 그 과정이 복잡해요. 힘이 없으면 이 기간이 상당히 오래고 안 될 수도 있어요. 이게 다 돼야 중국과 무역하라는 와크가 나오는데, 군부에 소속된 무역회사는 이런 과정이 빨라요. 위에서 저리 다 해주라 명령

[그림 5] 시기별 국영 탄광의 소유권과 경영권의 변화

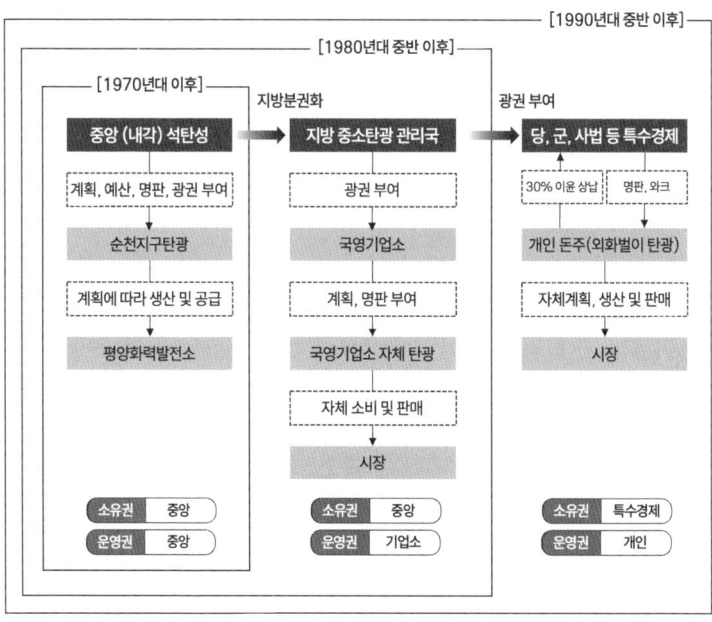

최설, "경제난 이후 북한 지방경제 변화 연구: 평안남도 순천시 사례", 북한대학원대학교 석사학위 논문(2017), 61쪽.

하니까. 그러니 중국 대방은 군부다 하면 제꺽 투자해도 빠른 시일 내 석탄으로 받을 수 있겠다 타산하는 거죠." 면접자 16.

결국 계획 외로 운영되는 외화벌이 탄광은 운영 주체에 따라 생산기획, 자금과 인력 조달, 생산 및 판매 방식의 차이를 보였다. 이에 따라 순천에서는 외화벌이 탄광으로 불리는 국영기업 자체 탄광과 개인 탄광이 석탄 수출에 참여한다. 2000년대 들어서 순천에는 외화벌이 탄광이 약 200여 곳에 달했는데, 외화벌이 탄광은 국영 탄광이 폐쇄한 탄갱(폐갱)*을 개발해 운영한다. 이러한 이유로 주로 폐갱 일대에 밀집되는 특징을 보였다.

국영기업의 자체 탄광

국영기업 산하 자체 탄광은 석탄을 자체로 생산해 공장 연료와 노동자들의 땔감문제를 해결함으로써 국가의 부담을 덜어내는 것을 목표로 했다. 이에 따라 북한은 기관, 기업소, 단체들이 석탄자원을 효과적으로 동원해 활용할 수 있도록 각자의 실정에 맞게 자체 탄광을 계획적으로 운영하도록 했다.[9] 이는 경제난 이후 자체 탄광들이 발 빠르게 시장에 편입할 수 있었던 요인으로 작용했다.

7.1조치로 공장의 자율성이 강화되고 2006년에 '중소탄광 개발 및 운영 규정'이 발표되면서 자체 탄광의 시장화는 빠르게 진전

---

* 1980년대 국영 탄광은 국가예산과 국가 생산계획에 따라 생산량을 맞추는 것을 우선으로 했다. 탄광이 깊어지면서 동발을 설치하고 석탄을 채굴하는 데 드는 비용으로 생산계획량을 맞추는 데 차질이 생기자 탄갱을 폐기하고 새로운 탄층을 개설했다.

됐다. 자체 탄광을 운영하려면 국영 탄광이 폐쇄한 탄갱을 개발하는 경우에도 반드시 국가로부터 광권을 취득해야 했다. 이에 따라 평안남도 탄광연합 중소탄광관리국의 역할이 중요하게 부각됐다. 광권을 신청하기 위해서는 개발을 희망하는 기관의 명칭, 개발 목적, 해당 탄광 입지의 석탄 매장량, 기술 설계서, 채굴 좌표 및 경계선 등의 내용을 상세히 기재한 서류를 제출해야 한다. 서류 작성이 완료되면 우선 지구 석탄탐사기관의 비준 도장을 받은 후, 지구 중소탄광관리국, 지하자원 감독기관, 중앙 석탄공업지도기관의 순차적인 승인을 거쳐야 한다. 마지막으로는 비상설 지하자원개발위원회의 심사를 통과해야 광권이 최종 발급된다. 탄광 개발이 원칙에 부합한다 하더라도 광권이 발급되기까지는 짧게는 6개월, 길게는 3년 이상 소요되기도 한다. 이러한 이유로 권력층의 개입이나 뇌물 제공을 통해 광권 발급 기간을 단축하는 관행이 존재한다.

"무조건 돈이 있다고 탄광하겠다고 해도 광권 주는 게 아니에요. 석탄공업성에서도 광권이 허용되는 단위에만 주도록 돼 있어요. 단위가 외화벌이해서 국가에 이익을 주려고 한다 하면 광권을 받게 됐는데 그런 단위들이 너무 많아지니까 꼭대기가 힘 있어야 돼요. 군부처럼 힘 있는 단위들에 붙으면 상급단위가 석탄성에 오히려 '우리가 이런 걸 하려고 한다 탄광 개발하려고 한다 광권 내려보내라' 하면 저리 광권 주는 식이에요. 아니면 아예 (김정일의) 방침을 받던가…." 면접자 39.

광권을 받기 위한 고민과 경쟁이 치열해지다 보니 광권 대행업이 자리를 잡았다. 3,000달러 정도의 외화를 광권 중개업자에 지불하면, 중개업자는 광권 발급 기관마다 뇌물을 지불해 광권을 발급받아 준다. 하지만 너무 비싼 광권 비용 때문에 광권을 포기하고 비법적으로 탄광을 개발해 석탄을 캐내는 외화벌이기지들도 적지 않다.

자체 탄광 운영자의 직책은 기관, 기업소의 규모에 따라 상이하다. 순천비날론연합기업소의 경우 특급기업이므로 자체 탄광 운영자는 '탄광지배인' 직책을 받는다. 1급 기업소 이하 자체 탄광 운영자의 공식 직책은 '탄광책임자'다. 탄광 자금과 설비 자재는 운영자 스스로 조달해야 한다. 운영자 재량에 따라 광차, 철판, 레루(레일), 착암기, 벨트 등을 중국에서 수입하거나 직접 중국의 투자를 받기도 한다.

"공장 탄광들은 자기 탄광 다 쥐고 있는데 그런 탄광 책임자는 운영권이 있어요. 석탄 생산해서 자기네 쓰고 나머지는 수출해요. 직접 수출은 못 하고 어떻게 하냐면 와크 잡은 단위들에 특수단위에 의탁해서 이케 팔거든요. 연락소가 운영하는 무역회사 같은 데다가. 거기는 수출할 석탄이 모자라 탄을 사는데 공장 자체 탄광에서 사가지고 수출량을 맞추는 거예요. 그런데는 연락소가 중국 투자를 연결해주기도 해요." 면접자 30.

자체 탄광 인력은 소속 공장에서 조달받을 수 있으나 탄광 운영자가 직접 선택하는 경우가 많다. 월급도 자체 탄광 운영자가 지불하므로 탄부 선발과 제명 역시 탄광 운영자가 결정한다.

특권층 산하 개인 탄광

개인 탄광은 국가기관의 외피를 쓰고 있다는 점에서 자체 탄광과 비슷하나 탄광 운영권이 상대적으로 독자적이고 활동영역이 넓다는 특징을 보인다. 국영공장 산하 자체 탄광 개발의 주된 목적이 공장 연료 확보라면, 특권층 산하 개인 탄광 개발은 처음부터 내수와 수출이 주된 목적이다. 따라서 북중 무역의 핵심이라 할 수 있는 석탄 수출산업을 이해하려면 개인 탄광의 설립 및 작동 구조를 이해하는 것이 중요하다.

개인 탄광 운영에서 가장 중요한 것은 '탄광 간판'이다. 간판은 탄광 운영자의 소속과 직책을 상징해 시장 개척에 지대한 영향을 미친다. 예를 들어 석탄을 생산하거나 수출할 때 군부 소속 간판이라면 인허가 과정이 수월해진다. 실제로 인민무력부 총정치국 산하 승리무역회사, 강성무역회사 등 군부 계열 무역회사들이 외화벌이 사업에서 높은 비중을 차지하는 이유는, 바로 군부 소속 간판이 수출시장 진입에 유리하기 때문이다. 탄광 간판이 왜 중요한지 사례를 통해 살펴보자.

2000년대 초, 순천에 위치한 평안남도 화학공장건설연합기업소 자재과에서 지도원으로 일하던 한 남성은 막대한 외화를 벌어들일 수 있는 탄광 개발에 주목했다. 그는 공장 소속을 정리한 뒤, 국영 탄광이 폐쇄한 탄갱 개발에 나섰다. 폐갱을 개발하려면 국가기관을 통해 광권, 즉 폐갱 개발권을 취득해야 했다. 당시 북한은 선군정치 시대여서 군부의 영향력이 절대적이었다. 그는 조선인민군 총정치국에 군 피복 자금을 보장하겠다는 사업계획서를 제출했고, 총정치국은 그에게 '인민무력부 총정치국 4과 무역회사' 소속 탄광이라는 간판과 함께 '무역회사 사장' 직책을 부여했다. 무역회사 사장급은 간부직이고, 북한에서 간부 등용은 당원 자격을 필수로 한다. 비당원이었던 그는 간판과 직책을 부여받는 동시에 '화선입당'을 통해 당원 자격을 얻었다. 화선입당은 후보당원 절차 없이 현장에서 즉시 입당하는 방식을 말한다.

"힘 있는 기관에서 돈 있는 사람들은 다 흡수했어요. 돈 있고 좀 논다 하는 사람 모집하는데 그런 사람들은 군대도 안 나가고 입당도 못 했던 사람들이에요. 그런데 돈 있으니까 뽑혔어요. 야네(개인)도 뒤가 든든해야 안 걸리니까 군부에 소속되면 좋아했는데, 사장만 되면 증명서 후끈한 거 해준단 말이야요. 그 담엔 간판 줘요. 화선입당 시켜놓고 당 생활도 안 하게 해줘요. 순천시 당이나 도 당에도 안 속하고 이 사람들은 몸만 순천에 있지 소속된 데 본사가 평양에 있으면 평양 사람이에요. 남들은 군대 나가서 병신이 되도록 군사복무 해도 입당 못하는데 하루아침에 잘 나가지." 면접자 11.

군부 산하 개인 탄광 역시 광권을 반드시 구비해야 한다. 그러나 군부 자금을 확보한다는 명분으로 최고지도자에게 제의서를 올릴 경우, 별도의 심사 없이 광권이 발급되기도 한다. 당시 군부 산하 외화벌이 탄광이 얼마나 많았는지 면접자 5의 증언에서 그대로 드러난다.

"2003년쯤부터 직동탄광 지역에 인민군 1군단 탄광, 인민군 총참모부 탄광, 인민무력부 작전국 탄광, 도 인민위원회 탄광 뭐 별의별 탄광들이 막 들어서서 이건 뭐 어느 탄광인지 간판이 없으니까 보고도 몰라요. 군대들이 많이 보이면 '아 저기는 군대 탄광이구나!' 하지." 면접자 5.

광권을 확보했더라도 탄광의 성패는 경영자의 역량에 달려 있다. 경영자의 능력에 따라 상부에 상납하는 외화액이 달라지기 때문에 상부는 탄광을 운영하는 사장이나 기지장에게 경영, 생산, 판매, 이윤 배분 등 전반에 대한 권한을 부여한다. 그러나 외화 상납 목표를 달성하지 못할 경우 이들은 즉시 교체된다.

"탄광 경영자는 대학 최우등 졸업생도 필요 없고, 성분 좋은 간부도 필요 없다. 우선 돈벌이 감각이 뛰어나야 하며 처세술, 특히 야쿠자 같은 기질이 있어야 한다. 잘 나가는 사장, 기지장들은 주먹 좀 쓰는 체육인 출신, 특수부대 출신, 교화소 출신들이 대부분이다. 이들은 자금이 없이도 돈주를 주무를 줄 알기 때문에 이자 없이 돈을 빌리는 것도 잘한다. 또 가끔 비법을 막아 줄 사법 간부들도 잘 주무른다. 무역회사 간부들 자체가 이런 사람들을 외화벌이 탄광 운영자로 선호했다." 면접자 32.

개인의 탄광 개발은 일반적으로 선불제와 후불제로 나뉜다. 선불제는 고용된 인력에게 월급을 지급하며 탄광을 개발하는 방식이고, 후불제는 숙식만 제공한 채 채굴을 하고 수익이 발생한 이후부터 월급을 지급하는 방식이다. 선불제로 운영되는 탄광에는 주로 순천 주민이 고용되고 후불제 탄광에는 외지 주민이 고용됐다. 일종의 텃세가 작용하는 셈이다. 군부를 비롯한 특권층 산하 개인 탄광에서 일하는 탄부들은 식량과 육류 등을 공급받는 국영 탄광 탄부들을 무척 부러워했다고 한다.

"개인 탄광은 달러를 갖고 경영을 하니 노동자들에게 입쌀, 고기, 술을 먹이면서 일을 시켰다. (국영)직동탄광은 1만 2,000명, 천성탄광 8,000명인데, 큰 기업소면 뭐 하나. 개인 탄광은 많아야 20-30명이지만 비교할 수 없을 정도로 잘살았다. 아내들은 남편을 국영 탄광에서 빼내 외화벌이 탄광에 넣으려고 노력했다." 면접자 3.

석탄 물류산업의 등장

석탄을 수출하는 무역회사는 석탄 물량을 빠르게 확보해야 중국 대방과의 납기 기일을 맞출 수 있다. 임의 시각에 석탄을 구매할 원천이 필요한 것이다. 탄광 운영자도 생산된 석탄을 빠르게 판매하고 현금을 확보해야 탄광 운영에 차질이 없다. 이러한 수요로 등장한 것이 바로 석탄토장이다.

석탄토장의 작동 구조는 생산, 유통, 수출로의 분업 체계 기반으로 이루어진다. 순천에서 개인이 운영하는 탄광은 직동탄광 일대에 많은데, 이들 탄광의 약 70%는 석탄 생산만을 목적으로 한다. 수출까지 이어지기 위해서는 중국 대방과의 계약이 필요하고, 석탄을 운송할 수단도 필요하다. 그러므로 탄광에서 적은 투자비용으로 이윤을 높이기 위해서는 여러 단계를 모두 직접하기보다 생산에 집중하는 것이 유리하다. 석탄토장은 각 탄광에서 생산한 석탄을 전문 매입해 적재한 후, 수출을 전담하는 무역회사에 중개하는 공간이다. 따라서 석탄토장은 물류 중개지로서의 기능뿐 아니라 생산과 유통을 연결하는 핵심적 역할을 수행했다.

이 때문에 석탄토장은 개인 탄광뿐만 아니라 국영 탄광에서도 선호했다. 내각 석탄공업성 산하 직동탄광의 경우 생산된 석탄을 우선 평양화력발전소에 공급해야 하므로 수출시장 참여는 제한적이었다. 그러나 근처에 있는 석탄토장에 석탄을 운송해 즉시 현금으로 전환하는 방식으로 석탄토장을 활용했다. 또 국영기업의 자체 탄광도 운송 수단이 부족해 내수 및 수출에 한계가 있었으나, 이제는 한 대의 트럭만으로도 탄광에서 토장까지 석탄을 운송해 판매하고, 이를 통해 확보한 현금을 다시 생산요소에 투자해 석탄 생산을 지속할 수 있게 됐다. 이는 석탄토장이 탄광으로부터 5km 안팎의 가까운 거리에 위치하고 있어 가능했던 것이다.

국영 탄광 탄부들도 개별적으로 석탄토장을 이용해 돈을 벌었다. 이들은 산지가격과 토장가격의 차이를 이용해 차익을 벌었다. 석탄토장은 24시간 운영되며 석탄을 운송해 토장으로 유통하는 주체가 누구든 관여하지 않았다. 석탄토장의 유연한 운영이 탄부들에게 수익원을 제공한 것이다.

"토장은 탄광에서 일하는 군인 탄부나 외지에서 온 탄부들의 돈벌이 장소였다. 이들은 밤에 트럭을 임대해 국영 탄광이든 개인 탄광이든 각 탄광에서 캐낸 석탄을 토장에 판매해 이익을 남겼다. 탄갱과 토장의 석탄 가격은 톤당 2달러 정도 차이가 났다. 머리가 빨리 돌아가는 사람들은 비중(比重)으로 이윤을 남긴다. 석탄 산지에서는 '높이×너비×비중(1.4)'로 곱하는 식으로 계산해 석탄 톤수를 측정해 구매한다. 그러나 토장에서는 톤수로 계산해서 받기 때문에 그 차익이 크다." 면접자 1.

석탄토장이 수익 측면에서 두각을 나타내자 개인 돈주들이 빠르게 뛰어들었다. 이들은 토장업주가 돼 각 탄광에서 석탄을 사들여 쌓아 두고, 이후 석탄 수출회사에 톤당 1-2달러의 마진을 붙여 판매했다. 특히 중국에서 석탄 수요가 높아질 때는 톤당 5달러 이상을 붙여 판매하기도 했다. 하루에 1,000톤만 팔아도 토장업자는 현금으로 5,000달러를 손에 쥐게 된다. 북한에서 이렇게 거액을 만지는 장사는 흔치 않았다. 토장 수익의 인기로 인해 순천 부흥동 주변 일대는 석탄토장으로 변모했다.

 토장 운영 주체는 특권층, 국영공장, 그리고 개인 돈주로 분류할 수 있다. 이들은 각기 다른 방식으로 토장을 운영하며, 운영 방식 또한 다양하다. 우선 특권층 소속의 무역회사로부터 위임을 받아 토장을 운영하는 경우가 있다. 이 경우 군부대나 당 조직은 토장 운영에 직접 개입하지 않지만, 무역회사를 통해 간접적으로 수익을 창출할 수 있다. 일부 군부대는 개인 돈주에게 군부대 명의를 빌려주고 그 대가로 토장 수익금을 군부대 자금으로 수령하는 사례도 있다.

"국가가 재간껏 벌어먹으라고 하니까 군대는 돈주들한데 조선인민군 몇 군부대 명함장 주면 그거 쥐고 돈주가 나가서 토장에 탄밭이 있어요. 탄밭이 농장 땅이에요. 이 땅은 우리 거다 하고 산에서 (산지 탄광) 여기까지 오는 거 탄이 몇 달러 차이 있거든요. 토장까지도 군대회사가 운영하면서 돈 벌었거든요." 면접자 23.

국영공장이 자체적으로 토장을 운영하기도 한다. 이 경우, 공장 자재과나 자재지도원이 개인 텃밭이나 농경지를 임대해 석탄을 되팔아 차익을 남기고, 이를 공장 자금으로 활용한다. 자재지도원은 토장 운영을 통해 얻은 수익 중 투자한 원금을 제외한 부분을 공장에 바친다. 다만 이 수익금은 현금으로 지급되지 않고 공장에 필요한 석탄연료를 대신 보내는 형태로 이뤄진다.

"개인장사꾼들이 토장에 많았지만 어떨 때는 자재일꾼들이 그런 장사하는 거예요. 그전에는 계획으로 일 년에 받아서 공급하라 했는데 이제는 기업이 주저앉았으니까 탄장으로 벌어먹고 살지요 뭐. 그 돈으로 공장이 운영되니까. 그 사람들이 자기 재간껏 부려서 토장을 운영하고 석탄을 공장에 보냈어요." 면접자 31.

개인 토장의 경우 운영 주체는 다양하다. 순천뿐 아니라 평양, 평성 등 주변 도시에서 자금력이 있는 개인이 순천에 거주하며 석탄토장을 운영한다. 무역회사에 소속되거나 국영기업, 순천 지방 정부에 소속돼 수익금의 일부를 바치지만 토장 운영 방식은 독립적이라고 할 수 있다. 이렇듯 석탄토장이 급증하자 토장 업주들 간 경쟁이 치열해졌다. 토장 경쟁에서 우위를 차지하려는 토장업주들은 탄광으로 올라가는 산지 길에 토장을 차리기도 했다. 이런 토장을 산지 토장이라고 한다. 산지 토장 부지로는 산지에 살고 있는 주민들의 살림집 마당, 텃밭이 임대된다. 또 직동탄광으로 올라가는 산지 길에 철도가 있는데, 철도 주변 공간 부지도 개인 토장 부지로 임대됐다.

"집집에 이렇게 마당들 크잖아요. 큰 창고처럼 해놓고 노천에다 쌓아놓죠. 집에, 또 어떤 게 있냐면 어떤 집은 창고 같은 빈 자리에 돈 얼마만큼 받고 자릿세를 받고, 토장에 세를 주는 거에요. 텃밭도 있고, 뙈기밭도 그 자리에 석탄을 며칠, 보름 부려놓을 수도 있고." 면접자 29.

석탄토장이 급증함에 따라 토장에서 판매되는 석탄은 두 가지 용도로 분류된다. 하나는 중국으로의 수출용 석탄, 다른 하나는 내수로 유통되는 민수용 석탄이다. 개인 제조업과 식당 등이 급증해 내수에서의 석탄 수요도 증가한 것인데, 각이한 주체들이 운영하고 있는 석탄토장에서의 수출용 석탄과 민수용 석탄의 유통 경로와 판매 방식은 [그림 6]과 같다.

경제 주체별 탄광과 석탄토장의 수가 증가하자 파급효과가 나타났다. 우선 탄광 일대에 노동시장이 형성됐다. 탄광 운영에 필요

[그림 6] 순천토장에서 석탄이 국내외 시장으로 유통되는 경로

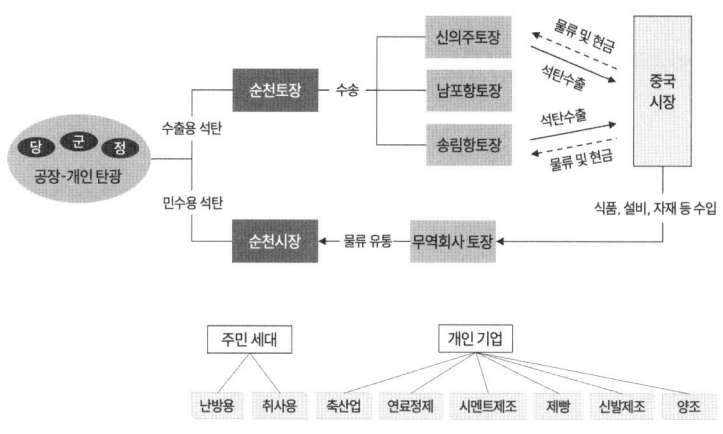

한 노동력 수요가 부각된 것이다. 또 광차, 철판, 레루, 착암기, 벨트 등 석탄 채굴과 운반에 필요한 다양한 자재들을 수입하고 공급하는 상점들이 증가했다.

"어쨌든 거기가 탄광이 많아지니까 자재든 그거 때문에 다니는 사람도 많고 탄광에서 레루가 필수니까. 동발도 필수이구. 탄광 하나 운영하려면 광차 무슨 와이야줄도 있고, 탄광기계공장도 광차 만들잖아요. 레루, 동발, 침목, 침목에 박는 못, 선풍기, 대풍기 진짜 많은데 그게 다 순천으로 밀려 들어왔어요." 면접자 2.

식당을 비롯한 부대시설도 급증했다. 석탄토장에서 석탄을 적재한 20톤 트럭들이 남포항을 향해 이동할 경우, 운전사들은 보통

오전 10시에서 12시 사이 연포 지역 식당에서 점심식사를 하게 된다. 이러한 동선과 시간대에 맞추어 연포 지역 도로 양옆에 있던 국영 식당 및 상점들이 점차 개인 식당이나 상점으로 전환됐다. 이는 석탄 수송 과정에서 운전사들의 식사 및 숙박시설 수요가 지역 상권 구조를 변화시킨 것으로 이해할 수 있다.

2001년 전체 무역의 1% 이하를 보이던 북한의 석탄 수출은 2004년 8.4% 상승했고 2005년에는 20%대에 진입했다.[10] 2000년에 9만 달러였던 석탄 수출액은 약 2001년 171만 달러, 2002년 739만 달러, 2003년 1543만달러, 2004년 4921만달러로 급증했다.[11] 중국이 북한의 제1무역국으로 부상한 것이다. 이는 순천의 석탄 수출량 규모를 보여주는 지표라고 할 수 있다.

[표 3] 2000년대 북한의 대중국 무연탄 수출 추이

(단위: 천 달러/톤)

연도	수출금액	전년대비 증감률	수출물량	전년대비 증감률
2000	90	-40.4	8,143	-33.3
2001	1,706	1,795.6	86,361	960.6
2002	7,388	333.1	406,534	370.7
2003	15,428	108.8	745,339	83.3
2004	49,212	219.0	1,571,348	110.8
2005	107,933	119.3	2,797,847	78.1
2006	96,697	-10.4	2,480,889	-11.3
2007	162,658	68.2	3,740,776	50.8
2008	202,504	24.5	2,536,556	-32.2
2009	256,186	26.5	3,598,164	41.9

출처: 임수호·양문수·이정균, 《북한 외화획득사업 운영 메커니즘 분석》, 84쪽.

석탄은 철도와 도로를 이용해 항구로 수송된 이후, 선박을 통해 중국으로 수출된다. 철도를 이용하면 수백 톤의 물량을 한 번에 수송할 수 있다는 장점이 있다. 열차 하나당 60톤의 물량을 싣는다고 보면 열 개의 화물열차에 석탄을 실을 경우 600톤의 석탄을 한 번에 수송할 수 있다. 하지만 화물열차 배정은 철도 수송 계획에 맞물려야 하는데, 화물열차를 배정받기 위해 철도국에 바쳐야 하는 뇌물액수가 상당하다. 게다가 화물열차에 석탄을 싣고 남포항으로 수송하려면, 서평양 조차장에서 열차 재편성 및 검차와 수리를 받아야 한다. 이때 뇌물이 없으면 서평양 조차장에 주재하는 중앙당 그루빠가 일반 편성 화물*은 평양화력발전소로 견인한다. 중앙당 그루빠의 검열이 없을 때는 조차장 검차(열차 점검원)가 제동을 걸어 화물열차가 고장이 났다는 구실을 내세워 열차를 무한정 지체시킨다. 이 모든 것을 해결한다 해도 정전이 잦아 석탄 수송이 지연되기도 한다.

이 때문에 석탄 수송에는 화물열차보다 트럭 수송의 비중이 높다. 트럭의 적재량은 보통 20-30톤이다. 북한의 최대 석탄 수출회사는 54부 소속 승리무역회사로, 순천에서 수출원천기지를 자체 운영하면서 평안남도 일대 탄광에서 석탄을 조달해 수출했다.[12]

---

* 각 지역 공장 기업소에서 원자재 등 물자를 수송하는 철도차량은 보통 화물열차 한두 개 정도다. 각이한 물자 차량 10-12개가 하나로 이어져 운행하는 것을 일반 편성 화물이라고 한다. 일반 편성 화물차량은 서평양역에서 정차해 다시 남포, 개성 등의 방향으로 가는 화물열차로 재편성해 출발한다. 군수물자 등 중요화물을 수송하는 화물차량은 천대화물, 만대화물로 취급한다. 천대·만대화물은 조차장에서 재편성되지 않고 목적지까지 급행으로 운행한다.

북한의 석탄 수출에서 순천이 차지하는 비중을 가늠할 수 있는 대목이다.

[그림 7] 2000년대 순천의 석탄산업 네트워크

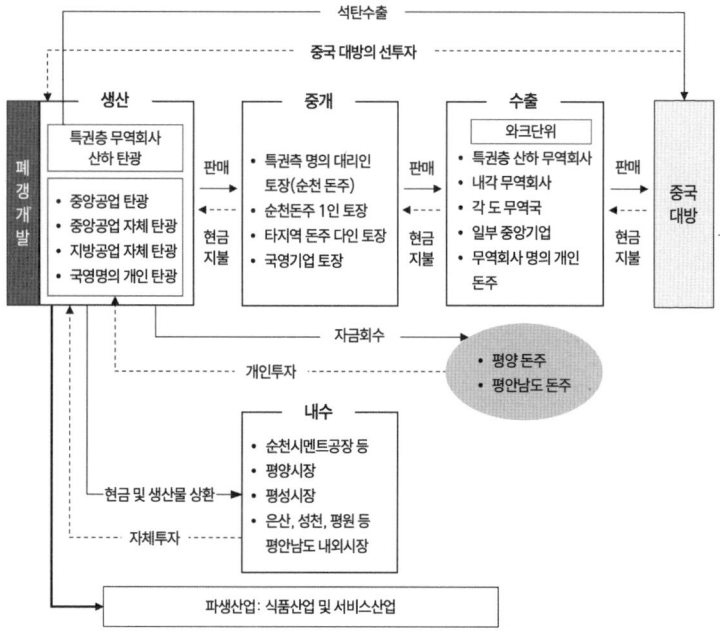

2010년대

석탄 수출시장의 변화와 대응

2010년대 들어 순천의 석탄산업은 수출시장 변화에 적극적으로 대응해야 했다. 중국 정부가 환경오염 방지를 목적으로 '대기오염 방지 행동계획'을 발표하면서 자국 내 석탄 소비에 제약을 가하기 시작했기 때문이다. 2012년부터 2017년까지 중국은 석탄 소비를 감축하는 목표를 설정하고 이를 추진했다. 특히 석탄 소비 감축 대상 지역으로 지정된 지역들은 공교롭게도 북한산 석탄의 주요 수출처였던 산둥성, 허베이성, 텐진시 등을 포함했다. 이에 더해 2014년 9월 중국 정부는 '무연탄 품질관리 잠정조치'를 공포하고 2015년 1월부터 본격적으로 시행했다.[13] 해당 조치는 무연탄을 사용하는 중국 내 기업들의 저품질 석탄의 유통을 통제하는 동시에 자국 내 수입된 무연탄에 대해서도 회분, 유황, 수은, 비소, 린(인), 염소, 불소 등의 함유량이 기준치를 초과하면 수입국으로 반송하도록 명시했다. 이에 따라 북한이 석탄을 수출하는 주요 항구인 중국 산둥성 일조항과 룽커우항 검역국에서는 품질 기준을 충족하지 못한 북한산 석탄을 전량 반송하는 사례가 빈번히 발생했다.[14]

이러한 영향으로 북한산 석탄은 국제시장에서 가격 하락세를 보이기 시작했다. 2011년만 하더라도 북한의 수출용 석탄 가격은 톤당 102달러로 상승세를 기록했으나, 2013년에는 톤당 83.3달러, 2014년에는 73.4달러, 2015년 3월에는 62.4달러로 하락세를 보였다.[15] 가격이 하락한 데는 국내 변수도 작용했다.* 몇 푼의 외화를 벌겠다고 나라의 지하자원을 중국에 경쟁적으로 수출하는 것은 애국심이 없는 것이라며 석탄을 인민경제 부분에 공급하라는 김정은의 지시가 있었기 때문이다.[16]

그럼에도 불구하고 북한의 석탄 생산량에서 수출량이 차지하는 비중은 증가할 수밖에 없었다. 2014년 중국의 석탄 수입 규제에도 불구하고 여전히 중국이 수입하는 석탄의 대부분은 북한산이었다. 그 비중은 2015년에 72%, 2016년에는 80%로 급등했다.[17] 석탄과 철광석 등의 지하자원은 북한이 강조하는 자립적 민족경제 건설에 필수적인 핵심 자원이다. 김정은 정부가 석탄 수출을 제한하도록 지적했지만 경제에서 자립을 실현하려면 외화자원을 획득할 수 있는 석탄 수출을 장려할 수밖에 없는 딜레마에 처해 있었다. "대외무역을 더욱 발전시켜 뭉테기 외화를 많이 벌어들여야 한다"[18]는 게 최고지도자의 요구였다. 결국 경제 주체별 탄광들은 석탄 가격이 하락하는 것에 적극 대응하기 위해 생산량을 늘려야 했다.

---

* 2012년 북한에서 리영호 총참모장 숙청 이후 당행정부장이었던 장성택이 공개 숙청되면서 장성택이 가져갔던 상당한 군 이권사업을 포함해 광물, 건설, 상업, 대외 무역 관할 분야 등의 이권 회수가 진행됐다. 주로 장성택 계열 '승리무역'의 해산 및 재편이 이루어졌으며 이는 북중 거래가 위축되는 데 영향을 미쳤다. 박영자, "장성택 처형 1년, 북한의 권력과 이권 변동,"《통일연구원 온라인 시리즈》, CO 14-17(2014), 6쪽.

탐사기술과 발파기술의 발달

외화벌이 탄광의 수는 증가했지만, 대부분의 탄광은 아직 인력에 의존해 석탄을 생산하고 있었다. 생산량을 늘리기 위해서는 기술혁신이 필수적이었다. 가장 먼저 탐사기술에 변화가 있었다. 석탄 생산은 채굴이 선행돼야 하며, 채굴은 석탄 매장량을 탐사하는 탄맥탐사에서 시작한다. 전통적으로 탄맥탐사는 눈으로 판단해 진행했다. 채굴을 하다가 탄맥이 끊기면 무턱대고 수직갱을 더 깊이 파는 방식으로 채굴한 것이다. 하지만 이와 같은 방식은 효율성이 떨어지고 예기치 않은 상황에 직면할 수 있다.

국가과학원 석탄과학분원 '순천지구무연탄채굴공학연구소'에서 땅속에 매장된 탄층을 측정하는 CT탐사기를 개발했다. 이 기계는 육안으로 볼 수 없는 지질 구조 내 석탄 탄층과 관련된 물리적 현상을 관측할 수 있어 탐사의 정확성을 크게 높였다.[19] CT탐사 기술이 처음으로 개발돼 전국의 탄광과 석탄 탐사대에 도입되면서, 그동안 알려지지 않았던 순천지구무연탄채굴공학연구소는 전국적으로 널리 알려지게 됐다.[20] 석탄층은 전기비저항이 낮고 강한 자연 전기 마당을 발생시키므로, CT탐사기를 사용하면 탄층을 쉽게 찾아낼 수 있다. 이는 종전에 시각적으로 탄맥을 확인한 후 굴진을 시작하는 수동적 방식에서 진일보한 성과였다. 하지만 국영 탄광에서부터 도입한 CT탐사기가 외화벌이 탄광에도 사용된 사례는 면담자마다 순천에 거주했던 시기와 참여 경험이 달라 의견이 엇갈린다. 따라서 CT탐사기는 국영 탄광과 상대적으로 힘 있는 기관 소속 탄광에서만 사용했을 것으로 추정된다.

탄맥탐사를 마치면 굴진을 시작하는데 이를 위해 발파를 선행한다. 탄층이 발견되면 탄층 암반에 구멍을 뚫고 발파해 갱도를 형성해야 석탄을 채굴할 수 있다. 북한은 순천 2.8직동청년탄광에서 종전의 낡은 발파 기술을 갱신했다[21]고 보도했으나, 그 구체적인 내용은 명시하지 않았다. 발파폭약의 성능에 따라 굴진 깊이가 10m에서 20m까지 차이를 보이기 때문에 굴진 속도는 발파기술에 의해 크게 좌우된다. 발파폭약은 흥남비료공장과 군수공장* 등에서 유출돼 시장에서 판매되는데, 이들 제품은 수입산에 비해 성능이 떨어진다. 이로 인해 개인 탄광들은 중국에서 직접 발파폭약을 수입했다. 그러나 중국에서 판매되는 폭약 중에는 가짜가 많아, 북한의 탄광업자들은 안전성과 효율성을 보장하기 위해 발파 원료를 직접 수입해 폭약을 제조하는 방식으로 대응했다고 한다.

"원래는 발파폭약도 없으니까 중국에서 수입해다 썼거든요. 그러다 개인이 폭약을 제조하기 시작하면서 중국에서 질암 사다가 폭약 제조에 썼어요. 질암이 질소암모니아에요. 원래 흥남에서 만들긴 했는데 뭐가 없으니까 그 공장도 뭐 자력갱생한다고 만들긴 하는데, 그게 질소 함량이 작아서 폭파가 안 돼요. 돈 절약한다고 괜히 눅은 거 사다 쓰면 굴진도 칠하다 말고 석탄도 캐지 못하니까. 무조건 질암은 중국에서 수입해다 폭약 만들면 원가도 절약하고 성능도 좋아요." 면접자 29.

---

* 1980년대까지 화학공장연합기업소 산하 군수일용품공장이었으나 1990년대 선군정치가 시작되면서 2경제 산하 탱크 부속을 제작하는 군수공장으로 전환됐다.

당시 북한 매체에서 "순천탄광연합기업소 직동탄광에서 착암에서 제기되는 모든 문제를 자체로 해결하기 위해 암질조건에 맞는 새로운 발파방법을 받아들여 석탄 생산에서 굴진을 선행하였다"[22]고 선전한 것을 보면 개인 탄광뿐 아니라 국영 탄광에서도 자체로 발파폭약을 제작했음을 추정할 수 있다.

채굴 설비 수입과 석탄 생산의 증가

순천의 탄광들에서 채굴 설비 도입이 본격적으로 증가한 것은 2014년 이후로 보인다. 이전에는 힘 있는 탄광에만 채굴 설비가 도입됐다. 일부 탄광에서는 노동력에 의존해 탄갱 안에서 곡괭이로 석탄을 캐고, 이를 등짐으로 운반해 탄갱 밖에 적재하는 방식이 일반적이었다. 중국 대방이 순천에 위치한 특권층 탄광들에 선투자를 했지만, 실제로 필요한 설비와 자재는 제대로 투자되지 않았다고 한다. 예를 들어 중국 대방은 주로 식량과 트럭 차량 선투자에 집중했다. 연료만 있으면 운행이 가능한 트럭에 투자하는 방식으로 석탄 상환에 유리한 조건을 만들었던 것이다.

"중국의 선투자라는 게 어떻게 봐야 하냐면 탄광에 필요한 걸 준 게 아니에요. 중국 대방이 주고 싶은 거 주거든요. 무역회사 탄광이 중국하고 고정거래하고 탄 캐는데 중국놈들 얘네가 착암기보다 25톤짜리 차를 주거든요. 다른 탄광들도 보면 양수 설비, 식량, 그담에 또 착암 설비도 준 데 있지만 다 달라요. 먹을 거 초보적인 물자들 기름, 세탁비누, 쌀 그런 걸 투자한단 말입니다." 면접자 28.

특히 중국 대방이 석탄으로 상환받는 조건으로 선투자한 착암기 등 탄광 설비마저 대부분 중고품이어서 불만이 컸다.[23] 현지에서는 이를 두고 '허리꺾기 당했다'고 표현할 정도였다. 중국 대방은 선투자 명목으로 북한에 중고 설비를 제공하면서도 이를 높은 가격으로 계산한 반면, 석탄을 상환받을 때는 국제시세의 절반에도 못 미치는 가격을 책정했다는 것이다.

"어쨌든 우리야 중국이 없으면 먹을 것도 없고 필수품도 없는 거잖아요. 그래서 먼저 받고 탄으로 갚았는데, 선투자 조건에서는 우리가 속아요. 체결하는 석탄 값이 싸죠. 우리가 돈이 있어서 탄광을 개발하고 석탄을 수출하면 1톤에 25달러에 파는데, 선투자 받으면 중국은 15달러에 석탄 가져가요. 완전 '허리꺾기' 들어가죠. 선투자는 별로 이익이 많지 않아서 죽기 직전에 하는 거예요. 선투자를 돈으로 분할 상환하겠다고 하면 중국 놈들은 싫다고 석탄으로 달라고 해요. 현금으로 주는 경우는 없었어요. 원체 있을 수가 없어요. 선투자로 들어오는 대밖차(네모난 트럭)요, 설비요, 이런 것도 허리꺾기 당하고, 석탄으로 상환하는 것도 허리꺾기로 나가는 거니까 어처구니 없죠." 면접자 32.

이러한 상황으로 자금력이 있는 탄광들 사이에서는 점차 중국 측의 선투자를 기피하는 분위기가 형성됐다. 채굴 설비를 북한 무역회사가 직접 수입하고 석탄을 생산해 중국에 수출해야만 수출 가격이 제대로 책정될 수 있었기 때문이다. 이러한 분위기는 채굴 설비 수입에 의존하는 것을 넘어 기술혁신의 필요성으로 이어졌다. 중국에서 직접 채굴 설비를 수입하는 자체가 채굴과정의 혁신을 촉발했기 때문이다.

채굴 설비 수입은 무역회사가 직접 수입해 산하 탄광에 공급하는 방식과 무역권을 보유한 무역회사가 탄광에 필요한 각종 설비를 수입해 시장에 유통하는 방식으로 나뉜다. 전자는 양국 간 거래 주체가 개인에 가까운 형태며, 후자는 국가 무역의 성격을 띤다고 볼 수 있다. 전자의 경우, 석탄을 수출하는 무역회사가 중국 측 거래처에 필요한 설비를 주문하거나 중국 현지에서 직접 구입한다. 이 경우는 북중 간 거래여도 개인 간 거래이므로 사적 무역에 해당한다. 반면 국가에서 배분한 무역 와크로 채굴 설비 등을 전문 수입하는 북한 무역회사는 중국의 일반 기업이 아닌 성 기관을 대상으로 한다. 예를 들어 중국 랴오닝성 수출입무역유한공사와 국제무역거래 규정에 따라 설비 수입 계약서를 작성하고 합의 절차에 따라 설비를 수입하므로 국가무역의 성격을 갖는다. 이 경우 채굴 설비의 품질과 수량에 대한 최종 검사는 수입국인 북한 대외상품검사기관이 담당한다.

중국 단둥에는 북한에 탄광 설비와 부품 등을 전문적으로 중개하는 회사들이 자리해 있다. 이들 회사의 운영 주체는 중국인이거나 북한에서 파견된 상주대표로 북한 무역회사로부터 설비와 부품을 주문받아 북한으로 발송하는 역할을 수행하고, 그 대가로 중개 수수료를 수취한다.* 탄광 설비를 가장 많이 수입한 북한의 무역회사 중에는 군부 소속의 '조선송이무역회사'가 있다. 이 회사는 평양에 법적 주소를 두고 있으며 팩스와 '새별'이라는 인터넷 메신저, 국제전화를 이용해 중국 대방과 수시로 소통한다. 평양에 본사를 두고 있는 조선송이무역회사 간부는 중국 대방 측에 설비 보유 여부를 확인한 뒤, 광산 설비의 품명, 자호, 수량, 단가 등을 상세히 명기한 계약서 초본을 중국 단둥 사무실 팩스로 송부한다. 이후 계약서류가 단둥에 도착하면, 중국 대방은 수입 설비의 인도 조건과 대금 결제 방식 등에 대해 최종 합의한다.

"평양 대방이 계약서를 보낸다. 착암기 500대, 정머리 5만 개, 다이야 1200형(자호:926), 벨트 2만 미터 등 수량과 단가 총계를 구체적으로 적는다. 특히 어디로 설비가 나갈 것인지 인도 조건을 표기해야 한다. 대부분 신의주로 표기된다. 설비대금은 계약체결 이후 50일 이내 북한 측이 중국 측에 70% 선불한다. 나머지 30%는 중국 단둥세관에서 설비를 실은 차량이 북한 신의주세관으로 출발하기 전 계좌로 송금한다. 석탄, 금정광으로 받기도 하는데, 이때 석탄, 금정광 가격은 국제시장가격으로 정확히 계산한다. 2010년대는 북한 무역회사도 신용을 중요하게 지켰으며, 그만큼 요구성도 높았다. 옛날처럼 중국에서 가품이나 품질이 안 좋은 설비나 부품을 보내면 평양 대방이 중국 대방을 계약위반 행위로 간주하고 국제무

---

* 반대로 북한의 무역회사가 상주무역대표, 상주무역일꾼, 출장소 등으로 중국에 주재하며 전자제품, 차량, 식품 등을 중개하기도 한다. 북한 무역회사와 무역회사 간의 거래에서도 중개수수료가 발생한다.

[그림 8] 북중 간 광산 설비와 부품 수입 계약서

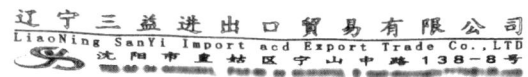

역중재기관에 항소해 벌칙금을 부과했다. 거꾸로 평양 대방이 설비 대금을 계약 기간에 지불하지 못할 경우에도 지연된 일당만큼 미납된 금액의 3%의 비율로 계산해 중국 대방에게 벌칙금을 지불해야 한다." 면접자 40.

당시 북한 무역회사가 수입한 중국산 설비에는 디젤유 발전기와 전등이 달려 있는 광산모 등도 있었다. 디젤유를 연료로 사용하는 발동발전기는 탄갱 내 침수를 방지하기 위한 양수기나 탄광 내 압축기 가동에 활용되므로 탄광에서 가장 중요하게 사용되는 설비였다.

국영 탄광의 채굴 부문과 운반계통에서의 기술혁신도 있었다. "매장량이 좋고 채굴조건이 유리한 탄광에 집중 투자해 채굴과 운반계통에 기계화 비중을 높이라"[24]는 북한 당국의 요구에 따라 내각 석탄공업성 산하 순천지구탄광, 덕천지구탄광, 북창지구탄광에서도 사슬컨베이어를 석탄 운반수단으로 도입하는 기술을 개발했다.[25] 이러한 변화는 북한의 석탄 생산량 중 수출 비중이 증가한 추세와 일맥상통한다. 북한의 석탄 생산량에서 수출이 차지하는 비중은 2011년부터는 43%, 2012년 46%, 2013년 62%, 2014년 57%로 하락했다가 2015년 71%, 2016년에는 72%로 급증했다.[26] 물론 국내에서 사용하는 석탄량이 감소했을 가능성도 있어 수출 비중의 증가가 곧 전체 생산량의 증가를 의미한다고 단정할 수는 없다. 그럼에도 불구하고 2014년부터 순천화력발전소의 폐열을 활용해 개인이 운영하는 사우나, 목욕탕, 수영장 등의 시설이 증가했고, 이러한 시설이 벌어들인 수익을 발전소와 배분하며 운영한다˙는 사실은 국영 탄광에서 생산된 석탄이 국내에도 꾸준히 공급

* 현금수익은 국영발전소와 개인 간 5대 5로 나눈다. 인원은 200명까지 수용할 수 있으며 수영장 내부는 한증탕, 식당과 매점을 비롯한 현대적 편의시설들을 갖추고 있다. 2017년에는 순천화력발전소 수영장과 목욕탕이 크게 개건됐으며, 공식적으로 '화력

됐음을 시사한다. 화력발전소의 석탄 소비량이 일반 기업보다 높은 비중을 차지하기 때문이다. 특히 2016년부터 북한산 석탄은 중국을 통해 한국, 러시아, 일본 등으로 대량 밀수출됐고, 이러한 실태가 공식 통계에 오르지 않은 것까지 감안할 필요가 있다.[†] 아래 표는 2010년대 석탄 수출 추이를 보여준다.

[표 4] 2010년대 북한의 무연탄 수출 추이

(단위: 천 달러/톤)

연도	수출금액	전년대비 증감률	수출물량	전년대비 증감률
2010	391,339	52.8	4,602,697	27.9
2011	1,139,736	191.2	11,046,608	140.0
2012	1,206,465	5.9	11,795,255	6.8
2013	1,388,197	15.1	16,477,076	39.7
2014	1,139,807	-17.9	15,422,018	-6.4
2015	1,052,747	-7.6	19,573,017	26.9
2016	1,182,763	12.4	22,388,634	14.4
2017 1/4-3/4분기	400,851	-47.3	4,814,706	-71.2

출처: 임수호·양문수·이정균, 《북한 외화획득사업 운영 메커니즘 분석: 광물부문(무연탄·철광석)을 중심으로》, 84쪽.

원'이라는 상호명을 내걸었다.

[†] 2017년 북한의 석탄 수출을 제재하는 유엔 안보리 대북제재 결의 2371호가 발효됐음에도 북한 석탄은 스카이엔젤호, 리치 글로리호를 통해 한국으로 유통됐고 남동발전의 화력발전소에 들어가 연소된 사실이 확인됐다. 원영섭, "북한 석탄 어디로 가고 있나," 《미래한국》, 2018년 10월 22일.

석탄 물류기지의 설비·통신망 확충

석탄 물류기지인 석탄토장에서도 기술혁신이 일어났다. 수출이 확대됨에 따라 기존 석탄토장의 기능에 변화가 필요해졌고, 특히 석탄토장 간 경쟁에서 우위를 점해야 하는 것도 과제였다. 이를 위해서는 무엇보다도 가격 변화에 신속하게 대응할 정보 시스템과 석탄 상하차에 효율적으로 대응할 기술 장비를 구축해야 했다.

토장에 들어선 윤전 설비

하루에도 석탄을 운송하는 수십 대의 트럭들은 토장을 오가며 석탄을 하차한 후 토장업주에게 돈을 받고 다시 탄광으로 향한다. 트럭들이 줄지어 들어오면 쌓여가는 석탄 무지를 신속히 한 곳으로 모아 빈 공간을 확보해야 새로운 차량이 석탄을 하차할 수 있다. 이 작업이 지연되면 석탄을 계속 적재하는 공정이 중단되기 때문에 토장업주의 수익에 차질이 생긴다. 따라서 제한된 부지 내에 석탄을 빠르게 높이 적재하고, 실시간으로 트럭을 들여 더 많은 석탄을 처리하려면 인력만으로는 불가능하다. 석탄을 효율적으로 옮기고 높은 곳에 적재할 수 있는 설비 구축이 필수다.

이로부터 등장한 토장업자들의 경영 방식이 흥미롭다. 우선 굴착기와 블도저(불도저)를 순천 연봉동에 위치한 기계화연대차사업소를 비롯한 국영기업소 운수 직장에서 임대한다. 설비를 별도로 수입하는 것보다 임대하는 것이 비용 면에서 효율적이기 때문이다. 토장업자는 국영기업 지배인과 직접 계약하지 않고, 중간 단위 행정 간부, 즉 공장의 모든 차량을 관리하는 운수과장과 직거래로 굴착기와 블도저를 임대한다.

임대비용을 지불하는 방식은 두 가지다. 첫 번째는 공장 중간 간부로부터 월 단위, 또는 연 단위로 임대하고 그 비용으로 석탄을 제공하는 방식이다. 두 번째는 단기적으로 임대한 기간만큼 현금으로 비용을 지불하는 방식이다. 첫 번째 방식은 토장업자가 차량만 임대하고 운전사는 별도로 고용하며 연료는 자체적으로 구입하는 반면, 두 번째 방식은 공장 측에서 운전사와 연료까지 제공한다. 첫 번째 방식으로 블도저 등을 1년 단위로 임대한 토장업자는 해당 장비를 다른 토장업자에게 시간당 임대해 추가 수익을 얻기도 한다. 따라서 토장에는 토장업자가 직접 공장 설비를 장기 임대하는 방식과 장기 임대자에게 단기 임대비용을 지불하고 시간당 블도저를 임대하는 방식이 공존한다.

국영공장에서 근무하는 차량 운전사들이 개별적으로 석탄토장에 고용되는 경우도 있다. 이 경우 불법과 합법이 존재한다. 예를 들면 석탄 수출이 급증하는 시기에 토장이 바빠지면 순천에 자리한 골재사업소의 굴착기 운전공이 사업소의 승인을 받지 않고 토장업주와 전화로 연결해 몇 시간 동안 석탄 무지를 정리하거나 트럭 차량에 석탄을 적재하는 경우가 있다. 이때 운전사는 토장업자로부터 시간당 비용을 받는데, 이러한 거래는 불법이다. 하지만 국영 명의로 개인 차량을 보유한 운전사가 토장업자에 고용된다면 이는 합법이다.

토장업자는 석탄을 구입할 무역회사의 트럭이 도착하면 신속하게 석탄을 상차해야 한다. 특히 철도 주변에서 토장을 운영할 경우, 화차가 역에 정차하면 시간당 철도국에 지불해야 하는 비용이 커지므로 빠르게 화차에 석탄을 상차해야 한다. 따라서 인력보다 굴착기를 사용하는 것이 유리하다. 굴착기는 앞서 언급한 대로 국영 공장의 설비를 시간당 임대하는 방식으로 운영된다. 굴착기가 없이도 석탄 상차가 가능하도록 조구통을 설치한 토장도 있다. 차 높이만큼 큰 공간을 만들어 한쪽 구멍으로 석탄이 미끄러져 내리도록 구조물을 만든 것이다. 차량이 들어오면 조구통의 문이 열려 석탄 상차가 빠르게 완료된다.

토장에 신축된 경영 시설

토장 규모가 커지면 관리 인력도 늘어나게 된다. 이로 인해 사무실, 침실, 식당 등의 시설을 구축해야 한다. 초기에는 상하수도도 없고 임시 철판으로 둘러싸인 가건물이었으나 점차 사무실, 식당, 침실 등을 건설해 경영 시설 규모를 갖췄다. 토장 규모가 작아 별도의 건물을 세울 수 없는 업자들은 설비와 시설을 갖춘 토장업자에게 석탄 경비를 의뢰하기도 한다. 석탄 도둑이나 떼거리 강도, 군인들이 야밤에 토장에 차를 대고 석탄을 훔쳐 가는 사례가 많아 경비에 신경을 써야 하기 때문이다. 경비를 의뢰하는 비용은 하루에 쌀 1킬로그램이다. 석탄 경비는 주로 제대군인들로 특별 채용하며, 동시에 군견도 구입해 경비원이 군견을 동반해 토장을 순찰하게 한다. 경비원은 저녁 6시부터 아침 6시까지 경비를 선다.

석탄 수출 호조로 인해 석탄토장은 순천토장에서 남포토장으로 확장됐다. 국제항구인 남포항 일대에 자리한 토장은 배가 출항할 때까지 토장업자들이 대기해야 하므로 숙식 시설을 갖추고 있다. 따라서 순천토장보다 규모가 크다. 25톤 트럭을 석탄 무지 옆에 세워도 보이지 않을 정도라고 한다.

"남포토장은 항구에서 그저 한 30-70리 어간에 있어요. 5개 미만이에요. 한 곳에 몇 천 톤 산 같이 쌓아놓은 게 수출허가가 내렸다 하면 그때 대비해서 준비하는 거죠. 토장 주인은 특수기관들이고 거기서 몇몇 민간들도 있고. 연락소나 39호실 산하, 2경제 산하에서 운영하는 것도 있어요." 면접자 30.

"우리는 뭐 어디 탄이고 상관없어요. 남포항에 있는 탄장은 순천, 평양, 개천 탄 다 받아 쌓아놔요. 우리가 운영하는 토장은 남포항 안쪽에 있어요. 항구 안에는 사실 개인이 들어오지 못하는데, 돈 있으면 돼요. 돈 있는 것들이 다 항구 주변에 새까맣게 우장도 치고 이거는 어디 뭐 군부대 토장, 무역회사 토장 간판이 있어요. 승리무역회사로 해서 그거 뭐 탄장은 주인이 있단말이야요." 면접자 24.

토장 규모가 크다는 말은 수익 규모가 크다는 것을 의미한다. 그래서인지 남포토장은 특권층 자녀들이 독점하는 형태를 보이기도 한다.

"남포토장 주인은 일반 돈주는 아니고 최용해 아들처럼 힘이 쎈 사람이

한 개 토장을 가지고 있었어요. 최용해 아들이 39호실에 있었어요. 세력을 잔등에 업은 돈주라고 할 수 있죠. 개인이라도 국가 행세를 하는 돈주들은 달라요." 면접자 30.

특히 남포토장에는 순천뿐만 아니라 개천, 덕천, 북창 등 전국의 국영 탄광과 개인 탄광에서 들어오는 석탄을 받아야 하므로 품질 검사 과정이 필수다. 따라서 남포에서 토장을 운영하는 업자는 석탄 품질 검사원을 별도로 고용한다. 품질 검사를 통과한 석탄은 수천 톤이라도 현장에서 즉시 달러로 지불된다. 이로 인해 발전소에 공급해야 할 석탄을 남포토장으로 수송해 외화벌이에 나선 국영 탄광들이 늘어났다. 대표적인 예로 평양 주변에 위치한 강서탄광, 강동탄광, 삼석탄광 등이 있다.

"강서탄광이 1급은 될 거예요. 강동탄광도 있고 1급탄광이에요. 순천탄광은 크고 소문난 데고, 여기보다 크지는 않지만 강서, 강동이 작지는 않아요. 또 평양 삼석탄광도 있는데 평양시 삼석구역에 있어요. 강동 쪽에 치우쳐 있어요. 이런 탄광들은 중국하고 수출이 잘 되면 계획보다는 수출이 일차예요 발전소에 석탄을 공급해야 하는데 얼마 안 가요. 다 남포토장으로 갔어요." 면접자 24.

프로전화 통신망 구축

석탄토장이 발달하게 된 가장 중요한 요소는 통신망이다. 각 토장에 설치된 통신망은 생산지와 수출시장 사이에서 석탄 가격을 수시로 확인해 석탄 중개에 대처할 수 있는 유일한 수단이다. 토장에서는 무엇보다 국내외 석탄 가격을 빠르게 입수하고 대응하는 능력이 필수적이다.

석탄토장에 구축된 통신망에는 유선통신과 무선통신이 있다. 일반적으로 개인 상인들은 무선통신, 즉 손전화를 선호하지만, 석탄토장에서는 유선통신을 선호하는 경향이 있다. 무선전화보다 유선전화의 통신비용이 상대적으로 낮기 때문이다. 석탄토장에서 정보를 취합하는 사무실에서는 유선전화를 '프로전화'라고 부른다. 월 정액제로 가입하고 매달 정액을 체신소(우체국)에 지급하면 무제한 통화가 가능하기 때문이다. 하루에 열 시간 이상 통화해야 하는 석탄토장에서 프로전화를 반드시 설치하는 이유다.

"토장하는 사람들은 유선전화를 무조건 놨어요. 오래 전화해야 되는데, 그 돈을 핸드폰으로 못 당해요. 유선은 완전 싸서 요금 신경을 안 써요. 나도 유선전화 많이 썼는데 요금이 너무 싸서 기억도 안 나요 얼마였던지. 장사를 크게 하는 사람일수록 유선전화를 반드시 놓지, 손전화는 1분 통화하면 1분마다 전화 돈이 나가니까." 면접자 21.

"유선전화는 한 달에 4,000원만 체신소에 내면 전화 몇 시간 하겠으면 하고 상관없어요. 비용이 초과 안 돼요. 그런데 손전화는 200분 기본 통화 다 쓰고 분기카드 장마당에서 사는데, 12달러짜리 사서 써도 감당 못 해요. 1분 1분이 돈이에요 손전화는…." 면접자 19.

2010년대 들어서면서 북한 시장에는 무선전화 사용자가 급증했지만 석탄토장처럼 통화량이 많은 상인일수록 무제한 통화인 유선전화를 자택에 설치했다고 한다. 또한 북한의 통신요금 체계상 유선전화 사용자가 무선전화에 전화를 걸면 전화를 받는 무선전화 사용자에게 통화요금이 부과되는 것도 이러한 현상을 부추겼다. 유선전화끼리 통화할 때만 통화 비용이 절감되는 것이다.

"핸드폰으로 유선전화에다 전화하면 둘 다 돈이 나와요. 유선끼리 통화하면 완전 싼데, 예를 들어 장사대방이 유선전화로 내 핸드폰에 전화를 걸어요. 원래 받는 전화니까 내 전화는 돈이 나가지 말아야 하잖아, 근데 내가 전화를 걸었을 때처럼 똑같이 분기카드에서 1분당 4원 10전이 나가요. 유선번호 앞 번호가 지역번호로 뜨는데, 순천은 033으로 시작되고 평성은 031, 평양은 02, 숙천은 032에요. 앞 번호 딱 보고 유선번호가 들어오면 안 받아요." 면접자 13.

유선전화를 설치하려면 신분증을 가지고 순천시 체신소에 신청해야 한다. 신청이 완료된다고 해서 그 자리에서 유선전화 번호가 나오는 게 아니다. 북한 체신성에서 각 도 체신국에 유선전화 번호를 할당하고, 각 도 체신국은 각 시, 군 체신소에서 올려 보낸 신청 서류에 따라 유선전화 번호를 할당하는데, 승인 기간이 보통 두 달이다. 따라서 체신소 간부에게 뇌물을 주고 그 자리에서 유선전화 번호를 받는 상인들도 있다.

"난 절차 밟지 않고 우리 아파트 꼭대기 집이 체신소 간부였어요. 내가 가서 번호 좀 하나 해달라고 말했지, 유선전화 놓는다는 게 번호를 야매로 사는 거니까, 유선전화가 2007년도 한창 도입될 때에는 700달러를 체신소에 줘야 가능했는데 2011년에 300달러로 내려가고 내가 올 때 2017년에는 150달러 했어요. 체신소에서 유선번호를 가지고 있는 거 다 그렇게 팔아요." 면접자 21.

유선전화 번호를 받고 나면 전화기와 전화선을 구입해야 한다. 종합시장 잡화매대에서 판매하는 전화기와 전화선은 대부분 중국산이다. 전화선은 체신소에서 토장사무실까지 거리를 계산해 구매한다. 이후 유선전화 설치를 체신소에 의뢰하면 체신소에서 유선전화 설치기사가 나오고 설치 비용은 신청자가 부담한다. 예를 들어 순천 직동 체신소에서 약 4km 떨어진 석탄토장에 유선전화를 설치할 경우 담당자에게 50달러 비용을 지불한다. 이 비용은 체신소 혹은 체신소 간부들의 불법 돈벌이로 이용된다.

토장업자가 수시로 이동하며 사용하는 무선통신 수단은 손전화다. 북한에서 공식 판매되는 손전화 기종은 밀개폰, 폴더폰, 막대기폰, 타치폰(스마트폰) 등이며 새로운 기종이 지속적으로 개발되고 있다. 195로 시작하는 '고려링크' 통신사는 평지에서는 신호가 잘 잡히지만, 191로 시작하는 '강성네트' 통신사는 산악지대와 평지에서 모두 신호가 잘 잡힌다. 토장업자들은 보통 손전화를 두세 대 사용하는데, 강성네트 통신사를 주로 이용한다. 일부 토장업자는 대포폰을 사용하기도 한다. 석탄 중개 특성상 무역회사와 권력기관뿐 아니라 중국 대방과도 연결돼 있어 국가보위부의 감청이 많은 것이 그 이유다.*

[표 5] 북한 무선통신 분기카드와 요금카드 사용방식

	분기카드	요금카드
사용 방식	국영 체신소에서 통신 서비스를 3개월 간 제공하는 카드 * 1개월에 200분의 통화(영상, 음성) 및 20건의 통보문(문자) 제공	분기카드로 제공되는 200분의 통화시간 초과 후 재구매해 사용하는 충전 카드 * 지역마다 위치한 국영 체신소에서 구매

가격	국정가격:
	북한 돈 2,850원(실명폰)
	
	시장가격:
	북한 돈 5,000원(대포폰)
		국정가격: 북한 돈 850원
		합의제가격: 10-12달러(지역마다 차이가 있음)
		
		* 통화 1분에 북한 돈으로 4원 20전,
		  통보문 1건에 북한 돈으로 2원 80전,
		  영상통화 발신 1분에 북한 돈 8원,
		  영상통화 수신 1분에 북한 돈 6원 40전

비고	분기마다 요금을 충전해야 사용 가능하며 미사용 통화 시간과 통보문 건수는 이월되지 않음	손전화의 '요금 잔여 확인' 앱으로 통화 데이터 시간 확인 가능

석탄 전문 수송대의 등장

석탄 수출이 확대되자 석탄 전문 수송대가 등장했다. 기존에는 무역과 수출을 담당하는 무역회사만이 순천에서 남포까지 석탄을

---

* 북한에서 손전화는 본인 신분증으로 단말기 두 대까지 합법적으로 개통할 수 있다. 세 대 이상을 사용할 경우 신분증을 대용해 대포폰을 사용하는 경우도 흔하다. 신분증 명의로 된 핸드폰으로는 공적인 통화를, 대포폰으로는 장사 관련 정보나 사적 정보를 공유한다.

수송했으나, 이제는 화물트럭으로 석탄을 전문적으로 수송해 수익을 챙기는 업자들이 등장한 것이다. 다양한 주체들이 트럭 수송대를 조직하고 남포항까지 석탄을 운송하는 방식은 다음과 같다.

무역회사의 수송 편대

먼저 특권층 무역회사의 수송 편대로는 순천 강포동과 강안동 부지에 자리 잡고 있는 릉라88무역회사가 대표적이다. 이 회사는 25톤 트럭을 100여 대 보유하고 있으며 이를 편대 형식으로 움직인다. 각 트럭 운전사는 사장이 별도로 고용하며, 고용된 운전사는 순천에서 남포까지 석탄을 1회 수송하고 100달러를 받는다. 100달러에는 연유와 식대가 포함돼 있다.

> "수출 시작하면 운전사를 채용해요. 개인(사장)이 면접 보죠. 젊고 성실하게 보여야 돼요…. 휘발유 안 대주고 식비도 운전사가 다 하고 100달러 주고 그래요. 그걸로 이제 운전사를 채용해서 한 탕 뛰는데 기름을 대주고 식대도 주면 40-50달러 주고 그래 가지고 석탄을 날라요. 운반비는 처음에는 그시그시(그때그때) 주고 사람이 믿을 만하면 선불로 열탕(열 번) 줄 때도 있어요." 면접자 2.

특권층 무역회사가 수송 편대를 조직해 석탄을 수송하는 기지는 평양에도 있다. 2010년대 들어서 석탄 수출이 최고조에 이르자 평양에 자리한 무역회사들은 수송기지를 순천에 차려놓고 석탄을 수송했다고 한다. 평양은 순천과 가까운 편이지만 기지 건물이 순천에 정주해야 석탄물량 확보에 차질이 없고 운송비 등을 절약할 수 있기 때문이다.

"군 총정치국 물자공급소에 수송대가 있단 말이에요. 평양에 있는데 외화벌이원천을 찾으라 하니까 석탄 수송하기로 했는데, 철도하고 잘해야 많이 나르지만 철도는 전기 때문에 안 되서 차 가지고 했어요. 20톤 빨간 차가 있어요. 순천토장에서 남포토장으로 직송한 거예요." 면접자 24.

앞에서 언급했듯이 남포항 일대에는 석탄토장이 진을 치고 있으며, 각 토장에서는 석탄 품질검사가 진행되므로 일부 수송 차량들은 품질이 나쁜 타 지역 석탄을 순천석탄으로 위조하는 사례도 있었다고 한다.

"순천토장에 석탄이 없으면 개천탄을 받아다 위에 순천탄을 덮어서 남포항에 탄장 있지 않아요. 거기서 품질 검사꾼한데 합격만 맞으면 현찰로 받아요. 항하고 떨어진 곳에 맨 탄밭이에요. 새까맣게 토장에 우장도 치고 이거는 어디 뭐 군부대기지이고 어디 회사이름인지 간판도 없어요. 쭈꾸미들은 하지도 못해요." 면접자 30.

주목해야 할 것은 무역회사의 트럭 수송대는 순천과 덕천, 북창, 개천탄광 일대에서 석탄을 받아 남포항구까지 수송했는데, 상대적으로 힘이 있는 기관은 거리로 인해 순천탄광 일대에 자리하고 있었다는 점이다. 순천-남포 간 거리는 대략 80km, 덕천-남포

간 거리는 대략 160km 정도이다. 당시 덕천에서 사회안전성 소속 압록강무역회사 트럭 수송대에 소속돼 석탄을 수송했던 면접자 37과 순천에서 군 소속 무역회사 트럭 수송대에서 석탄을 수송했던 면접자 13의 증언에 의하면, 덕천에서 남포항까지 석탄 운송비용은 1톤당 250달러, 순천에서 남포항까지 석탄 운송비용은 1톤당 100달러 미만이었다고 한다.

2010년대 압록강무역회사가 **덕천탄광**에서 석탄을 넘겨받아 중국으로 수출했다. 덕천탄광의 현지 매입가는 **톤당 20달러**이다. 평안남도 **덕천에서 남포항까지 석탄을 운송하는 비용은 톤당 10달러**이다. 석탄을 실어 나르는 트럭은 25톤이다. 한 차에 40톤 50톤을 싣기도 한다. 덕천에서 남포까지 **트럭 한 대당 1회 운송비용이 250달러 이상으로 계산된다**.[27] (강조 부분 필자)

동 시기에 군부 총 정치국 4과 무역회사가 **순천탄광**에서 석탄을 넘겨받아 중국으로 수출했다. 순천 직동탄광에서 석탄 매입 가격은 **톤당 18달러-20달러**이다. 남포항까지 거리는 대략 200리 정도이다. **트럭 한 대 적재량이 대략 석탄 20-25톤 정도라는 점에서 1대 운송비용은 100달러로 책정된다. 톤당 운송비용은 4달러 미만이다.**[28] (강조 부분 필자)

개인의 수송 편대

무역회사가 보유하고 있는 트럭을 임대해 석탄을 수송하는 개인 돈주도 있다. 이 경우 무역회사 수송대와 달리 특정 시기에만 임시적으로 운영한다. 예를 들어 중국 대방으로부터 이틀 내 10만 톤의 석탄 물량을 확보해 달라고 주문을 받은 북한의 무역회사는 납기일을 지키기 위해 바빠진다. 이때 개인 기지가 동원된다. 해당 정보를 입수한 개인 돈주는 재량을 동원해 20-30톤 트럭을 수십 대에서 수백 대까지 임대한다. 평양 통일거리에는 중국에서 차관으로 들여 온 수백 대의 트럭을 보유한 무역회사들이 많다고 한다. 개인 돈주들이 평양에서 트럭을 임대하는 이유이다. 이렇게 트럭을 임대한 개인 돈주는 트럭 수만큼 운전사를 고용해 순천에서 석탄을 싣고 남포항까지 갈 때 운전 보조석에 앉아 함께 이동하면서 석탄 수송 편대를 지휘한다.

"평양 통일거리에 가면 20톤짜리 차가 가득해요. 무역회사들이 차 임대해 줘요. 내가 탄만 나른다 하면 차를 준단 말이에요. 거기 가서 차 좀 쓰자 하면 차 한 대에 100달러 내라 편도마다 돈 내요. 차 운전까지 하고 숙비까지 대고 한 탕에 100달러, 150달러 할 때도 있고 휘발유 값까지 해서. 차 임대는 돈주가 하죠. 몇 대면 몇 대 100대면 100대 한 번에 운영해요."
면접자 32.

"남포에 석탄배가 뜬다하면 빨간 차들이 몇 백 대씩 차가 나가요. 그러면 평양사람들이 '야~ 석탄 나간다야' 하고 그게 다 보인단 말입니다. 석탄 차들이 평양 지나가니까 평양시내로 차들이 다닙니다. 그러면 개인들이 저마다 통일거리에 가서 차 임대하느라 정신없어요. 그걸로 뛰어요. 석탄

차 가지고 개인이 토장에 가서 돈만 내면 누구든 상관없이 석탄 다 파니까 석탄 나를 수 있는 거예요." 면접자 24.

석탄 수송 트럭은 수송 과정에서 검문에 단속되기도 한다. 이 때문에 무역회사 명의를 빌려 석탄을 수송하거나 뇌물을 주고 단속 초소를 통과하기도 한다.

"무역회사 와크를 받아서 움직이면 좋아요. '나 어디 회사야' 그렇지 않으면 내가 토장에서 산 석탄 통째로 평화력(발전소) 들어가요. 벌금이고 뇌물이고 없어요. 차요? 그건 뭐 무역회사 차니까 다시 평양 통일거리(무역회사) 들어가고…. 그렇게 단속해도 빨간차가 너무 다녀서 평양도로가 통일거리 그쪽에는 내려앉고 굉장해요. 가다가 티워도(단속돼도) 개인들이 또 한단 말입니다. 그럼 또 초소에서 보안원들, 10호초소 별단(계급장) 아이들이 나와서 통제해요. 담배 막대기, 휘발유 10키로 뽑으라, 달러 좀 달라 글면 주고 간단 말입니다. 첫 탕에는 와이류(뇌물) 먹여 놓고 사업 잘 해 놓으면 그 새끼들 받아 처먹고 눈감아 주거든요. 중국에서 문만 열었다 하면 돈 뜯어먹는 새끼들 다 동원돼요." 면접자 32.

1인 단독으로 국영공장 트럭을 임대해 석탄을 수송하기도 한다. 이 경우 남포항보다는 평안북도 신의주와 용천에 자리한 항구로 간다. 대표적으로 진흥부두다. 압록강 하구와 서해와 연결된 평북 국경지역에는 중소규모의 항구들이 많은데, 이 항구들은 중국 공해와 가까워 석탄을 밀수하는 전문 항구로 이용된다.

"용천군 진흥리에 경비총국 아이들 진흥부두가 있어요. 거기서는 2017년도에도 탄 밀수하고 그랬어요. 경제제재 아무리 해도 석탄밀수는 해요. 진흥부두는 큰 부두에요. 탄장 능력이 몇 천 톤 돼요. 여기서 석탄이 밀수로 계속 나가요. 요 앞에가(위성지도 놓고 인터뷰함) 중국배가 왔다 갔다 해요. 개인들이 제일 좋은 탄을 차로 날라 와요." 면접자 29.

전반적으로 경제 주체별 석탄 수송대의 기능과 역할은 비공식적인 단위에서 이뤄진다. 정부 차원에서도 이에 대해 우려를 표하지 않았던 것으로 보인다. 석탄 수송대의 등장으로 파생된 수많은 주유소와 식당 등이 정부의 세원에 기여했기 때문으로 추정된다. 이에 따라 주유소와 식당 등 시장 물가도 상승했을 것이며, 이로 인해 정부의 세수도 적지 않았을 것으로 보인다. 아래 표를 보면, 순천에 석탄시장이 형성된 1990년대 중반부터 2010년대까지 석탄 가격의 상승세를 확인할 수 있다.

[표 6] 1990년대 경제난 이후 순천의 무연탄 가격과 환율 추이

(단위: 1톤/북한 원, 1달러/북한 원)

연도	가격	시장 환율
1995	400	220
2003	4,000	220
2005	12,000	3,700
2006	15,000	3,800
2007	25,000	3,800
2008	30,000	3,800
2010	80,000	1,400

연도	가격	시장 환율
2012	120,000	6,300
2015	250,000	8,700
2017	170,000	8,300
2019	130,000	8,050

자료: 면접조사 자료에 기초해 필자 작성

최고조에 이른 석탄 수출

 2010년 한국 정부의 5·24 대북제재조치 시행 이후, 북한은 수출 시장을 중국에 의존할 수밖에 없었다.* 실제로 2010년 7월부터 광물 수출이 눈에 띄게 증가했는데, 무연탄의 경우 가격 상승과 제재로 인한 대체 효과가 맞물리며 수출 비중이 크게 확대됐다. 2003년까지만 해도 북한 전체 수출액의 4%에 불과했던 무연탄은 2005년 20%로 늘었고, 2010년 하반기에는 전체 수출의 44%를 차지했다.[29] 중국해관통계에 따르면 2012년부터 2013년까지 북한의 대중국 석탄 수출량은 2000년대 360만 톤에서 1650만 톤으로 늘어났다. 2012년과 2013년을 보더라도 북한의 석탄 수출은 물량 기준으로 전년 대비 각각 6.3%와 39.4% 증가했다. 특히

---

* 북한과 무역이 활발한 중국지역에는 서해 건너 근접한 위치에 있는 산둥성, 허베이성, 장쑤성이다. 2015년 북한 전체 수출의 약 97.7%가 이 다섯 개 성(랴오닝성 42.8%, 산둥성 21.8%, 지린성 16.4%, 허베이성 9.2%, 장쑤성 7.6%)으로 향했다. 반대로 시장 규모가 다른 지역에 비해 소규모이고 북한으로부터 지리적으로 거리가 매우 먼 티벳자치구, 닝샤후이족 자치구나 칭하이성은 북한과의 무역 거래가 거의 발생하지 않는다. 남진욱, "북한의 광물자원 수출유형 분석:무역통계를 중심으로," 《KDI 북한경제리뷰》, 2016년 9월호(2016), 33쪽.

2013년에 대중 석탄 수출은 467만 톤 증가했다.[30]

2016년 당시 중국의 북한 무연탄 결제방식은 7:3 관행이 자리를 잡았다. 중국 측 대방이 북한 항구에서 무연탄을 인계받으면 대금의 70%를 선결제하고 나머지 30%는 중국 도착 직후 품위 검사 결과에 따라 계약 가격에서 가감해 지급하는 방식이다.[31] 중국에서 무연탄 수요가 증가하면 선결제 비중은 90%로 올라가기도 한다. 이런 가운데 북한이 5차 핵실험을 단행(2016.9.9.)하자 국제사회는 이에 대한 대응으로 2016년 11월 30일 유엔 안보리 결의안 2321호를 채택했다. 이 결의안의 주요 내용은 경제제재로 북한의 주요 외화 수입원인 '석탄 수출 상한제' 등을 담고 있다. 그럼에도 북한이 대륙간 탄도미사일(ICBM) '화성-14형'을 잇달아 발사하자 유엔 안보리는 2017년 8월 기존의 상한제를 폐지하고, 석탄을 비롯한 주요 광물자원의 전면 수출 금지 등을 안보리 결의안 2371호로 통과시켰다.

이러한 대북제재 강화에도 불구하고 순천에서 생산된 석탄의 수출은 지속됐다. 제3국을 경유하는 우회적 방식을 활용한 것이다. 미얀마, 러시아 등을 통한 환적 및 서류 위조로 중국을 비롯한 여러 나라들에 수출하는 방식이었다. 실제로 러시아 연해주 남쪽 끝에 위치한 나홋뜨카 항구에 주소를 두고 있는 '그린위치' 회사는 북한 무역회사 선박이 석탄을 싣고 입항하면, 석탄 원산지 등을 위조한 서류를 처리해 주는 대가로 톤당 일정 금액을 수수료로 받은 것으로 알려져 있다.[32]

다양한 방식으로 북한의 석탄 수출이 최고조에 달하자 지금까지 석탄 수출에 참여하지 못했던 덕천지구탄광과 개천지구탄광 등 국영 탄광들도 석탄 수출시장에 진입했다. 석탄 수출 시장에서 기득권을 선점한 무역회사들은 순천에서, 뒤늦게 진입한 무역회사들은 덕천 등지에 자리를 잡고 석탄 수출에 나섰다. 후발 주자 중 영향력이 있는 일부 회사들은 순천 일대로 진입했다고 한다. 이러한 환경은 석탄산업 자본이 지역산업에 재투자되면서 지역경제 발전을 견인하는 배경으로 작용했다.

[그림 9] 2010년대 순천의 석탄산업 네트워크

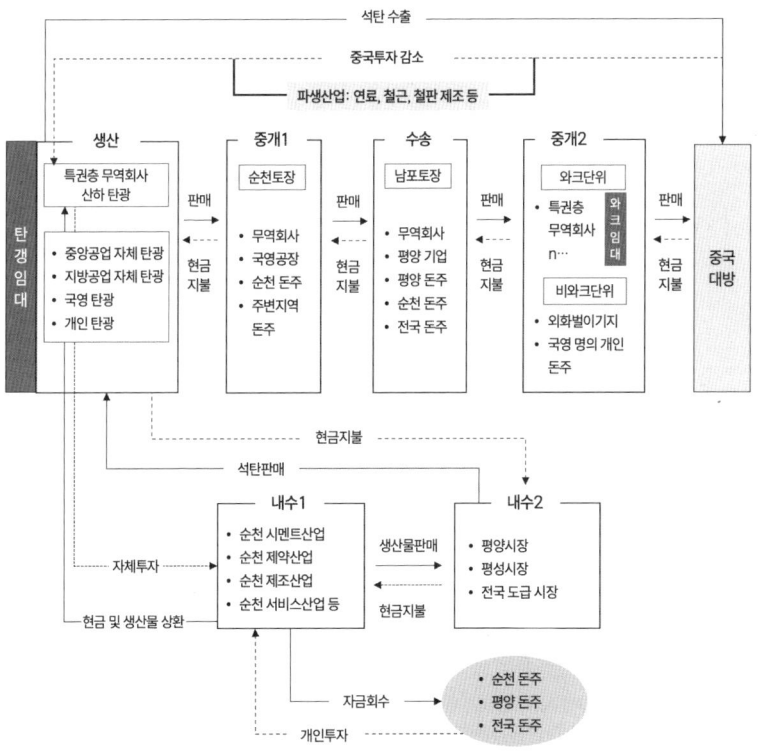

7장

시멘트산업

1990년대

공장과 농장의 물물 거래 시장

1990년대 북한의 식량난은 사회적 혼란을 초래했지만, 일부 농장*과 농장 간부들에게는 기회였다고 한다.† 당시 쌀 1킬로그램은

---

* 2023년 9월 개정된 북한 헌법에서는 "협동단체 소유토지는 협동 경리(경영)에 들어있는 근로자들의 집단적 소유이다"라는 기존의 조항을 "협동단체에 들어있는 전체 성원의 자원적 의사에 따라 협동단체 소유를 점차 전인민적 소유로 전환시킨다"로 개정했다. 이에 따라 전국의 농장을 국유화해 협동농장의 명칭을 농장으로 변경한 것이 북한 매체에서 확인됐다.("논벼비배관리를 책임적으로 해나가고 있다. 금천군 문명농장에서"《노동신문》, 2025년 8월 1일.) 따라서 이 책에서는 기존의 협동농장을 현재 사용되고 있는 명칭인 농장으로 표기한다.
† 북한에서 벌방지대의 농업생산구조는 벼를 위주로, 산골 군들의 농업생산구조는 강냉이와 공예작물, 축산물 생산을 보장할 수 있게 조직돼 같은 노동력을 들여도 소출

공장 노동자 2개월 이상의 월급과 맞먹을 정도로 비쌌지만 시멘트를 비롯한 건자재 가격은 상대적으로 저렴했다. 식량 가격이 폭등하자 현물 알곡을 보유한 농장과 간부들 대부분 농장 건설과 주택 건설에 나선 배경이었다. 도시에 자리한 국영기업들은 식량을 해결하는 것이 가장 시급한 문제였는데 가장 빠른 방법은 시멘트를 싣고 농촌으로 이동해 현물 알곡과 교환하는 것이었다.

"사방에서 굶어 죽다 보니 공장에서는 오로지 쌀, 오로지 노동자 쌀이었어요. 어떻게 하면 노동자들한테 쌀을 줘서 굶어 죽이지 않을까 이 생각뿐이었으니까. 생산품이 없는 공장들은 그런 엄두도 못 내고 시멘트 공장처럼 쌀하고 바꿀 만한 물건이 있는 공장, 시멘트를 공급받은 공장이 시멘트를 차로 싣고 농장에 가서 쌀하고 바꾸었거든. 굶어 죽는 판이니까, 그 판에 제일 힘이 쎈 데가 쌀이었지. 농장은 그 쌀을 가지고 있었어요." 면접자 9.

해마다 북한은 농촌지역에 문화주택을 건설하라는 정책과제를 하달[†]하거나 연구실 개건 등의 공사를 지시한다. 이때 농장에서는 필요한 시멘트자재를 구하기 위해 농장에서 경영용으로 비축한

에 차이가 난다. 원종문, "우리 나라에서 군들사이의 경제적차이와 그 소멸의 조건," 《경제연구》, 1998년 4호(1998), 22쪽.

[‡] 실제로 1996년의 경제난 와중에도 정평군에서는 리 단위에 농촌주택 건설을 시작했는데, 5층, 7층짜리 현대적 살림집을 1,200여 세대나 짓는 목표를 세웠다. 기존에는 농촌에서 강에 콘크리트 다리를 건설하고자 해도 자금과 노력이 너무 많이 필요해 나라에 도움을 요청하지 못했는데, 이제는 군 자체로 살림살이를 하게 될 여력이 생겼다. "이들처럼 군 살림살이를 통이 크게 꾸려나가자," 《노동신문》, 1996년 1월 10일.

알곡을 시멘트자재와 물물 교환했다. 북한 농장은 관리위원장(현재 경리), 기사장, 작업반장에 이르기까지 농장경영 명목으로 현물 알곡을 보유하고 있다. 알곡 비축량은 농장 간부의 재량에 따라 차이가 난다.

면접자 17에 의하면, 북한 평안남도 문덕군 용림리에서는 관리위원장이 경영용으로 쓸 수 있는 쌀을 약 30톤 정도 비축하고 있었다고 한다. 관리위원장뿐만 아니라 농장의 당 사업을 책임진 당비서도 쌀 30톤, 각 작업반장도 쌀 10톤 정도를 비축한다. 국가에서 비료와 비닐박막 등 영농자재를 공급하지 못하고 자력갱생만 강구하다 보니 자체적으로 알곡을 비축해 종곡이나 농약 등을 해결한다는 합리적 명분을 내세우는 것이다. 북한에서는 농장 간부가 그 정도의 쌀도 보유하지 못하면 '바보'라는 인식이 있다. 문덕군 농장은 1년에 1만 톤의 쌀을 생산하는 곡창지대로 유명한데, 이는 시멘트와 교환할 식량이 많다는 의미다. 농장이 보유한 경영용 알곡과 국영기업소가 계획으로 받은 시멘트를 물물 교환하는 방식은 농장에 허가된 공식적인 행위였으나, 국영기업소에서는 비공식적인 행위로 이뤄졌다. 그럼에도 불구하고 공장과 농장 간의 물물 거래는 진척됐다.

이러한 실태는 지역마다 차이를 보인다. 그 원인은 1996년 북한 당국이 시범 도입한 분조관리제에서 찾을 수 있다. 북한의 분조관리제는 1965년 5월 김일성이 강원도 회양군 포천협동농장을 현지 지도하면서 처음 도입된 제도다. 1990년대 식량난에 대응해 북한은 분조관리제를 전격 개선하는 조치를 단행했다. 분조의 규모를 기존의 10-25명에서 7-8명으로 줄이고, '우대제'를 적용했으며 분조 단위의 정보당 알곡 생산계획의 한도를 낮게 설정했다. 계획을 초과한 현물 알곡에 대해서는 분조 성원들이 직접 나누어 가지거나 팔 수 있도록 해 자유롭게 처분할 수 있는 조건을 부여했던 것이다. 이러한 여건은 강냉이를 재배하는 산골농장보다 벼를 재배하는 벌방(평야)농장에 상당히 유리하게 작용했다.[33] 순천 주변의 대부분의 지역에는 열두삼천리농장을 비롯한 벌방농장들이 자리하고 있었다.

이로써 벌방농장의 입장에서는 알곡 생산계획을 비교적 어렵지 않게 수행할 수 있게 됐고, 농장 간부의 능력에 따라 알곡을 비축할 수 있게 됐다. 특히 농장 간부들이 편법을 적용해 얼마나 많은 비경지를 보유하고 있는지가 알곡 비축량에 영향을 줬다.[34] 비경지는 농촌경영위원회 토지과에서 산성화된 토지 등 알곡생산성이 낮다고 판단해 국가계획에 의한 알곡생산량을 부여하지 않는 농경지를 말한다. 국가관리의 사각지대에 놓여 있는 일종의 숨은 땅이다. 농장 간부들은 이러한 비경지를 활용해 비자금을 조성하는 창구로 활용했다. 각 농장 간부들은 비축한 알곡으로 농장건설 자재를 해결한다며 개인의 살림집을 건설하기도 했다. 고난의 행군 시기 벌방농장에 양수장, 탈곡장 등을 보수한다는 명목으로 알곡과 시멘트를 교환해 개인 주택을 증축하거나 신축한 간부들이 많았던 배경이다.

"농장 간부들이 연구실 보수가 필요하다 회관 보수가 필요하다 하고 시멘트 쓴다 하고 자기 집 보수하거든요. 농장에 가면 농장 간부들 집이 제일 좋아요. 작업반장들도 크게 지었지. 문덕군 룡림위원장이 2005년도 총살당했는데 1990년대부터 리당비서하고 짝짜꿍해서 큰 집 짓고 집안에 양어장까지 짓고, 그래서 관리위원장하고 리당비서 다 평성에 끌어다가 총살했어요." 면접자 2.

농장 말단 간부인 농장 통계원(회계)과 계량공도 개인 주택을 증축하거나 신축할 정도였다. 통계원은 가을 수확기에 농장의 알곡 수확고를 집계하는 사무원이며, 계량공은 탈곡장에서 알곡을 계량기로 측정하는 보조일꾼이다. 이들은 농장 간부와 알곡수확량 숫자를 조절해 불법으로 알곡을 비축한다. 식량가격이 폭등하다 보니 현물 알곡을 1톤만 비축해도 살림집 한 채를 신축할 수 있었다.

계획분 시멘트의 유통 방식

농장이 보유한 현물과 시멘트 공장 생산물이 어떻게 물물 거래되는지 알아보기 전에 우선 자재공급체계가 와해된 가운데 순천시멘트공장이 어떻게 작동했는지 살펴보고자 한다. 순천의 주요 입지적 조건인 중앙공업 인프라 중 순천시멘트연합기업소는 순천에 자리한 중앙공업에서 3대 축을 이루는 주요 산업이다. 전국적으로 규모가 가장 큰 순천시멘트연합기업소 산하 시멘트공장은 국가계획으로 국가건설장과 군부가 진척하는 갱도건설 등에 시멘트자재를 공급해야 한다. 북한 당국이 경제난에도 순천시멘트공장의 가동에 관심을 두었던 이유다. 이러한 이유로 경제난 시기 순천시멘트공장의 가동률은 하락했지만 소성로는 한 곳이라도 지속적으로 가동했다고 한다.

"고난의 행군 때요? 그때도 시멘트공장은 한순간도 못 세웠어요. 전기가 안 와서 반나절 세우는 바람에 소성로가 후렀단(휘었다) 말이에요. 아야 평양화력발전소가 댄코 먹었어요. 거기서 전기 공급해야 하는데, 순천시멘트가 중요한 공장이니까 평화력에서 직접 전기 들어와요. 그런데 평화력이 못 돌아가니까 책임비서가 중앙에 제기해서 (평안남도) 북창화력발전소에 예비전력을 물게 했어요. 그래서 소성로 하나는 돌아갔어요." 면접자 6.

"순천시멘트공장에서 연간 300만 톤 생산인데 하루에 1만 톤이 나와야 돼요. 365일에서 공휴일이 65일이거든요. 그거 쉬더라도 1만 톤 나와야 되거든요. 처음에는 300만 톤 생산해서 '사슴' 상표는 자본주의에 수출되고 '금강' 상표는 사회주의에 수출되고 굉장했어요. 마스크 딱 끼고 시멘트포장도 자동화기계로 딱 돌려서 하고 했는데 마비되기 시작했어요. 그런데 고난의 행군 때도 아야 죽은 건 아니에요. 소성로 죽이면 안 돼요." 면접자 13.

이렇게 생산된 시멘트는 '명령분'으로 우선 공급된다. 최고사령

[그림 10] 1990년대 시멘트시장이 형성되는 경로

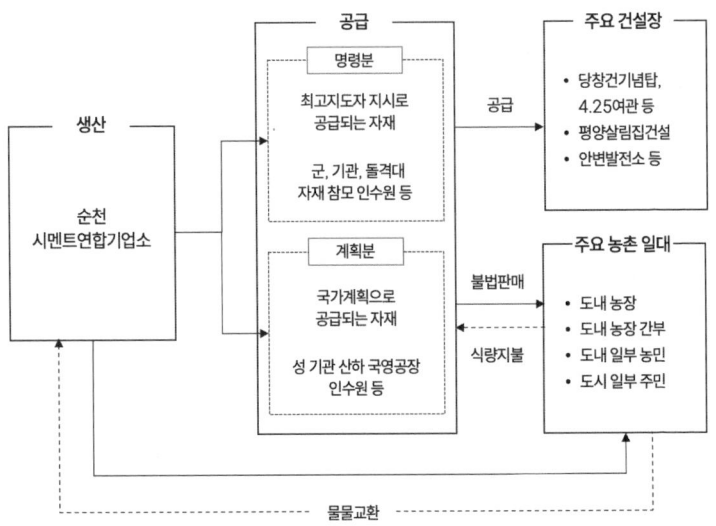

관의 명령과 지시로 군부에 공급되는 시멘트 자재를 명령분이라고 한다. 명령분 시멘트를 공급한 이후 '계획분' 시멘트를 공급하는데, 계획분 시멘트의 공급 대상은 국가계획에 의한 국가건설장, 공장기업소, 기관 등이다. 계획분 시멘트를 불법 유출해 농장 알곡과 교환해야 하는데, 계획분 시멘트를 공급받는 과정이 쉽지는 않다. 경제난으로 자재공급이 미달되다 보니 공장의 생산량은 연간 국가계획 단위에 공급해야 하는 300만 톤 중 50만 톤에도 미치지 못했다고 한다. 따라서 계획 내 불법시장의 형성은 불가피했다.

자재상사 대리

계획 내 불법 시멘트시장이 형성된 경로를 이해하려면 북한의 자재공급체계부터 이해해야 한다. 북한의 자재공급체계는 중앙집권적이다. "성 및 관리국은 산하 공장 기업소에, 공장 기업소는 작업현장에 현물 자재를 가져다줌으로써 생산자들이 생산에 주력하여 생산에서 창의 창발성을 발휘하도록"한다.[35] 따라서 각 성, 관리국은 도마다 자리한 성 기관과 관리국의 자재상사들과 자재 구매를 계약하고 받은 자재를 공장기업소에 공급해 주는 자재상사를 두고 있다.

자재상사는 국가자재를 통일적으로 관리하고 계획에 근거해 각 기관 산하 공장기업소에 공급해야 하나 경제난 이후 기능 자체가 마비됐다. 예를 들면 내각에서는 전국적으로 필요한 시멘트 양을 공장기업소에서 올려 보낸 예비 통계 숫자에 기초해 생산계획 지표를 세우고 시멘트공장에 생산지표를 하달한다. 연간 300만 톤의 시멘트가 생산되면, 국가계획위원회는 생산량을 기준으로 각 기관과 공장 등에 시멘트 공급량을 계획으로 할당한다. 그러면 각 도 자재상사가 할당된 양의 시멘트를 공급받아 기관과 공장에 공급한다. 그런데 시멘트 생산량이 저하되다 보니 계획에 의한 공급이 부족해 자재상사의 역할이 약화되거나 무의미해진 것이다. 공장기업소가 자재상사만 믿고 계획으로 할당된 시멘트자재를 공급받는다는 것은 '하늘의 별 따기'처럼 어려워졌다. 그래서 등장한 것이 '자재상사 대리'이다. 말 그대로 자재상사의 역할을 대리하는 방식이다.

"계획분을 원래 공장기업소가 자재상사에 가서 받아오게 됐어요. 자재상사가 각 군마다 있는데, 평양10월5일전기공장이다 하면 자재상사에 가서 받아 오는 게 원칙인데. 자재상사가 자재를 못 받아 오니까 자기네가 직접 가는 거에요. 자재상사만 바라보면 한당대(한평생)가도 시멘트 1그램도 못 받아와요." 면접자 22.

공장기업소가 직접 시멘트공장에 뇌물을 준다고 해서 시멘트를 받을 수 있는 것은 아니다. 원칙상 시멘트공장은 자재상사를 통해 각 국영공장에 시멘트를 공급해야 하기 때문이다. 따라서 나중에 문제 될 소지를 만들지 않기 위해 형식상 자재상사의 위임장이 필요해진다. 이러한 이유로 자재상사 위임장을 받아 오는 국영공장이나 기업이 등장했다. 이를테면 하부말단 공장기업소가 내각 성 기관 도 자재상사의 기능을 대리하며 생산자와 소비자 간 직거래 형태를 계획 내로 불러온 것이다.

"순천시멘트연합기업소는 어디만 상대하나 성 기관 자재상사하고 도 자재상사만 대상해요. 시멘트를 받아야 하는 공장하고 직접 대상 안 해요. 명령분 내놓고는…. 그런데 도 자재상사가 중앙에서 국가계획분으로 30만 톤 시멘트를 받았어요. 그런데 10만 톤도 못 받아요. 시멘트공장이 제대로 돌아 못 가니까. 이렇게 되면 힘 있는 공장들이 '우리는 자체로 받아 오겠다'고 도 자재상사에 소리쳐요. '그래 너네가 받아오라' 자재상사는 위임장을 해줘요. 자재상사도 자기네 체면 깍이우니까 위임장을 잘 안 해 주는데 어떻게 하겠어요? 자기네가 할 일을 공장이 하겠다는데, 자재상사 위임장 가지고 시멘트공장 가서 뇌물을 주고 행표 결제하고 시멘트를 받으면, 시멘트공장은 시멘트를 자재상사에 공급하는 거로 되지 공장에 공급하는 게 아니에요. 그런데 공장인수원은 자재상사 위임장을 받았다고 해도 제 돈을 써서 자기가 받은 거니까 곧장 팔죠. 농촌 가든 어디 가든…."
면접자 11.

행표 타작

계획으로 생산된 시멘트를 공급받는 방식에는 '행표 타작'도 있다. 계획분 시멘트를 공급받기 어려운 기업들이 무현금 행표를 암시장에 팔아 시멘트를 분할하는 방식을 말한다. 예를 들면 기계공장 인수원이 1년을 기다려도 계획으로 공급되는 시멘트를 공급받는다는 보장이 없다. 그래서 50만 원짜리 무현금 행표를 갖고 있는 기계공장 인수원은 50만 원의 일부라도 시멘트를 받으려고 시멘트공장 판매과 과장을 찾아간다. 50만 원 행표에서 10만 원 분량의 시멘트라도 받게 해달라고 뇌물을 주는 것이다. 그러면 시멘트공장 판매과 과장은 기계공장 인수원에게 10만 원 분량만큼 시멘트를 공급하면서 50만 원 행표 분량을 공급한 것으로 결제 처리한다. 나머지 40만 원 분량의 시멘트는 판매과장의 자의로 처분해도 문제가 없다. 행표 타작에는 중간 간부보다 공장 경영자인 지배인이 나서야 빠르다.

"시멘트공장에 국가계획으로 계획분이 떨어지는데 이번 달에 30만 톤 생산하라 이게 생산계획이에요. 화력발전소에서 시멘트가 필요하면 국가 계획위원회에서 화력발전소 너네 순천시멘트공장에서 5만 톤 받아 가라 계획분을 준단말이에요. 그러면 순천시멘트공장에도 화력발전소용 5만 톤이 떨어지지. 그럼 화력발전소가 시멘트공장 판매과에 가서 '자 우리 계획분 5만 톤 있는거 주세요'하고 행표 내민단 말이야. 판매과에서는 그럼 생산물이 없수다 하면 다예요. 재간 있어요? 실제 국가자재가 없어서 공장이 가동을 제대로 못 하는데 꼭대기에서도 할 말 없어요. 자재고 전기고 공급이 부실한 건 사실이니까. 그래서 행표 타작으로 30%, 10% 받아가는데, 이것도 수완 좋은 거예요," 면접자 9.

[그림 11] 행표타작으로 시멘트공장 생산물이 농촌지역에 유통되는 경로

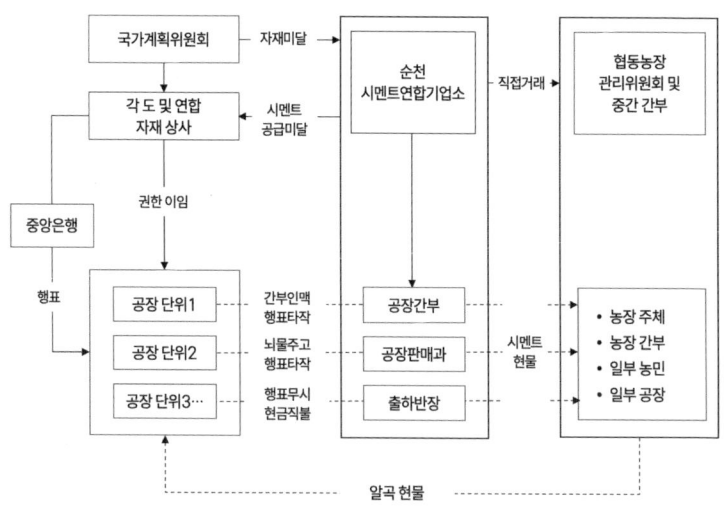

이렇게 공급받은 시멘트는 대부분 농촌으로 유통돼 식량과 교환된다. 더 많은 시멘트를 공급받으려는 일부 기업소는 김일성 우상화를 명분으로 내세우기도 했다. 사례로 순천에 자리한 평안남도 화학공장건설연합기업소 51건설사업소에서는 김일성혁명역사연구실과 김일성의 영생탑을 건설한다는 명분을 만들어 그렇게 받기 힘든 시멘트를 공급받았다고 한다. 하지만 국영기업 생산물이 농장의 알곡과 불법적으로 거래되는 것을 북한 당국은 암묵적으로 묵인했다. 식량난으로 아사자가 급증해 사회적 혼란이 심각했기 때문이었다.

2000년대

부동산 건설 붐과 시멘트 수요 급증

2000년대 들어서며 북한은 평양-남포고속도로, 개천-태성호 물길 공사 등 국가적으로 대규모의 건설을 추진했다. 개천-태성호 물길공사만 해도 대동강 갑문을 막아 초당 수십 톤의 물을 취수해 개천-순천-숙천-평원-대동-증산군 등을 거쳐 태성호에 이르는 각 저수지에 물을 채우는 방대한 공사였다. 이는 평남관개공사의 다섯 배나 되는 공사로 콘크리트 공사만 해도 약 40만m²에 달했다.[36] 국가건설만으로도 필요한 시멘트 수요량을 짐작할 수 있다.

특히 과거부터 꾸준히 추진해 온 평양건설 규모도 크게 증가했다. 2000년 4월에 착공한 '평양 3만세대 살림집건설'은 혁명의 수도 평양시를 웅장하고 화려하게 변모시킬 중요한 사업으로, 이를 진행하려면 건자재 공급이 선행돼야 했다.[37] 평양건설은 용성구역, 서포구역, 역포구역 등 외곽지역으로 확장됐다. 정책적 목표로 추진되는 평양건설을 담당한 기관과 기업소는 반드시 기일 안에 아파트 건설을 끝내야 했다. 하지만 자금과 자재는 자력갱생으로 확보해야 했다. 기관과 기업소는 개인 돈주를 끌어들여 아파트 건설을 추진하고, 그 대가로 살림집 분양 등의 혜택을 줬다.

부동산 건설 붐은 지방에서도 일어났다. 평성과 신의주 등 도급 도시에서 개인에 의한 주택건설 붐이 시작된 것이다. 시장의 발달로 주민 소득이 상승하면서 주택 수요가 급증했으나 국가에 의한 주택배정체계는 이미 무너졌다. 북한 당국은 지방정부가 자체적으로 살림집을 건설해 제대군관과 집단배치된 제대군인에게 우선 배정해 주도록 했다. 그러자 지방정부는 이를 다시 기관과 기업소에 떠밀었고, 자금이 부족한 공장기업소는 개인 돈주들에게 살림집 부지를 제공하고 아파트를 건설하도록 했다. 이렇게 건설된 아파트 살림집은 부동산시장에서 실거래가로 분양됐다.

한 사례로 2003년에 순천 신연포역* 뒤편 철도 인입선 주변에 위치한 단층집 마을이 국가적 조치로 전면 철거됐다. 신연포역은

---

* 김일성의 지대한 관심으로 1983년 순천 연포리, 동암리 등의 농경지에 비날론공장 건설이 착공되며 순천군은 시로 승격됐다. 이후 도시 건설이 진척되면서 순천역사가 새로 신축되고 비날론공장과 철도로 연결된 연포역도 증축됐다. 이후 구 순천역은 화물역으로, 연포역은 신연포역으로 개칭됐다.

순천역에서 은산역으로 가는 중간 지점에 위치한 역이다. 당시 김정일은 김철주포병군관학교(현 오진우포병종합군관학교)를 시찰하기 위해 특별열차를 타고 순천 신연포역을 지나 은산역을 통해 이동했다. 신연포역 뒤편에는 노동자 주택단지가 있었는데, 북한 당국은 이를 최고지도자의 신변 안전에 위협이 될 수 있다고 판단하고 국가적 조치로 강제 철수시켰다. 당국은 순천 지방정부에 철거민들을 위한 살림집을 건설해 공급하라고 지시했다. 이에 따라 지방정부는 철거민들이 소속된 공장기업소에 주택 부지만 제공하고, 살림집 건설은 해당 기업소에 맡겼다. 공장기업소도 자금이 부족해 주택건설이 어려운 상황이었다. 정부가 제공한 주택 부지는 연포역전, 종합시장, 주요 도로에 인접한 역세권이었다. 이를 개인 돈주들이 외면할 리 없었다. 돈주들은 자신이 거주하던 살림집을 철거민에게 무상으로 내주고, 대신 정부가 제공한 주택 부지를 받았다. 역세권 일대에는 개인 돈주들이 주도해 살림집 아파트를 건설하고, 이를 시장가격으로 분양하기 시작하면서 부동산 건설 바람이 불었다.

해마다 살림집 가격이 상승한 것도 개인의 부동산 건설을 촉진했다. 1990년대 말 순천에서는 단층 살림집 한 채가 100달러에 거래됐으나, 2000년에 들어서며 가격은 1,000달러 수준으로 상승했고, 2005년에는 골조만 세워진 아파트 살림집 한 채가 5,000달러에 달할 정도로 급등했다. 가격이 급등했음에도 불구하고 수요는 증가했다. 소득 수준이 높은 지역일수록 살림집 건설은 빠르게 진행됐으며, 특히 탄광이 밀집한 산골 지역에서도 살림집 건설 붐이 일어났다.

"외화벌이 탄광들이 거의 독재골에 있었는데, 거기가 높은 산이에요. 그 높은데 건설자재를 차로 끌어들여서 기지장들 독집이 크게 건설되더니, 저마다 (탄광 간부) 집들을 지었거든요. 산꼭대기 집인데도 수돗물이 콸콸 나오고 전기가 오고 집전화선(유선)도 다 연결됐어요. 책임 비서집보다 더 좋았으니까⋯." 면접자 6.

"탄광지대가 얼마나 못 살댄 고장이길래 석탄하면서 완전히 변했어요. 아파트도 건설되고 산탁에 단층집들도 건설됐어요. 낡은 아파트는 겉에 몽땅 까고 다이류(타일) 붙이고 별나게 장식해서 탄광 동네 한심한 아파트들이 다 개변됐어요." 면접자 2.

국가 건설과 평양 건설, 개인주택 건설 붐은 시멘트 수요를 폭발시켰고 자연스레 순천이 주목받게 됐다. 북한의 시멘트산업에서 주요 기업소로는 순천시멘트연합기업소, 상원시멘트연합기업소, 승호리시멘트연합기업소 등이 꼽히는데, 규모가 가장 큰 기업소는 순천시멘트연합기업소다. 북한 매체는 순천시멘트연합기업소가 북한 건설, 건재공업에서 커다란 역할을 담당하고 있다면서 "나라의 손꼽히는 시멘트공장, 우리나라 시멘트 생산에서 큰 몫을 담당하고 있는 건재공업의 굴지"라고 추켜세웠다.*

* 조선중앙TV는 2016년 4월, 11월 9일, 11월 29일 등 2017년 1월에 들어서도 연일 평양시 건설과 국가건설에 필요한 시멘트 생산과 공급을 적극적으로 강조하면서 순천시

중앙공업 산하 시멘트공장에 유입된 투자

시멘트는 제조 공정이 비교적 단순해 북한이 자체 조달하는 국산 건자재의 하나이다. 하지만 시멘트공장은 여전히 국가 자재와 원료의 공급 미달로 생산성이 회복되지 않았고 소성로 계통 대보수작업 등 생산 설비를 보수해야 했다.[38] 이에 석탄 수출시장에서 자금을 축적한 경제 주체들이 시멘트공장에 주목했다. 공장에 필요한 원자재와 설비를 투자한 주체는 크게 세 부류로 구분된다. 석탄을 수출하는 특권층 무역회사, 석탄을 생산하는 국영 명의 개인탄광, 석탄시장에서 자금을 축적한 개인 돈주들이다. 이들은 각자 다른 방식으로 시멘트공장에 자본을 투자해 공장과 생산물을 배분했는데, 그 과정은 다음과 같다.

무역회사의 생산 설비 투자

시멘트 생산에 필요한 주원료는 석회석이고, 이외에 석고, 점판암 등이 필요하다. 여기서 주원료는 석회석이다. 석고와 점판암은 직동석고광산, 점판암광산과 용원광산 등에서 공급되고 석회석은 석회석광산에서 공급된다. 순천에서 석회석을 생산하는 국영 광산은 성산광산과 5.4광산이 있다. 5.4광산은 내각 건재공업성 산하로 순천시멘트연합기업소 소속 시멘트공장에 전문 석회석을 공급

멘트공장의 자력갱생 사례를 소개했다. 비싼 외화를 쓰지 않고 공장의 기술자들과 노동계급이 연료부터 생산 공정에 이르기까지 국산화를 실현해 경제봉쇄에도 끄떡하지 않게 됐다는 내용이다.

한다. 성산광산은 내각 화학공업성 산하 순천비날론공장과 석회질소비료공장에 석회석을 공급한다. 두 광산 중 무역회사가 투자한 국영광산은 성산광산이다. 성산광산에서 석회석을 공급하던 순천비날론공장이 해체되면서 그 공간에 무역회사가 자본을 투자해 광산을 개발했다고 한다.

"성산광산하고 5.4광산은 같은 석회석광산이지만 석회석 공급하는 데는 틀린단 말이에요. 성산광산은 순천석회질소비료공장, 순천비날론에 석회석 대줘야 할 책임이 있고, 5.4광산은 순천시멘트공장에 전문 석회석 대주는 광산이에요. 그런데 석질이나 비날론공장이 망하니까 성산광산도 망할 수밖에 없거든요. 여기에 군부회사들이 들어온 거예요." 면접자 6.

석탄 수출량이 가장 많았던 군부 산하 승리무역회사와 총정치국 산하 무역회사 등도 성산광산에 투자한 대표적인 기관이다. 군부 소속 무역회사들은 성산광산 일대에 기지 형태의 건물을 건설하고 생산 장비와 인력 등을 투자했다. 인력으로는 군인들을 동원했다. 생산된 석회석을 시멘트공장에 공급하는 대가로 무역회사는 시멘트를 받았다. 석회석 1만 톤을 시멘트공장에 공급하면, 생산물의 30% 정도를 받는다. 5.4광산에도 무역회사의 자본이 부분적으로 투자된 것으로 알려졌다. 5.4광산은 1970년대 순천시멘트공장 건설과 동시에 개발된 광산이다. 북한은 시멘트 생산의 선행공정인 석회석 생산에 차질이 없도록 강조했지만 폭약과 착암기도 변변치 않은데다 광부들에 대한 식량공급이 미달되면서 석회석 생산은 저조했다.

"원래 시멘트공장이 생길 때 사민들이 석회석 캐다가 보장 안 되니까 한 개 연대가 들어와서 석회석 캐서 보장해 주다가 아예 방침으로 연대 군인들을 통째로 군복을 싹 벗겨 버렸어요. 군복 벗기고 사복 입힌 날이 5월 4일이라서 5.4광산이라고 해요. 그런데 폭약이 있어야 발파를 하겠는데, 발파제가 있다고 해도 성능이 좋아야 못해도 1만산 발파를 해야 공장 돌아갈 석회석이 나오거든요. 폭약도 제대로 공급되지 않는데다 착암기도 낡았고 굴착기도 기름 없어서 박토작업을 하나마나하니까 석회석을 생산할 수가 없었어요. 배급도 제대로 못 주니까 광부들도 다 자기벌이 했거든요." 면접자 6.

석회석 생산만큼 중요한 것은 운송 수단이다. 석회석광산에서 시멘트공장까지는 15km 전 구간 벨트컨베이어가 구축돼 있었기 때문에 전력만 공급되면 문제없었다. 그러나 시멘트공장에 전력을 공급하는 북창화력발전소, 평양화력발전소, 순천화력발전소의 교차전력은 불안정했다. 전력이 부족해지면 전기 공급이 중단되면서 벨트컨베이어가 며칠간 중단되기도 한다. 이 때문에 석회석 수송에 화물 차량이 동원됐는데, 이때 동원된 화물 차량은 대부분 석탄을 수출하는 무역회사가 보유하고 있는 25톤 트럭이었다고 한다.

개인 돈주의 생산 설비 및 부품 조달
순천시멘트공장에서 필요로 하는 설비의 부품 등을 투자하는 주체로는 개인 돈주도 있다. 매주 목요일은 국가적으로 규정한 '설비점검검열의 날'로, 모든 설비를 미리 점검하고 고장 요소를 예방해 생산에 미치는 지장을 사전에 막는 것을 목적으로 한다. 설비점검에서 고장난 부품을 발견하면 부품을 교체해야 하고, 이때 부품은 국가에서 공급해야 한다. 하지만 이미 자재공급체계는 마비돼 있었다. 이 때문에 순천시멘트공장에서의 설비점검검열의 날 운영은 통상적으로 진행돼 왔던 연합기업소에서의 설비관리 질서의 형식적 측면에 불과했다.

시멘트 생산의 심장이라고 말할 수 있는 소성로는 1970년대 덴마크에서 수입한 중고 설비를 설치한 것으로 이미 수명이 지나 대보수가 필요하다. 소성로를 돌리는 전동기 치차(톱니바퀴)가 고장나면 소성로 전동기를 돌리는 소(小)치차도 마모돼 대(大)치차도 금방 고장 난다. 치차들의 맞물림 상태에서 변형이 오는 것이다. 또한 소성로의 동체를 받쳐주는 지지 로라(롤러)까지 고장 난다. 소성로는 일정 각도를 유지한 채 천천히 회전해야 시멘트 크링카(클링커)를 균일하게 굽는 공정이 유지되고, 그래야 생산 공정이 지속돼 품질도 보장된다. 소성로는 길고 무거운 원통 모양이어서 회전하는 소성로의 무거운 동체를 아래서 제대로 받쳐 주지 못하면 회전수가 느려져 시멘트 생산에 치명적인 영향을 미친다. 로라 설비도 사용 연한이 오래돼 교체해야 했다. 로라의 무게가 무려 70여 톤이나 되다 보니 웬만한 권양 설비 능력으로 들어 올릴 수도 없었다. 이 문제는 어떻게든 공장의 힘으로 해결해야 했다.[39]

국가에 설비 부품 해결을 제기하면 위에서는 자력갱생으로 해결하라고 하면 그만이다. 이에 시멘트공장에서는 소성로 보수에 필요한 설비와 부품을 언제까지 가져오면 시멘트 현물을 얼마 제공한다는 '광고' 형식의 공고문을 공장 후문에 붙인다. 이렇게 공장에서 직접 공고문을 내면 개인 돈주들은 신속하게 움직인다.

"소성로든 뭐든 시멘트공장 설비는 다 수입산이에요. 베아링이 나갔는데 그것도 다 일본제야. 어디 베아링이든… 그러니까 설비 부품이 나갔다 하면 이젠 공식적으로 공장이 후문에 나가서 장사꾼에 호소해요. '이거 하나에 시멘트 몇 톤으로 걸겠다'면 장사꾼들이 야~ 야~ 해요. 그럼 개인이 군수공장 가서 직접 만들어 와요. 순천에서 개천으로 가는 길에 각암군수공장 있잖아요. 거기 말고도 많아, 기계공장들이 많으니까…." 면접자 14

"공장시멘트가 열차 빵통으로 나오면 '시멘트 빵통을 깐다'는 정보가 퍼진다. 그러면 시멘트공장 후문과 대건역전(국가화물을 전문 취급하는 철도역)이 연결돼 있는데 여기에 있던 왕초들이 시멘트 빵통을 현찰로 사 버린다." 면접자 7.

개인 투자자들이 시멘트공장 생산물인 시멘트를 배분받는 대가로 제공한 자재 가운데는 강뽈도 있다. 강뽈은 공 모양의 쇳덩어리로 시멘트 생산 공정 중 1차 조쇄(粗碎) 및 크링카 분쇄 과정에 핵심적으로 사용된다. 조쇄 과정에서는 석회석 원광을 큰 덩어리에서 작은 조각으로 분쇄하는데, 강뽈을 넣어 주면 분쇄 속도와 효율이 현저히 향상된다. 이후 생산 공정으로 이어지는 크링카 분쇄에서도 강뻴은 제품의 품질과 생산 속도를 결정짓는 중요한 요소다. 따라서 시멘트공장에서는 강뻴 수요가 많았다. 이에 따라 개인 투자자들은 중국과 무역하는 회사를 통해 강뻴을 수입하거나, 순천탄광기계공장 및 은산탄광부속품공장 등에 강뻴 제작을 주문해 시멘트공장에 투자하고 생산물을 받는다.

탄광 운영자 및 개인의 석탄연료 투자
시멘트 생산에서 석회석 다음으로 중요한 자재는 석탄연료다. 석탄은 소성로를 가열하는 연료로 사용된다. 시멘트공장은 국가계획으로 순천지구탄광연합기업소 산하 2.8직동청년탄광에서 석탄연료를 공급받아야 하지만, 해당 탄광은 평양화력발전소에 석탄을 우선 공급해야 한다. 이로써 시멘트공장에는 항상 석탄연료가 부족했다. 시멘트 생산에 필요한 원료와 연료가 충분히 공급되는 것은 생산정상화에서 무시할 수 없는 근본 고리였다. 가장 심각하게는 석탄연료가 부족하다 보니 소성 공정이 제대로 되지 않아 크링카의 품질이 저하됐다. 이러한 공백은 외화벌이 탄광을 운영하는 개인에게 기회로 작용했다. 이들은 자신이 운영하는 탄광에서 생산한 석탄을 시멘트공장에 공급하고, 그 대가로 시멘트를 배분받아 시장에 판매하는 방식으로 수익을 창출했다. 일종의 재테크 방식이었다. 시멘트공장이 시장거래를 통해 공장 운영을 추진할 수 있었던 배경에는 7.1조치로 인한 공장의 자율성 강화가 있다. 생산된 시멘트의 일부를 시장에 판매해 운영 자금을 마련할 수 있는 권한이 지배인에게 주어진 것이다.

"순천시멘트연합기업소 지배인은 도당 비준이어서 편재가 틀려도 공장 당 책임비서보다 격이 낮았어요. 그런데 7.1조치 나오면서부터 시멘트 처리하는 건 지배인이 독단으로 했어요. 이전에는 책임비서랑 합의하고 했는데…." 면접자 21.

"공장이 시멘트 가지고 있으니까 이제는 별난 자재 다 해결해요. 지배인이 이거 없수다 저거 없수다 해봐야 우에서 욕만 먹지, 자력갱생하라 하는 게 시멘트 팔라 하는 거나 같으니까 100톤, 200톤 시장에 팔아요. 지배인이 완전 쎄졌지." 면접자 13.

개인이 석탄연료를 공장에 투자하고 후불제로 시멘트를 받는 방식도 있다. 예를 들면 시멘트가 저렴한 시기인 장마철에는 시멘트를 사들이고 석탄이 저렴한 시기인 겨울철에는 석탄을 사들인다. 보통 순천에서의 시멘트와 석탄 가격의 비율은 1:3인데, 겨울철에 석탄을 투자해서 장마철에 시멘트를 받으면 그 비율이 1:6까지 높아진다. 공장과 개인 간 이와 같은 거래는 순천에서 흔하게 볼 수 있었다.*

이처럼 순천시멘트공장의 시장화가 진척된 배경에는 선군정치도 작용했다. 사실상 김정일 정부의 선군정치는 전통적 계획경제

---

* 2010년대 들어서면서 중국으로 수출하는 석탄 가격이 100달러로 급등하며 순천시장에서도 석탄 1톤의 가격이 2000년대 3달러에서 30달러로 급등했다. 시멘트와 석탄 가격의 비율은 1:3에서 3:1로 바뀌었다.

체계에 큰 변화를 가져왔다. 북한 국방위원회는 1997년 말부터 2001-2002년까지 주요 경제 단위에 군 장령을 전권대표로 파견해 국가경제를 정책 차원에서가 아니라 생산이행 차원에서 관장했다.* 당시 순천시멘트공장에도 군사대표부가 파견됐고, 공장에 전력을 공급하는 북창화력발전소에는 군 총정치국장 조명록 차수가 파견됐다. 북창탄광에는 현역 군인들이 배치돼 조명록 차수의 지위하에 석탄 생산과 수송, 후방 공급을 담당할 정도였다.[40] 공장 생산물 배분에도 주도권을 가진 군부는 군 경제 부문부터 우선적으로 시멘트를 공급했다.

당시 군사대표부가 주재하던 시멘트공장과 연결해 시멘트를 받았던 운영자의 경우를 보자. 탄광업주는 석탄연료를 공장에 투자하거나 노후화된 설비와 부속 등을 해결해 주고 시멘트를 합법적으로 받는다. 공장 측은 투자받은 연료, 자금, 설비 가격을 산정해 생산물을 배분할 때 군사대표부에 해당 자료를 제공한다. 이때 공장 측은 더 많은 생산물을 받기 위해 가격을 왜곡한다. 생산물 배분에서 원가 비용을 제하고 나머지를 군사대표부와 합의해 배분하기 때문이다. 결국 공장주인이 둘인 셈이다. 공장 입장에서는

---

* 국방위원회는 1998년 헌법 개정 이후 북한에서는 군 수뇌부와 군수책임자의 집합체인 국방위원회가 국가 전반을 통치하는 핵심 기구로 등장했다. 국방위원회는 국정 전반에 관여해 군수를 보장하고 국방공업우선론을 이행했다. 또한 선군정치와 국방위원회가 대두된 시기는 당중앙위 비서국 경제부서가 위축되기 시작한 시기, 국방위원회의 경제적 역할이 극대화된 시기는 1985년 헌법 개정을 통해 내각의 권한이 과거에 비해 강화된 시기와도 일치한다. 1998년 개정된 헌법은 내각을 "최고주권의 행정적 집행기관"이자 "전반적 국가관리기관(117조)"으로 규정했다. 정보사령부 편,《북한조직편람》(서울: 정보사령부, 2000), 242-243쪽; 박형중 외,《김정일시대 북한의 정치체제》(서울: 통일연구원, 2004), 65쪽.

생산물계획과 배분에 대한 책임을 군부가 장악한 상태이므로 '합법적'으로 더 많은 시멘트를 배분받아 시장에 판매하는 데만 신경을 쓴다. 이는 역설적으로 경제를 모르고 알 필요도 없는 군부가 공장 시장화에 박차를 가하는 기회로 작용했다. 이처럼 석탄산업의 자본이 시멘트산업에 투자되면서 시멘트 생산의 증가는 다시 석탄 생산의 증가로 이어졌다.

[표 7] 석탄산업과 시멘트산업의 연계 효과

	석탄산업	시멘트산업	산업의 연계 효과
기능	연료 및 에너지 제공	시멘트 생산	시멘트 생산 증가로 더 많은 석탄을 소비해 석탄산업 발전에 기여
입지	국영 탄광의 폐갱을 개발해 탄광 형성	탄광 일대 위치	석탄산업과 시멘트산업이 자리한 입지를 중심으로 관련 시장 파생
지역시장화	중국 수출 확대	내수 공급 확대	지역시장의 네트워크 자본화
시너지효과	관련 산업 집적화로 운송비 절감, 기술혁신, 고용 창출 등으로 주민소득 상승		국내외 자본과 노동력을 순천으로 유인해 지역경제 시장화 발달을 촉진

당시 북한 매체는 순천시멘트연합기업소가 선군시대의 경제건설노선을 철저히 관철해 생산정상화의 돌파구를 열었다고 선전했다. 시멘트연합기업소의 책임일군들과 기술자, 노동자들이 부닥친 애로와 난관을 자체의 힘으로 뚫고 국방공업 부문과 인민경제 중요 부문에 시멘트를 제때 생산해 공급하는 전례 없는 새 기록을 창조했다는 것이다.[41] 2003년 군부가 철수하며 시멘트공장은 비로소 독자성을 갖게 됐다. 이후 순천시멘트연합기업소는 북한 당국

이 선정한 10대 최우수 기업으로 선정된다.[42]

지방공업 산하 시멘트공장에 유입된 투자

7.1조치로 공장의 자율성이 확대되면서 중소규모 시멘트공장에도 변화가 일어났다. 중소규모 공장은 지방공업에 해당하므로, 중앙공업에 비해 생산물 처분권이 상대적으로 유리하다. 국영공장 산하 자체 탄광처럼 공장 자금을 마련한다는 명분 아래 시멘트 생산물을 시장에 판매하더라도 이는 불법으로 간주되지 않았다. 순천에 위치한 성산시멘트공장과 부흥시멘트공장의 사례를 보자. 성산시멘트공장은 1970년대부터 평안남도 지방건설건재관리국이 자체로 운영해 온 연간 20만 톤 규모의 시멘트 생산기지다. 반면, 부흥시멘트공장은 1980년대부터 평안남도 화학공장건설연합기업소가 자체로 분사업소 형태로 운영해 온 연간 5만 톤의 생산능력을 갖춘 시멘트 생산기지다.* 경제난으로 해당 공장들은 거의 가동을 멈춘 상태였다. 그러나 2000년대의 정책적 변화로 공장에서는 개인 투자를 유치해 생산된 시멘트를 공장 보수용을 제외하고 전량 시장에 판매했다고 한다.

* 5만 톤 규모의 시멘트공장인 부흥시멘트공장이 활성화되기 시작하자 해당 시멘트공장은 사회안전성 산하 경비대 소속으로 넘어갔다. 그러다 내각에 힘이 실리면 다시 건설성 산하 화학공장건설연합기업소로 넘어오는 사례가 반복됐다. 20만 톤 규모의 성산시멘트공장도 군부에 힘이 실리면 군부 호위국 산하로 넘어갔다가 내각에 힘이 실리면서 다시 지방공업총국 산하로 넘어왔다.

"분사업소(5만 톤 시멘트공장)를 공장에서 못 돌리니까 개인 돈 끌어와서 돌린단 말이야요. 5만 톤, 20만 톤 다 그렇게 해요. 5만 톤 사업소는 그건 완전히 하나부터 열까지 다 개인이 운영하는 거나 다름없지. 돈 끌어다가 원료 대가지고 공장을 돌리기 시작하더니 완전 거기 간부들 다 부자 됐어요." 면접자 22.

개인 부동산 건설업자들은 중소규모의 시멘트공장에 자금을 선불하고, 주기적으로 시멘트를 공급받도록 계약하기도 했다. 이러한 움직임은 고리대업자들의 관심을 끌었다. 시멘트는 투자 회수가 빠른 품목이기 때문에 투자가치가 높았다. 순천에는 투자할 곳이 마땅치 않아 장롱에 현금을 보관하고 있는 사람들이 많았는데, 투자 상환이 확실히 담보되는 공장은 돈주들의 주요 투자처가 됐다. 시멘트공장에 개인 자본이 집중 투자된 것도 이러한 이유에서였다.

이로써 순천에 자리한 중소규모 시멘트공장들은 공장 규모를 개건 확장하고 생산 기반 확대에 주력할 수 있었다. 2007년 성산시멘트공장이 가장 먼저 공장 규모를 확장했다. 확장 공사는 도급사업으로 전환됐다. 북한 당국은 해당 공사에 필요한 설비와 자재들은 지역의 유휴자금과 유휴자재인 내부예비를 통해 확보했다고 선전했다. 여기서 유휴자금은 개인 자금을 의미한다. 즉 개인 자금이 투자되면서 성산시멘트공장 확장 공사를 시작한 지 넉 달 만에 끝내는 성과를 보였다.[43]

내화벽돌과 보온통 개발

앞서 설명했듯이 7.1조치 이후 국영기업의 최종결과는 현물생산이 아닌 현금계획으로 평가된다. 이른바 액상계획, 즉 현금계획 시대가 도래한 것이다. 이는 국영기업 스스로 '돈벌이 상품'을 선택하도록 유인한다. 이러한 변화는 중앙에서 자재를 공급하지 않아도 국영기업이 능동적으로 시장에서 자재를 해결해 생산할 수 있다는 명분을 마련해 줬고, 8.3작업반이 증가하는 요인으로 작용했다. 8.3작업반이란 시장에서 수요가 있는 상품을 생산해 일정수익은 공장에 바치고, 나머지는 직장과 작업반 노동자의 월급과 식량을 해결하는 생산 단위를 의미한다.

대표적으로 순천시멘트공장에서 내화벽돌을 생산한 과정을 보자. 후술하겠지만 순천에 급증한 사기업은 석탄연료를 에너지로 활용한다. 이를 위해서는 가열로 공사가 필수적인데 가열로 내벽은 내화벽돌 자재를 필요로 한다. 내화벽돌의 주요 생산재는 내화물로 사용되는 점토와 석탄이다. 점토와 석탄은 자금과 운송 수단만 있으면 언제든 쉽게 조달할 수 있다. 점토 대용으로 사용되는 점판암도 순천에 매장돼 있다.* 순천시멘트연합기업소 산하에는 내화물분공장이 있는데 이 공장에서는 8.3작업반을 조직하고 원자재를 조달해 내화벽돌 생산에 진입했다. 내화벽돌은 미처 생산

---

* 점판암은 순천, 승호리, 천내, 구장과 마동 등지의 광산에서 생산된다. 북한은 이들 지역의 매장량을 3.1억 톤으로 보고, 광산에 따라 40-250년간 사용할 수 있는 양으로 추정하고 있다. 한국산업은행 동북아연구센터 편, 《북한의 산업 下》, 351쪽.

량이 판매량을 못 따라갈 정도로 수요가 높았다.

"내화벽돌은 일반 벽돌하고 다르게 생겼어요. 납작한 게 구멍이 없고 내화물로 만든 거니까 개인 제조자들이 가열로 내벽을 쌓는 데 써요. 일반 벽돌로 쌓으면 안 되거든요. 내화벽돌 사겠다는 사람이 너무 많아지니까 시멘트공장에서 생산해 팔았는데, 그거 없어서 못 팔았어요." 면접자 13.

2005년경에는 시멘트공장에서 부재 및 블록을 생산하는 8.3작업반을 조직했다. 시멘트공장은 각 직장이 운영 자금을 마련할 수 있도록 판매용 시멘트를 별도로 공급했다. 이에 각 직장들은 시멘트를 그대로 판매하지 않고 이를 이용해 기와나 블록을 생산해 시장에 판매하는 8.3 작업반을 조직했다. 시멘트를 현물로 판매하는 것보다 높은 가격에 팔 수 있어 원가를 유지하면서도 8.3작업반 노동자들에게 식량을 공급할 수 있었다. 당시 용봉리 농장으로 들어가는 도로 일대 대동강 기슭에는 시멘트공장 산하 각 직장에서 조직한 8.3작업반들이 여기저기 가건물을 짓고 숙식하면서 부재와 블록을 생산했다고 한다. 숙식과 생산 현장이 대동강 기슭에 위치한 이유는 부재와 블록을 생산하기 위한 골재와 모래 등을 대동강에서 직접 채취하기 위함이었다.

연탄 아궁이 보온 제품도 시멘트공장이 개발한 시장 상품이었다. 순천시장에서는 '보온통'이라는 이름으로 판매됐는데, 보온통은 구멍탄 아궁이의 열량을 보존하는 기능성 제품을 말한다. 보온재와 시멘트, 모래 등 부자재를 섞어 아궁이 모양으로 만든 보온통의 판로는 빠르게 확대됐다. 보온통이 나오기 전 순천 주민들은 연탄 아궁이에 진흙을 발라 열량을 보존하거나 열량 낭비를 막았다. 배급제 시대에 연탄은 난방과 취사에만 사용했기 때문에 진흙으로 아궁이 내벽을 발라도 연탄 열량을 충분히 보존할 수 있었다. 하지만 고난의 행군 이후 주민들이 음식 장사, 밀주 제조, 돼지 축산 등을 시작하면서 화력이 높은 연탄 소비가 급증했다. 그러자 진흙으로 바른 아궁이 내벽은 일주일도 못 가 떨어졌다. 연탄 아궁이는 수리 과정이 번거롭다. 연탄 아궁이를 수리하려면 진흙이 필요한데, 도시에서는 진흙이 부족해 2km 이상 도보로 이동해 손수레로 진흙을 운반해야 한다. 이런 와중에 연탄 아궁이에 넣기만 하면 되는 보온통 상품이 개발돼 시장에 나왔던 것이다. 보온통은 살림집 부엌 연탄 아궁이에 필수적이어서 대중적으로 소비된다는 강점이 있다. 취사용 연탄과 제조용 연탄 사이즈가 차별화되면서 크기도 점차 다양해졌다. 밀주를 제조하는 데 사용되는 연탄의 직경은 보통 17-20cm이지만, 취사에 사용되는 연탄 직경은 보통 12-15cm이다. 보온통이 인기를 얻자 시멘트공장에서 시내로 들어가는 연포시장 입구에는 보온통 도매시장이 형성됐다. 달리기상인들은 연포시장에서 보온통을 사들여 은산군, 성천군 등 다른 시, 군 지역에 유통해 판매했다.

시멘트시장의 분업화 발달

앞서 살펴본 바와 같이 다양한 투자자들이 시멘트공장에 자본을 투자하고, 하부 말단 생산 단위에서도 8.3작업반을 조직해 시멘트를 활용한 상품을 생산하기 시작하자 시멘트 시장도 분업화된다.

우선 시멘트 소매상을 의미하는 '몽당장사'가 등장했다. 몽당이란 '먼지'를 비유한 평안도 사투리로 '먼지장사'라는 의미를 내포한다. 시멘트가루를 흡입하면서 고생스럽지만 억척스레 장사하는 주민을 몽당장사라고 한다. 장사하지 않으면서 가난을 탓하는 사람에게 속된 말로 '몽당장사처럼 살라'고 한다.

몽당장사는 자정부터 새벽 3시 사이 시멘트공장 순찰대에게 필터담배 한 갑을 뇌물로 주고 공장 내 시멘트 창고에서 등짐으로 시멘트를 유출해 시멘트를 확보한다. 통상 3-5명이 한 조로 움직이기 때문에 가족 단위가 함께하는 경우가 많다. 시멘트 가격은 시장에서 판매되는 쌀 가격의 10:1로 환산해 판매된다. 따라서 몽당장사 한 명의 하루 평균 수입은 쌀 5-10킬로그램 정도다.

몽장장사 외 '매일벌이꾼'이 있다. 매일벌이꾼은 중간 도매업자에게 시멘트를 넘겨받아 소매하는 주민을 말한다. 시멘트공장이 위치한 부흥동, 성산동 주민 중 70% 정도, 연봉동, 봉화동, 연포동 주민 중 10% 정도가 매일벌이로 시멘트장사에 나선다고 한다. 공장 입구에서 순천 시내까지 약 8km 구간에는 새벽 4시부터 매일벌이꾼들이 시멘트 200킬로그램 정도를 싣고 운반하는 손수레가

줄을 잇는다.

매일벌이꾼들이 시멘트를 운반하는 도로 구간 전체가 시멘트 시장으로 활용되기도 한다. 시멘트 구매하려는 주민이 손수레를 끌고 줄지어 가고 있는 매일벌이꾼을 세우고 도로에 서서 흥정을 마치면, 매일벌이꾼은 구매자가 원하는 장소까지 시멘트를 운반해 준다. 매일벌이꾼들은 구매자가 많은 양을 요구하면 서로 협업해서 팔기도 한다. 이런 시멘트는 주로 개인 주택 수리 및 온돌공사에 쓰인다.

장사 범위가 커져 차로 시멘트를 유통할 정도가 되면 그 상인은 '왕데꼬'로 불린다. '데꼬'는 '거간'을 의미하는 일본어를 북한식으로 발음한 것으로 추정되지만 정확한 어원은 확인이 어렵다. 예를 들어 살림집 판매를 중개하고 수수료를 받는 사람은 '집데꼬'로 부른다. 시멘트 왕데꼬들은 공장을 통해 시멘트를 통째로 사들이는 큰손들이다. 이들의 고객은 주로 시멘트를 대량으로 사들이는 개인 부동산업자들이므로 왕데꼬들은 주로 개인 부동산건설이 진행되는 평양, 신의주, 평성 등 대도시에서 시멘트 물량이 얼마나 필요한지 등에 대한 정보를 수집한다. 2000년대 들어서 왕데꼬가 가장 먼저 '빛전화'를 자택에 설치했다는 데서 이들의 특징을 알 수 있다. 빛전화는 지방도시에서 개인 살림집에 초기 도입된 유선통신을 말한다. 장사 규모가 큰 돈주일수록 '약속은 신용, 신용은 생명'으로 인식하기 때문에 통신망 구축은 필수다.

'왕초'라고 불리는 상인도 있다. 왕초는 1980년대 중순부터 장사를 시작해 1990년대 경제난 시기에 두각을 나타낸 상인을 말한다. 왕데꼬가 2000년대 들어 성장한 도매상이라면, 왕초는 1990년대 경제난 이전부터 시장을 개척한 도매상이다. 왕데꼬와 왕초는 협력관계이면서 경쟁관계기도 하다. 왕초와 왕데꼬를 비교 분리하는 이유는 그들의 경제활동 행태가 다소 다르기 때문이다. 많은 경험을 갖고 있는 왕초는 합법적으로 시멘트를 확보하는 방법을 잘 알고 있다. 이들은 우선 각 국영공장과 건설장에 할당된 국가의 무현금 행표를 사들이고, 행표에 명시된 양의 시멘트를 인수원들과 3:7로 나눠 시멘트 물량을 대량으로 확보한다.

이렇게 확보한 시멘트를 평안남도 순천에서 황해남도나 함경북도 등으로 운송하려면 지대에 포장해야 한다. 시멘트를 가루 채로 차에 실어 운송하면 적재함 사이로 시멘트가 새어나가 상당한 손실을 입는 경우가 있다. 이러한 이유로 시멘트시장에는 포장공정이 노동시장으로 자리하고 있다. 시멘트를 차량으로 사들여 타지역으로 운송할 경우, 해당 업자는 인력을 고용해 시멘트를 포장한다. 시멘트를 전문으로 포장하는 일공을 포장공이라고 한다. 포장 공정은 다시 세분화해 삽질공, 저울공, 코바늘로 지대를 봉제하는 일공, 운반공, 생산수량을 집계하는 계산원 등으로 분류된다.

포장 재료는 종이와 마대다. 종합시장에서 구매한 크라프트지를 규격대로 재단하고 등사기로 상품명을 찍은 다음 재봉으로 마무리해 판매하는 전문 업자를 '포장지 장사꾼'이라고 한다. 시멘트 포장에는 중국에서 수입한 쌀 마대와 밀가루 마대를 재활용한다. 쌀 마대는 무역회사로부터, 밀가루 마대는 개인 제과업자들로부터 가격을 지불하고 회수하는 경우가 대부분이다. 또 종합시장에서 마대를 구매하는 경우도 있는데, 과거 남한에서 지원한 쌀 포장 마대가 시멘트 포장 마대로 판매되기도 한다. 남한 쌀 마대는 중국에서 들여오는 밀가루 마대보다 품질이 좋아 가격이 두 배 정도 비싸다.

시멘트시장이 발달하면서 시멘트공장 인근에 상권이 들어섰다. 시멘트공장 인근에는 개인 식당들이 자리하고 있는데 해당 식당은 순천인민위원회 급양관리소 산하 간판을 내건다. 식당 외에 '대기집'도 많이 형성됐다. 북한에서 대기집은 민박 형태의 숙박시설을 의미하지만, 순천의 경우에는 숙박 기능을 넘어 시멘트 매매를 목적으로 운영되는 공간으로 활용된다. 정기적으로 시멘트공장에 자재 인수 업무로 출장 나온 행정 간부(인수원)나 시멘트를 차량으로 사려고 온 타지 상인들에게 숙박을 제공하며 시멘트를 확보하는 거점이 바로 대기집이다. 대기집은 교통이 편리하고 시멘트공장과 가까운 입지에 위치하기 때문에 일반 숙박 요금보다 높게 책정된다. 시멘트를 받기 위해 순천으로 출장 나온 공장인수원이 숙박할 경우, 하루 숙박비는 쌀 1킬로그램의 시장가격을 기준으로 후불제로 받는다. 시멘트 공장에서 시멘트를 공급받은 후 숙박비용에 해당되는 가격을 시멘트 현물로 정산한다.

2010년대

새롭게 등장한 시멘트 생산 주체

김정은 체제가 시작되면서 북한은 미래과학자거리, 여명거리 등 평양건설을 대대적으로 추진했다. 평양건설은 김정은 체제의 성과를 선전하는 효과가 뚜렷하므로 건설 이상의 의미를 갖는다. 이에 북한 당국은 수도 평양에 아파트 건설을 지속적으로 추진하고 있는데, 이러한 배경은 더 많은 개인 자금을 평양건설에 투자하도록 유인하고 있다. 예를 들어 북한 당국이 평양 아파트 건설을 기관, 기업소에 할당하면 자금이 부족한 기관, 기업소는 기존의 방식에서 나아가 개인 자금으로 건설 자금을 충당하고, 그 대가로 개인투자자에게 아파트를 건설할 부지를 제공한다. 이는 건자재시장의 확장과 동시에 생산 주체의 변화를 불러왔다. 지금까지 시멘트 생산은 개인이 공장 설비를 임대하거나 개인이 자본을 공장에 투자하고 생산물을 배분하는 방식이 지배적이었는데, 이제는 직접 시멘트를 생산하는 생산 주체가 등장한 것이다.

이로써 시멘트공장 기술자와 기능공이 주목을 받게 된다. 돈만 있으면 석회석과 석탄 등 시멘트 생산에 필요한 원료를 조달할 수 있으므로, 생산기술을 갖추는 것이 관건이기 때문이다. 순천시멘트공장에는 1970년대 공장 설립 시기부터 야간 공업대학이 운영되고 있다. 공장노동자들은 누구나 공업대학에서 공부할 수 있었기 때문에 시멘트 생산에 대한 기초지식을 가지고 있다. 특히 순천의 성산고등중학교가 성산화학고등기술학교˚로 특화되면서 순천에는 규산염 설비, 규산염 생산 등을 교육받은 학생들이 시멘트공장에 집단 배치돼 장기간 일하고 있다. 이들이 바로 개인 돈주들이 주목한 기술자원이다. 이들은 개인이 국영 명의로 운영하는 시멘트 생산기지에 고용돼 원료의 배합부터 분쇄방법, 소성기술 등 생산기술을 전수해 주고 달러로 비용을 받았다고 한다.

시멘트를 생산하는 데 가장 중요한 기술은 원료의 배합이다. 예를 들어 시멘트 1톤 생산에 소요되는 원자재 구성은 석회석 70%, 연료 15%, 기타 부자재인 점토, 규석, 석고 등이 15% 정도다.[44] 먼저 채석장에서 수송한 석회석을 분쇄해 건조한다. 건조된 석회석이 소성과 냉각과정을 거치면 크링카가 된다. 크링카는 석회석원료를 소성로와 냉각기와 연결된 관에서 소성시킨 화합물로 시멘트 제조 과정의 중간재다. 여기에 3-4%의 석고를 넣어 소성시키면 시멘트가 제조된다.

타 지역에 자리한 국영공장에서도 순천으로 시멘트 생산 기술을 배우러 왔다고 한다. 당시 북한이 각 지역마다 중소규모의 시멘트공장을 자체 건설하도록 장려했기 때문이다. 하지만 기술적 문제에서 애로가 많다보니 시멘트산업이 전문화된 순천시멘트공장에 인력을 파견해 기술을 전수받았던 것이다. 공장과 공장 간에도

---

* 1975년 순천시멘트공장 조업 당시 북한은 시멘트공장 노동자들의 기술 수준을 높여야 한다며 순천 성산고등중학교를 성산화학고등기술학교로 특화시켰다. 북한이 특성화고를 도입한 최초의 사례다. 면접자 6. 면접자 6은 성산화학고등기술학교 출신이다.

생산기술 거래가 이루어졌는데,[45] 이 경우 공식적으로 적용되는 가격은 없지만 술과 고기 등의 사례 비용을 지급하지 않으면 기술 전수를 제대로 받기 어렵다고 한다.

    시멘트공장 기술자로부터 기술을 전수받은 다음에는 생산 설비를 구축해야 한다. 시멘트 생산 설비는 크게 분쇄기, 소성로, 싸이로(시멘트 보관 창고) 등이다. 시멘트공장처럼 공정별 중장비 설비를 구축한 것은 아니다. 생산 설비의 작동원리를 모방해 각 공정별 설비 부품을 소형화하고 집합해 만들었다. 이를 소개한 《노동신문》 기사에 의하면, 시멘트 생산 설비의 현대화는 자체적인 힘으로는 할 수 없다는 생각이 든다.[46] 이는 당의 기본 의도와도 반대되기 때문에 간단한 방법으로 시멘트를 생산하는 방법을 찾아야 한다. 석회석이 매장된 지역에서는 소성로의 외벽을 8-10m, 직경 1.5-2m정도로 돌로 높이 쌓는다. 그리고 내벽은 내화벽돌로 쌓고, 그 밑에는 로스톨을 깔아 꼭대기에 굴뚝을 세운다. 부대시설로는 점토와 크링카를 분쇄하기 위해 소가 끄는 큰 매돌(맷돌) 두 대, 혹은 뽈밀(볼밀) 두 대와 15마력의 송풍기 한 대를 설치한다. 이 정도면 시간당 1-1.5톤 이상의 시멘트 생산 능력을 가진 소규모의 시멘트공장이 건설된다. 생산기술이 시장에서 거래되고, 자금만 있으면 생산 설비 구축까지 가능해지면서 순천에는 석탄산업에 이어 시멘트산업에도 처음으로 계획 외 생산 주체가 등장했다.

국영기업의 시멘트공장 신설

가장 먼저 국영기업이 시멘트공장 운영에 나섰다. 북한 당국이 국영기업 단위에 시멘트공장 운영권을 부여한 것인데, 이는 1970년대 에너지난 해결을 목적으로 국영기업에 탄광 운영권을 부여했던 것과 맥락을 같이 한다. 2010년대 북한경제는 부분적인 회복세를 보이고 있었으나 여전히 재원이 제한된 상황이었다. 시멘트공장 건설에 나선 대표적인 기업은 순천지구탄광연합기업소다. 명분은 갱목(坑木) 자재 해결이었다. 굴진 과정에 필수인 갱목은 산림의 나무를 베 생산하므로 김정은 정부가 추진하는 산림복구 정책과 상충된다. 김정은은 집권 첫해인 2012년 5월 '국토관리 총동원 열성자 대회'[47]를 개최한 데 이어 2015년 당, 군, 국가경제기관 책임일꾼들과의 담화에서 "지금 나라의 산림은 영원히 황폐화되는가 아니면 다시 추서는가 하는 갈림길에 놓여있다"며 벌거숭이 산, 흙산을 후대들에게 넘겨줘서는 절대로 안 되니 10년 안으로 푸른 숲이 우거지는 보물산, 황금산으로 전변시키기 위한 전쟁을[48] 선포했다. 이후 산림복구전투가 당 정책으로 추진되면서 산에 있는 나무를 '망탕' 찍어내는 현상에 대에서는 역적행위로 처벌하도록 했다.[49]

그렇다고 해서 산림의 나무를 베어 내 국영 탄광에 공급하던 갱목 생산이 전면 중단된 것은 아니다. 국가계획은 여전했다. 내각 임업성 산하 각 도 임업관리국 소속 시, 군 갱목사업소에는 여전히 탄광에 공급할 갱목 계획이 할당됐다. 갱목사업소 일꾼들은 산판을 타고 앉아 화선정치사업을 공세적으로 벌이며 갱목을 더 많이 생산하자고 조직사업을 전개했지만 한계가 있었다. 산림복구사업으로 산지마다 묘목을 심어놓았지만 나무는 단기간에 자라는 게 아니어서 갱목으로 베어낼 나무가 부족했다.[*] 국영 탄광에 갱목을 제때에 공급하지 못하면 '공업의 식량'인 석탄 생산에 차질이 생긴다. 이에 북한 당국은 1980년대부터 나무동발 대신 콘크리트동발과 쇠동발을 이용하도록 강조했다.[†] 이에 순천지구탄광에서도 갱목 대신 쇠로 만든 동발을 사용하기 시작했다. 쇠동발은 지속적으로 재활용할 수 있다는 장점이 있으나 수직 탄갱 안에서 이동하기에는 무겁다는 단점이 있다. 쇠로 만든 동발을 경량화해 탄갱을 떠받치는 기둥으로 사용한다고 해도[50] 강철이 부족한 북한 현실에서 수천 미터의 지하막장마다 쇠동발을 도입하는 것은 비현실적이었다. 쇠동발보다는 콘크리트동발을 탄광 갱목으로 도입하는 것이 그나마 현실적이었다. 콘크리트동발은 시멘트와 모래가 주요 자재로 이용된다. 순천지구탄광이 시멘트공장 신설에 착수한 명분이었다.[51]

  순천지구탄광이 자체로 시멘트공장을 건설하는 데 필요한 자재는 국가에서 제공하지 않기 때문에 기업소가 자체로 건설자재

---

[*] 북한 매체는 자강도 임업관리국 아래 임산사업소와 강계갱목생산사업소, 위원갱목생산사업소에서 동발나무 생산실적을 올리기 위해 자력갱생의 투쟁 기풍으로 부닥치는 애로와 난관을 뚫고 나간다고 보도했다. 이는 벌거숭이 산에서 갱목으로 생산할 나무원천이 제한되고 있음을 말해주고 있다. "탄광들에 더 많은 동발 나무를,"《노동신문》, 2015년 9월 20일.

[†] 북한 당국은 1980년대 들어서면서 탄광들에서 나무동발 대신 쇠동발과 콘크리트동발을 사용하도록 장려했다. "콘크리트동발을 널리 쓰자,"《노동신문》, 1983년 12월 20일.

와 설비를 해결해야 한다. 순천지구탄광연합기업소는 산하 탄광과 공장들에 건설 과제를 할당했다. 싸이로 건설은 은산탄광설비부속품공장이, 원료분쇄 설비는 천성청년탄광이, 소성로 설비는 순천탄광기계공장이, 건조로 설비는 2.8직동청년탄광이 해결하도록 분담한 것이다. 이 모든 조직사업은 평안남도 도당이 직접 추진했다. 시멘트공장 건설에 필요한 자재와 설비 제작 자금은 탄광에서 생산된 석탄을 시장에 판매함으로써 마련했는데,[52] 이는 석탄시장과 시멘트시장이 어떻게 하나로 연결되면서 지역시장 확산이 가능했는지를 보여 주는 사례라고 할 수 있다.

개인의 시멘트 생산기지 신설

북한에서 건설의 3대 요소는 설계, 시공, 건재이며, 건재의 기본은 시멘트다. 북한의 시멘트 수요는 전국적으로 증가하고 있었으나 국가의 공급만으로는 충당하기 어려운 상황이었다. 이에 따라 북한 당국은 각 지방 단위가 중앙공급에만 의존하지 말고 자체적으로 시멘트 생산기지를 건설하라고 거듭 주문했다. 시멘트 원료는 내부 자원 동원이 가능하니 돌 하나, 흙 한줌도 원료의 원천으로 고려하고 지역의 인재들을 활용해 기술력을 향상시켜 지역 실정에 부합하는 시멘트 생산기지를 구축하라는 것이다. 이에 따라 각 지방에서는 시멘트 생산기지를 증설하거나 신설하는 움직임이 확산되기도 했다.[53] 하지만 지방에서 건설되기 시작한 중소

[그림 12] 개인이 운영하는 시멘트 생산기지 메커니즘

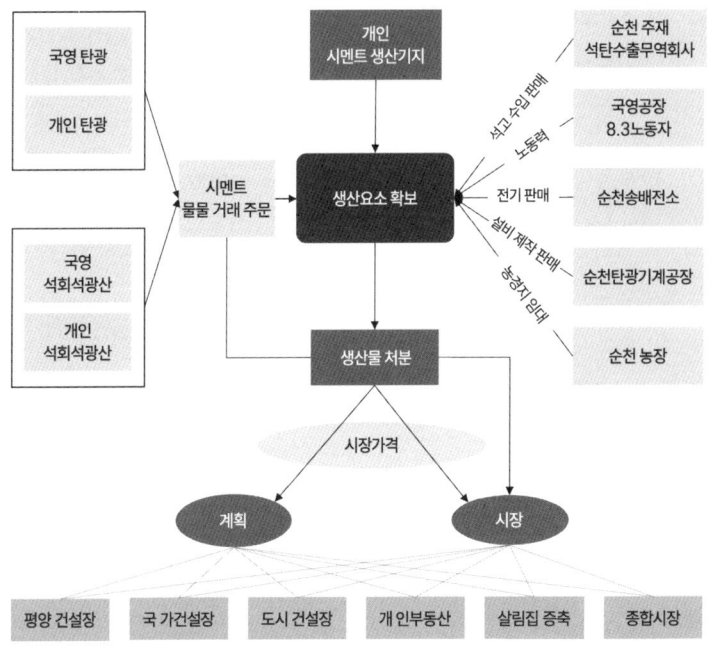

규모의 시멘트 생산기지는 대부분 개인이 투자해 국영 명의로 운영됐다고 한다.

순천도 예외는 아니었다. 앞서 언급한 순천지구탄광 외의 다른 기관에서도 시멘트 생산기지를 건설하기 시작했다. 그동안은 무역회사와 개인 돈주들이 시멘트공장에 자본을 투자하거나 설비를 임대해 시멘트를 확보해 왔는데, 이제는 경쟁률이 높아졌기 때문이다.

"시멘트공장도 국가에서 못 돌리면 개인이 돈 대서 돈벌이 하는 거 있단 말이야요. 그것도 다 자기 선이 있어요. 개인이 돈 있다고 누구나 다 임대가 가능한 게 아니에요. 저마다 (임대)하니까 1호기 돌아 가면 2호기가 안 돌아 가고 그래도 고 짬새기 임자가 있거든요. 거기서 나오는 시멘트를 공장에 얼마 들여 놓고 나머지 개인이 먹는데도 사람들이 돈이 생기니까 저마다 (설비 임대)하겠다고 경쟁해서⋯." 면접자 13.

이러한 흐름 속에 순천에는 국영 명의 또는 무역회사 명의로 개인이 운영하는 시멘트 생산기지가 신설됐다. 특히 군부 명의로 운영되는 개인 기지는 규모가 크고, 운영 또한 비교적 활발했다고 한다. 북한의 군부대는 해마다 전쟁 대비를 위한 전투시설을 구축해야 하나, 여기에 필요한 시멘트의 절대량은 부족하다. 원칙적으로는 국방위원회의 명령에 따라 시멘트가 공급되지만 전투부대별로 공급 우선순위가 정해져 있다. 이 때문에 하위 순위 부대의 경우 시멘트를 공급받으려면 한 달 이상을 공장 인근 마을에 머물며 숙박비용을 자비로 부담한 채 대기해야 하는 상황이 발생한다.

"해마다 사단에서 이번에는 갱도요, 전투 동원을 준비하는데 전투시설 구축하라고 합니다. 여기에 자재가 얼마 든다고 부대마다 올려 보내면 그게 국방성에 올라갑니다. 그러면 거기서 지표 떨궈 줍니다. 너네 시멘트 100톤을 상원(시멘트공장)에서 받으라. 상원은 고강도입니다. 상원시멘트는 전투시설 짓는 데 줍니다. 일단 지표 받으면 받는 것도 저리 주는 게 아니고 다 있잖습니까. 나가서 받으려면 군관들이 상무로 나가서 공장 옆에서 살다시피 하면서 받습니다. 어쨌든 전투시설물 공사도 기일이 있으니까 주긴 하지만, 시멘트 받는 게 상원시멘트가 우리 부대만 대상하는 건 아니니까. 국방위원회 명령분이라고 해도 기다려야 한단 말입니다." 면접자 34.

이러한 이유로 북한 군부대가 자체적으로 시멘트 생산기지를 건설하겠다고 당국에 제의서를 올리면 허가는 비교적 수월하게 떨어진다. 이 경우 기지 운영자는 자본을 투자한 사민 돈주라고 한다. 순천에 있는 477군부대 시멘트 생산기지가 대표적이다.* 이 기지는 생산 설비를 갖추고 석회석 광산 주변에 위치한다. 시멘트 생산은 석회석 운반이 관건이므로 석회석이 매장된 광산 인근에 입지해야 수송비용을 절감할 수 있다. 2010년 초 순천 매봉역 주변에 건설된 군부 소속 무역회사 시멘트 생산기지도 석회석 광산과 가까운 거리에 있었다고 한다. 이 기지는 2013년경 소성로 등 생산 설비를 구축하고 시멘트를 생산했는데, 실제 운영자는 순천에서 탄광 운영으로 외화를 축적한 주민이었다.

"2010년 되자마자 내가 탈북하기 전에 군부대 한 개 부대가 매봉역전에 로를 세우고 그랬어요. 매봉역전이 성산광산 앞에 있어요. 석회석 수송

---

* "477군부대 그거는 모든 군부대가 그런 대호가 있습니다. 공개대호인데, 그게 이제 대대이상부터는 4자리수고 연대부터는 3자리수인데, 부대들에 자체 시멘트공장을 해가지고 원료를 자체로 해결하려고 하니까 군부대 계통으로 해서 기지 하나를 만듭니다. 그럴 경우에도 477군부대 대호가 붙습니다." 면접자 26.

되는 역전이에요. 대건화물역에서 한참 올라가면 성산광산 있고, 거기서 석회석이 역전으로 수송하는데, 그 앞에 있었어요. 그게 무력부 산하로 소문 났는데 실제는 개인이 운영하는 거예요." 면접자 6.

순천에는 석회석 1000억 톤이 매장돼 있으며 시멘트 생산의 부자재인 점토, 규석 등도 자체 수급도 가능하다.[54] 석회석은 노천에서 생산돼 탄광처럼 탄갱을 개발하지 않아도 되기 때문에 자금과 설비만 구축하면 개인이 석회석을 조달하는 데 무리가 없는 편이다. 하지만 전력을 공급받으려면 송배전소와 연결돼야 한다. 이때 송배전소에 외화(달러)를 지급하면 국영공장에 공급해야 할 전력 지표를 개인에게 돌리는 사례가 많다고 한다.

"순천 송배전소에 책임사령 있어서 1교대 2교대 하는데 사령 4명이에요. 책임사령까지 5명, 책임사령한데 달러만 주면 개폐기를 들어요. 1방향으로 가는 전기 차단, 2방향으로 가는 주민선 차단, 식료공장 가는 거 전기 차단, 된장은 뭐 된장이야 소금 먹으면 되지 차단, 그렇게 보내지. 돈만 있으면 전기해결은 문제 아니거든." 면접자 17.

"시멘트 수요가 올라가면 시멘트를 비싸게 팔지 않아요? 그러니까 전기를 야매로 받아서 시멘트 생산해도 돈이 돼요. 배전소도 현금을 쥐니까 이런 애들하고 놀면서 이벤트를 돌리는 거야. 국가전기 공급량이 개선된 게 아니고 다른 데 돌려야 될 걸 개인한테 돌리지." 면접자 21.

이러한 방식은 불법과 합법이 혼재돼 있다. 우선 송배전부 간부가 독단으로 국가전기를 돌려주고 받은 자금을 착복한 경우는 불법이다. 하지만 개인에게 전기를 돌린 대가로 받은 달러를 송배전부 자금으로 사용했다면 합법이다. 이 때문에 돈을 받고 전기를 판매하는 행위는 송배전부뿐 아니라 전력을 생산하는 순천화력발전소, 전기공급이 비교적 원활한 군수공장들에서도 나타났다. 국영기관이 시장가격으로 판매하는 전기를 유료전기라고 한다.

"야매전기 받는 방식이 다 달라요. 일단 불이 오는 공장이 가까이 있어야 코걸이하던지, 아니면 돈을 내고 볼 수 있어요. 난 우리 아파트(순천 연포동) 옆에 기동타격대(사법기관 합동 조직)가 있었는데, 2017년도 시가로 매달 한 세대당 5만 원(쌀 10킬로그램 가격) 내고 불을 봤어요. 개인이 시멘트 생산기지를 운영하고 가까운 화력발전소나 시멘트공장 같은 데하고 직접 사업해서 전기를 받아요." 면접자 2.

시멘트 생산에 필요한 석고와 중유 등 부자재의 확보도 중요한 요소로 작용한다. 소성로의 온도는 시멘트 품질에 큰 영향을 미치는데, 석탄연료에 중유를 추가하면 소성로 온도가 상승해 소성 시간을 단축시킬 수 있고, 생산 속도와 품질이 동시에 보장된다. 이러한 부자재는 개인이 직접 순천시장에서 구매하거나 무역회사를 통해 중국에서 수입하는 방식으로 확보한다.

"석회석 소성로에서 구울 때 소성로에 석회석이 들어와서 녹아서 크링카를 만들어요. 거기 석고 투입하면서 시멘트 강도를 높인단 말이에요. 석탄연료 넣을 때 중유를 넣으면 마르카가 세져요. 시멘트공장에는 석탄도 없어서 쩔쩔매는데 개인 기지들은 로 온도 올리느라고 중유를 막 사서 넣었어요." 면접자 13.

공급 주체 증가에 따른 시장 경쟁

생산 주체의 증가에 따라 판매 경쟁 또한 치열해졌다. 초기에는 가격 경쟁이 중심이었으나 점차 품질과 판매 전략이 중요해지면서 판매 방식도 차별화됐다. 먼저 국영 시멘트공장은 품질을 강조해 판매 경쟁에서 우위를 점했다. 품질 측면에서 본다면, 시멘트공장 중에서도 중앙공업이 상대적으로 고품질의 시멘트를 생산한다. 시멘트 품질은 주로 소성로의 기능에 의해 결정된다. 순천시멘트공장 소성로는 덴마크에서 수입한 설비로, 낡은 부품만 교체한다면 1,000도의 고열을 유지할 수 있다. 비록 노후화됐지만 국내에서 제작한 소성로보다 훨씬 우수한 성능을 보인다. 시멘트 생산 과정에 사용되는 석고, 규사 등의 원료는 최종 제품의 강도를 결정짓는 중요한 요소이며 정확한 수량이 필요하다. 또 첨가제를 추가할 때마다 소성로 온도가 균일하게 유지돼야 한다. 마지막으로 석고를 넣어 시멘트를 굳히는 과정에서는 또 다른 온도 관리가 요구된다. 시멘트공장에서는 각 단계마다 자동화 설비가 도입돼 온도를 정밀하게 측정할 수 있다.

따라서 시멘트공장에서 생산한 시멘트는 고마르카(고강도) 시멘트로 분류돼 시장에서 가장 비싸게 거래된다. 기초공사와 아파트 골조공사에는 고마르카 시멘트가 사용되는데, 이를 잘 아는 시멘트공장 자재과 간부들은 개인 부동산업자들이 국영 명의로 시멘트를 받으러 오면, 그들에게는 비싼 가격으로 시멘트를 판매했다고 한다.

"1차 공급 대상을 제외하고는 다 시장가격으로 팔아요. 지방에서 술공장 자체로 세운다, 김치공장 신설한다, 식품공장 개건 확장한다 하면 그게 인민생활향상으로 되니까 계획으로 시멘트를 받잖아요. 그런데 이게 계획이라고 해도 개인이 지방인민위원회 산하 식품공장건설로 허가를 받아 국가지표로 해서 시멘트 받도록 한 거예요. 건설자금은 국가에서 대주지 않고 지방원천으로 자꾸 뭐 해결하라 하니까 지방정부는 저마다 잔뜩 성과물 만들어야 되니까. 개인 돈 끌어들여 건설하는데 공장 자재과는 딱 보면 알아요. 요건 개인 건설이구나 '너넨 사서 쓰라'…." 면접자 12.

국가적으로 중요한 산업일수록 계획경제에서 차지하는 비중이 높아진다. 이로 인해 계획 수행에 필요한 원료와 자재를 확보해야 하는 국영기업들은 다양한 방법을 동원하므로 공장 시장화의 영역도 확장된다. 예를 들어 순천시멘트공장에서 금방 출하된 시멘트는 시세보다 두 배 가까이 가격을 매겨 개인에게 판매한다. 금방 출하된 시멘트는 강도가 높은 고마르카 시멘트 중에서도 가격이 가장 높다. 이 시멘트를 저마르카 시멘트에 섞으면 품질 좋은 시멘트로 판매할 수 있다. 계획 단위에 시멘트를 공급할 때도 이러한 편법이 동원된다. 공장에서 출하된 시멘트는 보통 싸이로에 보관되며, 국가계획에 따라 각 기관과 단체들에 공급한다. 보관 기일이 오래된 시멘트는 강도 세기가 감소하므로, 이를 국가 건설장에 공급할 때는 강도 세기가 10% 정도 낮아졌다고 계산해 더 많은 양을 공급해야 한다. 콘크리트 혼합물을 만들 때 강도 세기가 떨어진 시멘트는 규정량보다 더 많은 양을 사용해야 하기 때문이다.

이러한 틈새를 이용해 담이 큰 개인은 자체로 운영하는 시멘트 생산기지에서 생산한 저마르카 시멘트를 공장에서 생산된 고마르카 시멘트와 통째로 교환하고, 그 대가로 시멘트공장 판매과 지도원에게 달러를 지불하기도 한다.

"시멘트 출하 날짜에 공장 주변에 가면 개인들이 아글아글해요. 출하지도원이 시멘트 출하한 거예요. 이걸 개인에게 넘겨요. 시멘트는 바라로 표준 계산하면 생산 한 달 지나면 강도세기를 10퍼센트 감소 봐요. 2달 지나면 15퍼센트 강도가 떨어지거든요. 이게 시공과나 자재과, 판매과 간부들의 공간이에요. 생산날짜에 따라 강도가 다른 걸 알거든요." 면접자 12.

공장에서 금방 출하된 시멘트가 시장으로 유통되는 경로에는 공장 노동자들도 참여한다. 가끔 시멘트공장에서는 각 직장과 작업반의 노력성과를 격려하는 차원에서 생산물을 인센티브로 준다. 열심히 일한 노동자들은 퇴근 시간 즈음에 10-30킬로그램 정도의 시멘트를 '표창'으로 받고, 시멘트 장사꾼에게 넘겨 현금을 받는다. 그 돈으로 노동자들은 공장 주변 식당과 음식 매대로 몰려가 두부 안주에 술을 마시며 '그래도 우리는 살 만하다'고 말한다.[55]

2017년에 탈북한 면접자 2와 면접자 12에 따르면, 순천의 오사동, 부흥동, 증산동 주변 일대는 시멘트공장 등에서 사들인 시멘트를 되팔며 시세차익을 남기는 개인 시멘트 판매기지들이 밀집돼 있다. 기지 운영자는 기관, 기업소, 무역회사에 적을 걸고 기지장이라는 공식 직함을 갖고 있는 개인이다. 생산과 소비를 촉진하는 석탄토장처럼 시멘트를 중개하는 물류기지라고 할 수 있다. 시멘트를 전문 중개하는 기지는 석탄토장의 운영 방식과 유사하지만, 공간 부지에서 차이가 있다. 석탄은 비에 젖어도 크게 문제되지 않아 야외 부지를 사용하지만, 시멘트는 습기를 받으면 굳어지므로 반드시 실내 부지를 사용해야 한다. 따라서 시멘트를 전문 판매하는 기지는 공장 창고 등을 임대한다. 이들은 주로 철도 화차를 이용해 시멘트를 수송하는 군부대 건설 단위 인수원이나 호송원과 협력해 톤 단위로 시멘트를 확보하는 경우가 많다.

개인 시멘트 판매기지는 직거래 판매를 전략으로 내세운다. 트럭 차량을 보유하고 시멘트를 주문하는 기관, 공장, 개인 부동산 건설장에 시멘트 물량을 운송해 주는 서비스를 제공하며, 운송비용은 연료비용만 받는다. 개인 시멘트 판매기지가 밀집된 부흥동 주변에서 트럭 차량이 활발히 오가자 2010년대 중반, 개인 돈주가 산릉선 일대를 밀어버리고 주유소와 세차장을 신설했다고 한다. 그동안 순천에는 주유소와 세차장이 주로 시내에 위치했으나, 개인의 시멘트 판매기지가 활성화되면서 시 외곽에도 운송 관련 서비스 시설들이 들어선 것이다.

[그림 13] 2010년대 순천의 시멘트산업 네트워크

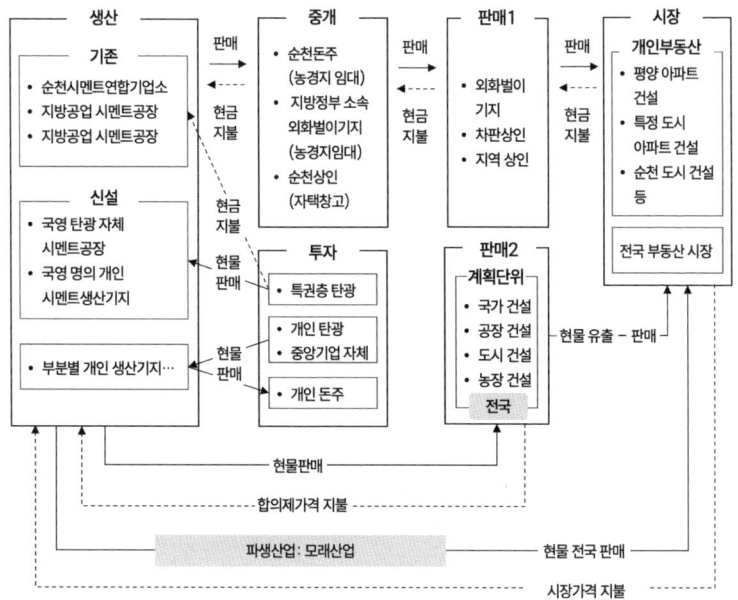

8장 제약산업

1990년대

경제난으로 무너진 무상치료제

북한 보건정책의 핵심은 무상치료제다. 1945년 11월 5도행정국 보건국으로 출발해 북조선임시인민위원회 산하 보건국 체계가 수립된 이후 1947년 1월 무상치료제가 선포됐다.[56] 북한은 1947년 '사회보험법에 의한 무상치료제'를 실시한 데 이어 한국전쟁 이후에는 '전반적인 무상치료제'를 실시하고 1960년부터는 '완전하고 전반적인 무상치료제'를 도입한다.[57] 무상치료제는 "국가가 근로자들의 건강을 전적으로 책임지는 공산주의적 시책"이자 "사회주의보건제도의 우월성"을 보여주는 제도로 선전한다. 이를 실행하기 위해 국가 주도로 의약품을 생산하고 공급 중심의 의약품정책을 강조한다.[58] 북한의 무상치료제는 예방의학을 기본으로 하며, 의사담당구역제(호담당의사제)가 구축돼 있어 전국적으로 의사들이 행정말단 지역인 동, 리를 담당해 세대를 방문하고 질병을 예방한다.[59]

북한의 무상치료제는 사회주의건설 시기 대중동원 효과를 가져왔다. 노동자, 사무원과 이들의 부양가족이 무상치료제에 감사의 마음을 가지고 건국사업에 앞장선 데서 알 수 있다.[60] 하지만 중공업 우선 발전 경제 노선으로 국가예산이 편중된 데 이어 1970년대 외채가 증가하면서 보건부문의 국가적 투자 또한 대폭 축소됐다. 이후 1990년대 동구권 사회주의체제가 붕괴하면서 북한경제가 심각한 상황에 이르자 보건부문은 큰 타격을 받는다. 제약공장 가동이 약화되거나 중단되면서 국가 주도의 의약품 공급망은 마비됐고, 평양에 자리한 국영병원조차 의약품 부족난에 직면했다. 북한이 내세웠던 무상치료제는 사실상 유명무실해졌다.

1990년 중반에 들어서면서 식량난과 더불어 콜레라, 장티푸스, 파라티푸스 등 급성 전염병이 전국을 강타해 의약품 수요가 절실해졌다. 북한 보건성이 국제사회에 10만 명의 말라리아 환자가 발생했다고 보고할 정도였다.[61] 그중에서도 항생제가 가장 필요했는데 페니실린 등 광폭항생제 원료와 의약품을 생산하는 국영산업으로 순천제약공장이 핵심적인 역할을 했다. 순천제약공장은 북한 최초의 의약품공장으로 연간 25톤 능력의 아스피린 생산시설을 갖추고 있으며 페니실린을 연간 6조 단위*로 생산하는 "나라의 손꼽히는 제약기지"[62)]였다. "순천제약공장에 원료와 연료를 제대로 대주지 못하여 약품생산에 지장을 준다는 것은 말이 되지 않는다"[63)]며 북한 당국은 순천제약공장을 계속 가동하기 위해 원자재 공급에 주력했고, 이러한 노력으로 1990년대 경제난에도 제약공장 가동은 어느 정도 유지될 수 있었다.

제약공장의 원자재 유출

순천제약공장에서는 페니실린 등의 항생제 완제품을 출고한다. 이를 출고하는 과정에서 생산에 관여한 간부들이 항생제를 유출했고, 전국 시장에 유통되기 시작했다. 페니실린을 생산하는 항생소 제1직장과 카나미찐(카나마이신)을 생산하는 제2직장, 직장 산하 각 작업반을 책임진 중간 간부들이 주로 완제품을 유출한다. 공장에서 생산된 의약품이 기술검사에 합격한 후 중앙의약품관리소 또는 4호창고 등으로 이송되는 과정에 약품창고를 관리하는 간부가 유출하는 사례도 있다. 유출되는 의약품이 증가함에 따라 이

---

* 북한이 홍보하는 페니실린 6조 단위에서 '단위'는 국제표준 단위인 IU(International Unit)를 의미한다. IU는 약 효능을 표기한 단위이다. 순천에서 생산된 페니실린 약병 상표를 보면 '100만' 혹은 '200만' 단위로 표시했다. 한 병당 투여량의 총 효능을 IU로 명시해 용량 관리와 치료 효과를 국제표준 단위로 표기한 것이다. 북한도 세계 의약계에서 통용되는 기준을 적용해 약효를 관리하고 있음을 보여준다. 한국산업은행 동북아연구센터 편,《북한의 산업 下》, 278쪽.

를 넘겨받아 타 지역으로 유통하는 달리기상인도 증가했다. 이들은 서비차를 타고 순천으로 밀려왔는데, 그들 중에는 병원의사, 대학교수도 있었다.

의약품 유출을 통제하기 위해 제약공장 정문에는 무장 보위대를 주야로 배치해 단속했는데 주로 단속된 사람은 공장 노동자였다. 간부들이 보통 노동자를 통해 완제품을 외부로 유출했기 때문이다. 공장 안전부에 인계된 노동자를 조사하는 과정에서 간부와의 연결 정황이 드러날 경우, 공장 안전부는 사건이 확대되는 것을 막기 위해 해당 노동자를 공장 보일러공으로 강등시키는 방식으로 사안을 종결했다. 그럼에도 의약품 유출은 지속됐다.

제약공장에서 완제품 유출이 엄격히 제한되자 항생제 원료를 유출해 완제품을 제조하는 개인이 등장했다. 이들은 무균실에서 원료 분말을 약병에 넣고 포장하는 노동자들이었다. 원료 분말은 완제품에 비해 부피가 작아 의복 안에 숨기기 용이하다. 여성 노동자들은 머리 리본 안에 분말을 감춰 공장 보위대의 감시를 피해 정문을 통과하기도 했다고 한다.

원료 분말에는 페니실린, 카나미찐, 아스피린, 테라미찐(테라마이신), 포도당 등이 있다. 각 원료마다 생산단위가 다르기 때문에 유출 단위도 다르다. 예를 들면 아스피린 직장노동자는 아스피린 원료와 포도당 원료를, 항생소 2직장 카나미찐작업반 노동자는 카나미찐 원료를, 테라미찐작업반 노동자는 테라미찐 원료를 도시락통과 손가방 등에 감추어 유출한다. 페니실린, 카나미찐 원료 분말은 100그램만 유출해도 1990년대 공장노동자 75개월 월급

(60원)과 맞먹어 중간 간부들도 원료 유출에 사활을 걸었다. 주사 직장 노동자들은 캄파 원료 분말을 유출해 캄파주사를 제조하는 개인에게 넘겼다.

공장 기술자들이 '중간재'를 유출하는 사례도 있다. 중간재란 페니실린 등 항생제 원료를 결정으로 추출하는 과정의 중간 단계인 농축 공정에서 유출된 액체를 지칭한다. 제약공장에서 페니실린 원료는 종균, 배양, 농축, 결정 등 일련의 생산 공정을 거쳐 최종적으로 원료 분말로 전환된다. 여기서 결정 이전 단계인 농축 공정에서 유출되는, 이른바 '원액'으로 불리는 농축액은 생산 공정을 관리 감독하는 책임기사(기술감독)에 의해 유출된다. 농축액이 유출되면서 순천에는 공장 완제품을 유출해 판매하던 1차 방식에서, 중간재를 이용해 원료를 추출하고 그 원료로 완제품을 제조하는 다차원 방식의 분업이 일어났다.

이 과정에 중간재인 농축액을 구입해 원료 분말을 제조하는 업자들이 가장 중요한 역할을 담당했다. 전국적으로 의약품 도매시장으로 부상한 순천에서 농축액으로 원료 분말을 제조하는 개인은 사실상 '제2공장'을 운영했다고 해도 과언이 아니었다. 이들이 얼마나 원료를 제조하느냐에 따라 전국의 병원과 시장에 공급할 약품 제조량이 좌우될 정도였다는 것이다. 예를 들어 5리터의 페니실린 농축액을 추출하면 원료 분말을 1킬로그램 정도 제조할 수 있는데, 100만-200만 단위 페니실린 1병에 들어가는 원료 분말이 0.6-1.2그램인 것을 감안하면 순천에서 제조돼 전국에 도매되는 의약품 수량을 추정할 수 있다. 농축액으로 원료 분말을 제조하는 업자들은 당시 순천에서 가장 높은 수익을 벌어들였다. 항생제 중간재가 고수익 원천으로 인식되면서 제조업자들은 중간재 유출이 가능한 공장 기술자에게 중간재 구입비용을 선불할 정도였다고 한다.

항생제 주사약 및 알약 제조

제약공장에서 유출되는 농축액을 원료 분말로 전환하는 공정은 대체로 개인의 주거 공간에서 이루어지다 보니 항생제 원료 제조 전 위생 환경과 필요한 설비 및 부자재를 갖춰야 한다. 필요한 주요 부자재는 메탄올, 부탄올, 활성탄 등이며, 각 부자재는 순천 비날론공장 촉매직장과 순천제약공장에서 유출된다. 제조 과정에는 비중계, 습도계, 온도계 등 정밀 측정기구가 사용되는데, 해당 기구는 순천제약공장 후문에 자리한 항생연구소에서 유출해 판매된다.

페니실린 농축액에서 항생제 원료를 추출하는 과정은 다음과 같다. 우선 페니실린 농축액을 부탄올에 희석하고 비중계를 이용해 농도 비중을 맞춘다. 카나미찐 농축액의 경우 메탄올에 희석한다. 비중을 맞춘 농축액은 활성탄으로 세 번 이상의 정제 과정을 거친다. 이후 정제된 농축액을 100리터 정도 크기의 원심회전기에 넣고 30분간 돌린다. 빠르게 돌아가는 원심회전기 농축액 한가운데 98% '정품 메탄올'* 혹은 정품 부탄올을 1초 간격으로 한 방울 한 방울 떨어뜨린다. 원심회전기는 회전속도가 빠를수록 분말 입자가 미세하므로 수동보다는 반자동 설비를 사용한다. 원심회전기에서 페니실린 농축액이 부탄올과 반응하면 흰 앙금 결정이 가라앉는다. 흰 앙금 결정이 두텁게 가라앉으면 부드러운 채로 받아 다시 98% 메탄올로 세척하는 과정을 반복한다. 세척 과정마다 비중계와 수분계를 사용하는데, 흰 앙금 결정에 수분이 없는 것을 확인해야 세척 과정을 완료할 수 있다. 수분계로 수분이 없는 것을 확인하면 흰 앙금 결정을 뜨거운 온돌에서 건조한다. 항생제 원료 분말은 습도에 민감하므로 건조 시 선풍기를 돌려 간접으로 바람을 쐬어 준다. 이렇게 완성된 페니실린, 카나미찐 원료 분말은 비닐봉지에 밀폐 포장해 페니실린 완제품 제조자에게 50-100그램 단위로 판매한다.

 개인이 제조한 페니실린, 카나미찐 원료 분말은 완제품을 제조하는 개인에게 판매한다. 완제품을 제조하려면 완제품을 담을 약병, 마개 등이 있어야 한다. 약병은 가마솥에 한 줄로 거꾸로 세우고 뜨거운 연탄불에 가열해 멸균 공정을 거친다. 멸균한 약병에 페니실린 원료 분말을 넣고 고무마개와 윰마개를 닫은 후에는 봉합기계로 돌려 봉합하므로 완제품 제조에는 봉합기계가 반드시 필

---

* 98% 메탄올은 페니실린 분말 제조에 사용되는 정품으로 간주된다. 이 메탄올은 고농도 상태에서 페니실린 원료 분말을 제조하는 데 필수적인 역할을 한다. 반면, 메탄올 성분이 50% 이하로 떨어진 회수메탄올(재생 메탄올)은 주로 가구 도색을 하는 개인 제조업자들이 니스 원료를 희석하는 데 사용된다. 원료의 농도가 낮아진 회수메탄올은 특정 시장에서 부자재로 거래된다.

요하다.

1990년대 순천에서 수동식 페니실린 봉합기계의 가격은 공장 노동자 월급의 40-50배였다. 페니실린 완제품은 어떤 봉합기계를 사용했는지에 따라 품질이 다른데, 반자동 설비로 봉합한 페니실린은 공장에서 생산한 정품과 분간하기 어려워 가격도 비싸다. 봉합기계는 수동과 반자동이 있으며 반자동 설비도 설비 안에 베어링이 몇 개 들어갔는지 어떤 베어링을 넣고 제작했는지에 따라 가격이 달라진다. 반자동기계는 수동기계보다 다섯 배 이상 비싸다. 봉합기계는 주로 순천탄광기계공장, 군수공장, 화학공장건설연합기업소 공무직장, 제관직장 등에서 제작해 판매한다. 베어링과 철판 소재는 공장 기술자들이 직접 시장에서 구매한 후 공장 선반기와 설비, 전기를 이용해 제작한다.

"(봉합기)분장기야 뭐 탄광기계에서 만들고 제약공장에서도 공무직장 있거든요. 거기서 분장기 다 만들었어요. 안 만드는 공장이 있나. 돈만 된다면야 만들 수 있는 데는 다 만들어 팔았지. 베아링 있고 쇠붙이 있으면 다 만들어 팔았어요. 공장이 뭐 돈 될만한 건 약품기계든 뭐든 다 만들어서 팔아먹었으니까. 주문만 하면 딱 고 날짜에 배달해 줘요." 면접자 10.

이렇게 순천에서 개인이 제조한 알약에는 신토미찐*, 아스피린,

---

* 신토미찐은 결핵 및 각종 세균성 전염병 치료에 사용되는 스트렙토마이신(Streptomycin) 항생제로 추정된다. 북한은 "합성 의약품은 우리 나라에서 수입하고 있는 의약품들 중에서 그 품종 수로 보나 소비되는 외화액으로 보아 반수 이상에 달하는 가장 큰

테라미찐, 디아제판(진정제), 이소니찐 등이다. 의약품의 원료는 대부분 제약공장에서 유출되거나, 중앙의약품관리소 등에서 비공식적으로 유출된다. 특히 신토미찐은 1995년 이후 전국적으로 확산된 콜레라, 장티푸스, 파라티푸스 등 급성 전염병의 치료제로 수요가 급증했다.†

신토미찐 알약은 주로 살림집 공간에서 제조하는데, 약품 원료와 전분가루를 일정 비율로 혼합해 전분가루로 연한 풀물을 쑤어 식힌 후 이를 반죽한다. 알약을 찍어내는 설비 종류는 스프링 방식으로 한 알씩 찍어 내는 수동식, 압축 프레식으로 10알 이상을 동시에 찍어 내는 반자동식, 압축회전 프레식으로 찍어 내는 자동식 설비로 구분된다. 반자동 및 자동 설비를 사용할 경우 수동식 제조와는 다른 방식의 배합 기술이 필요한데, 반죽된 재료를 2차 건조해 미세한 분말로 분쇄한 후 프레스 압축 설비에 투입해 알약을 찍어 낸다. 이렇게 제조된 알약은 수동식에 비해 견고하고 잘 부서지지 않아 공장에서 생산된 제품으로 유통된다.

비중을 차지하고 있다"며 "중요성과 소요량, 외화 소비 등이 가장 비중이 큰 유기 합성 의약품을 자체로 생산"하는 제약공업을 강조했다. 북한이 지적한 유기 합성 의약품에는 "술파치아졸을 위시한 화학 살균제, 아스피린을 위시한 해열 진정제, 술파구아니찐을 위시한 적리 치료제, 말라리아 치료제의 비구말, 결핵 치료제의 이소니지드, 전염병 치료제인 신토미찐"이 있다. "우리 나라 제약 공업의 발전 전망과 당면 과업",《노동신문》, 1957년 11월 29일.
† 신토미찐 원료는 함경남도 흥남제약공장에서 생산한다. 그러나 1990년대 중순부터 해당 공장의 생산이 거의 멈추면서 유출할 원료도 없었던 것으로 추정된다. 순천에서 유통된 신토미찐 원료는 대부분 순천구두공장에서 신발바닥고무를 생산하는 데 첨가되는 시약 재료였다고 한다. 이 분말은 신토미찐 원료처럼 노랗고 쓴맛이 같으며 이 분말 원료로 제조된 신토미찐 알약이 파라티푸스 등 전염병으로 나타나는 급성설사와 해열 치료제 효과가 있어 수요가 많았다.

도 의약품관리소, 병원약국 등에서도 개인에게 대량의 알약을 주문하기도 한다. 이 경우 반자동기계로 찍어도 공급량이 부족해 공업 설비를 구축하고 있는 국가기관에 의뢰해 제조하는데, 대표적으로 순천시 석수동에 위치한 공군부대 의약품관리소에 의뢰한다. 순천에는 평양을 보위하는 최정예 공군부대가 자리하고 있다. 이곳에는 국가에서 공급받은 의약품뿐 아니라 다종의 알약을 직접 제조해 공군부대 군의소에 공급하는 의약품관리소가 있다. 공군부대 의약품관리소는 알약을 제조하는 수입산 설비를 보유하고 있어 알약을 제조하는 개인과 연계돼 있다. 수입산 설비로 알약을 제조하면 공장알약처럼 단단하고 모양이 균일해 비싸게 팔 수 있다. 공군부대 의약품관리소 간부에게 알약 제조를 주문할 경우 제조비용은 킬로그램당 계산해 시장가격으로 지불한다.

개인 제조 의약품의 유통과 판매

북한에서는 〈의약품관리법〉*에 따라 국가계획기관과 중앙화학공업지도기관, 중앙보건지도기관, 지방정부기관에서 의약품의 수

---

* 〈의약품관리법〉은 1997년 11월 12일 최고인민회의 상설회의 결정 제101호로 채택, 1998년 12월 10일 최고인민회의 상임위원회 정령 제251호로 수정 보충, 2018년 4월 13일 최고인민회의 상임위원회 정령 제2217호로 수정 보충, 2019년 5월 9일 최고인민회의 상임위원회 정령 제34호로 수정 보충, 2022년 5월 31일 최고인민회의 상임위원회 정령 제976호로 수정 보충됐다. 국가정보원,《북한법령집 下》(국가정보원, 2024), 947-954쪽.

요를 정확히 타산해 생산계획을 세운다. 의약품 생산은 생산허가를 받은 기관, 기업소, 단체가 할 수 있고(제9조, 10조) 생산된 의약품은 의뢰검정과 검열검정으로 품질을 검사한다. 의약품관리기관에 의뢰해 검정하는 것을 의뢰검정, 약품검정 기관, 검열기관의 계획에 따라 검정하는 절차를 검열검정이라 한다.(제21조) 검정에서 합격한 의약품은 중앙보건지도기관의 승인을 받아 약국 등에서 판매하는데, 정맥주사약을 비롯해 전문과의 치료에 필요한 의약품은 의료예방기관에서 발급한 처방전에 따라 정해진 약국에서만 판매할 수 있다.(제38조) 해당 규정을 어긴 기관, 기업소, 단체의 책임 있는 일군과 개별적 공민에게는 정상에 따라 행정적 또는 형사적 책임이 따른다.(제53조) 이러한 이유로 의약품 유통과 판매는 초기부터 암시장의 성격이 강했다.

순천에서 개인이 제조한 페니실린 등 항생제 주사약과 알약은 일반적으로 타 지역 상인들이 순천에서 도매가격으로 구매해 타 지역으로 유통하는 방식이 보편적이다. 순천 상인들이 타 지역으로 이동해 의약품을 유통하는 경우도 종종 있지만, 의약품 유통은 사법기관의 단속과 통제가 엄격하기 때문에 운반 과정에서 특별한 주의가 요구된다. 이에 따라 일부 상인들은 간부 승용차를 이용해 의약품을 유통하는 사례도 있다.

장사 규모가 비교적 큰 상인들은 국가기관과의 주문계약을 통해 의약품을 판매한다. 예를 들어 황해남도 소재 군부대 산하 축산목장, 농장 산하 축산목장에서는 매달 축산용 페니실린이 필요하다. 하지만 국가로부터 축산용 의약품을 공급받지 못해 필요한 의약품을 시장에서 자체 조달해야 한다. 의약품 구입에 필요한 비용은 목장에서 생산한 사료용 강냉이나 돼지고기를 시장에 판매해 합법적으로 확보한다. 그리고 의약품은 주로 목장 수의사가 개인을 통해 구매한다. 수의사 입장에서는 순천 주민과의 직거래로 의약품을 사들이면 황해남도의 시장보다 저렴한 가격에 구입할 수 있다는 이점이 있다. 황해남도로 이동한 순천 상인으로부터 페니실린을 100원에 구매했더라도, 목장 장부에는 황해남도 시장가격인 200원에 구입한 것으로 기록한다. 이러한 구조로 일부 수의사들은 순천의 의약품 제조자와 계약을 맺어 정기적으로 구매한다. 개인과 국영기관과의 주문계약은 시, 군 급 병원 의사와도 이뤄진다. [그림 14]를 보면 순천에서 약품제조업자가 국영 병원 퇴직의사와 주문계약으로 페니실린 등 의약품을 정기적으로 거래하는 과정을 이해할 수 있다. 퇴직의사는 지역에 자리한 국영 병원 현직 의사들에게 다시 약품을 넘겨주고 이를 지역 주민들이 소비한다.

주목할 점은 병원과 목장 모두 국영기관임에도 불구하고 의약품 유통과 계약 방식에서 차이를 보인다는 것이다. 국영 병원 의사가 개인으로부터 페니실린을 넘겨받아 환자에게 판매하는 행위는 현행 법제하에 불법으로 간주되므로 비공식적으로 거래된다. 반면 국영 목장의 수의사는 페니실린을 돼지, 닭 등 짐승 치료에 사용하므로 해당 의약품을 장부에 기록하고 공식적인 거래로 정산할 수 있다. 축산 부문에서 사용하는 의약품은 사람에게 사용하는 것보다 상대적으로 규제가 느슨해 의약품 거래의 사각지대가 형성된 것으로 이해할 수 있다.

[그림 14] 개인 제조 의약품이 국가의료기관을 통해 판매되는 경로

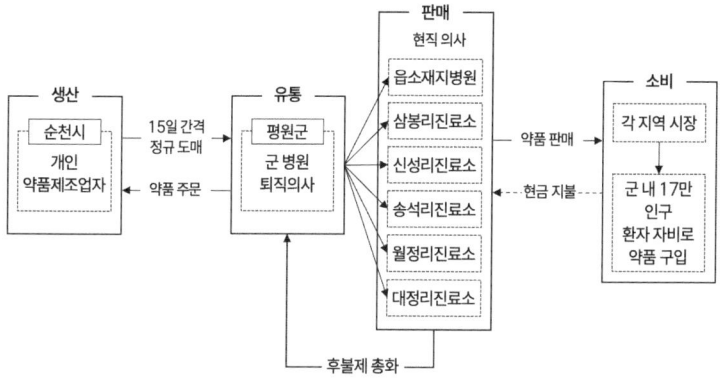

제약시장 발달과 자재시장 분업화

　순천에서 제조된 각종 의약품이 전국 단위로 도매 유통되면서 제약시장이 발달하게 되자 자재시장 분업화가 빠르게 일어났다. 자재시장 분업화는 병, 마개, 상표지 등으로 세분화된다.

　우선 의약품 자재시장으로 유통되는 약품 병에는 제약공장 유리직장에서 생산한 '새 병'과 국영 수매소를 통해 순천에 유통하는 '회수(回收) 병'이 있다. 새 병은 제약공장 유리직장 작업반장 등이 자금 마련을 목적으로 외부로 유출해 개인에게 넘겨주기도 하고 유리직장 노동자들이 유출해 개인에게 넘겨주기도 한다. 약병은 부피가 있고 소리가 나므로 유출량이 제한된다. 따라서 국영 수매소에서 차량으로 운반되는 회수 병이 시장으로 유통되는 비중이

많다. 이에 순천에는 타 지역에서 회수 병을 전문으로 사들여 개인에게 넘겨주는 전문 업자가 등장했다. 회수 병을 전문으로 유통하는 업자는 국영공장 차를 임대해 평원, 정주, 사리원 등 타 지역 수매사업소와 연결해 약병을 사들인다. 각 지역 수매사업소는 주말마다 동, 리 수매소에서 주민들로부터 수매받은 페니실린 약병 등을 보관하는 곳으로 수매사업소 창고에는 페니실린 약병이 산더미처럼 쌓여 있다. 수매소 지배인 입장에서는 약병을 국가에 수매계획으로 바치는 것보다 개인 상인에게 시장가격으로 팔 때 수매소의 현금계획도 달성하고 수매소 자금도 마련할 수 있어서 이득이다.

국영 수매소에서 가마니에 포장된 회수 병이 차량으로 운송돼 순천에 도착하면, 이는 다시 회수 병을 전문 세척하는 개인에게 도매가격으로 넘겨진다. 세척업자는 일공을 한두 명 고용해 회수 병 마개와 고무마개를 송곳으로 분리한다. 고무마개는 잿물에 삶아 멸균 건조하고, 약병은 양잿물에 담가 불린 후 꼬챙이로 속을 세척해 30분간 불가마 안에서 멸균 소독한다. 이후 항생제 완제품을 제조하는 개인에게 낱개로 판매한다.

항생제 주사약 제조에 쓰이는 윰(알루미늄)마개는 순천제약공장 포장재료직장에서 간부들과 노동자들이 유출하지만 유출량은 수요에 비해 적다. 이 때문에 윰마개는 개인이 제조하는 물량이 압도적으로 많다. 윰마개 제작은 전국의 초등 및 고급중학교 교육기관과 밀접하게 연계돼 있다. 학교에 배치된 청소년의 사상 및 조직생활을 담당하는 청년동맹 조직 책임교사와 소년단 조직 책임교사는 상급의 지시에 따라 학생들에게 '꼬마계획' 명목으로 파늄(알루미늄 조각)을 수집하게 한다. 이렇게 수집한 파늄은 상부 조직에 바쳐야 하지만, 교사는 개인 상인에게 시장가격으로 넘기고 이는 다시 압연을 전문하는 상인에게 판매된다. 알루미늄 압연은 관련 설비를 보유한 국영공장의 설비를 임대해 작업한다. 얇게 압연된 알루미늄 판은 다시 약병 음마개를 전문 제작하는 개인에게 판매된다.

개인이 제작하는 음마개는 일반적으로 '8.3마개'라고 지칭하며, 이는 자택에 설치된 프레스 방식의 제작 설비를 이용해 생산한다. 음마개는 수요자의 주문에 따라 다양한 형태로 제작할 수 있다. 수입 의약품을 모조하는 경우 약병 마개의 형태를 정밀하게 모방해 제작한다.

약품 병에 붙이는 종이 상표는 평양에 위치한 인쇄공장을 비롯한 군부대 및 국영공장이 시장과 적극 공조한 대표적 사례다. 의약품 포장에 사용되는 종이 상표는 공업용 인쇄 설비가 구축돼 있는 평양종합인쇄공장, 평안남도 도일보사, 순천에 위치한 조선인민군 종합인쇄소 분공장 등에서 제작된다.

"무력부 종합인쇄소가 평양에 있고 여기(순천)는 분공장이지. 대동강 구역 문수동에 본사가 있어요. 우리 분공장에도 인쇄는 다 완전 전공한 사람이란 말이에요. 급수가 제일 높은 인쇄공이 1급부터 급수가 7급, 7급이 젤 높아요. 활판기계는 글자 찍는 거고 평판기계는 색깔 나는 그림 찍는 건데 출판사도 돈을 벌어야 하니까, 활판기계로는 장사꾼들이 주문하는 약

상표 찍어 주고, 평판기계로는 달력을 찍어 시장에 넘겼어요." 면접자 5.

"도일보사에서 일해도 신의주신발 한번 신기 힘들었어요. 거긴 배급은 주는데 고 모양에서 고 모양이지. 고난의 행군 때 장사꾼들은 벌써 색 텔레비 사고, 고기 사 먹고 얼마나 잘살았어요. 그래서 우리도 순천 사람들하고 몰래 페니 상표 주문받아다 퉁구리로 찍어주기 시작하면서 돈 벌었어요." 면접자 20.

종이 상표 가격은 인쇄공장에서 종이, 잉크 등 원가비용을 빼고 설비, 전기, 인건비를 계산해 개인에게 제시한다. 상표자재를 개인 상인이 투자할 경우 인쇄 설비 임대비용만 지불한다. 평양종합인쇄공장에서 제작해 순천으로 유통되는 상표를 '평양상표', 평안남도 도일보사에서 제작해 순천으로 유통되는 상표는 '평성상표'라고 부른다. 순천에 주둔한 군부 출판사에서 찍어낸 상표는 '군부대 상표'로 유통된다. 개인이 찍은 상표는 '8.3상표', 혹은 '인가공상표'로 분류된다. 각 상표 중에서 평양종합인쇄공장에서 찍은 상표가 '정품 상표'로 가격이 가장 비쌌다고 한다.

의약품 상표에는 등사상표도 있다. 등사상표란 등사기형 고무판기구로 약품 병에 직접 약품명과 약 효능 설명서를 찍어 내는 것을 말한다. 등사기 모양의 고무판에 새겨 넣는 상표활자는 약품설명서에 표준화된 작은 글체와 규격을 그대로 모방해야 하므로 정밀한 도장기술이 요구된다. 순천경노동사업소, 국영편의 도장기술자에 주문하면 가격을 합의한 후 등사상표 활판을 새겨 준다. 등사상표를 찍으려면 유성잉크가 필수다. 약병에 찍은 약품명과 설명서는 유성잉크로 찍어야 지워지지 않기 때문이다. 약품 종류에 따라 검은색, 빨간색 등으로 찍어야 하는데 북한에서는 인쇄용 잉크가 철저히 통제된다.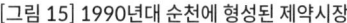 마이싱, 캄파, 포도당 등을 제조하는 암플(앰플) 주사약 제조자들이 등사상표를 사용하는데, 잉크 재료 구입이 쉽지 않다. 따라서 공장 당 위원회 선전부 주필에게 뇌물을 주고 공장주보 인쇄용 잉크를 구입하는 것이 보편적이다. 의약품 포장

[그림 15] 1990년대 순천에 형성된 제약시장

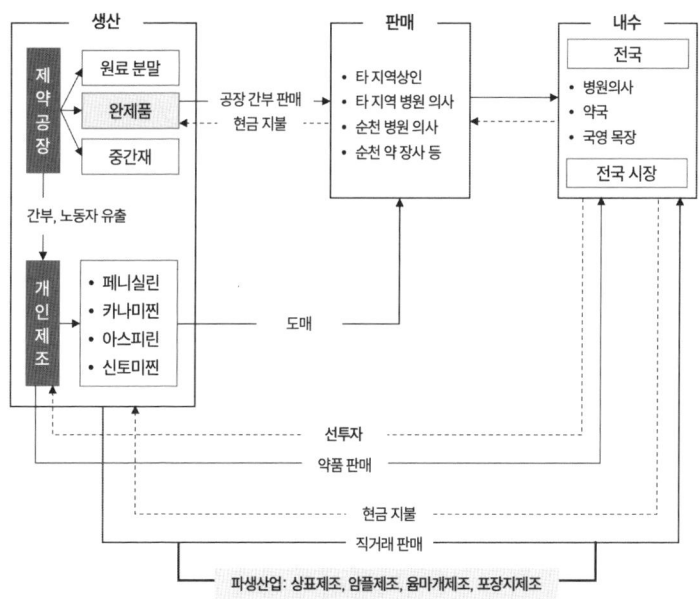

* 북한에서 프린터, 인쇄기를 사용하는 기업소 기관, 주필 등은 보위부의 감시 표적이다. 반체제 선전물이나 삐라 사건이 드물게 나타나기 때문이다. 프린터, 인쇄기에 사용되는 잉크는 공급량과 인쇄량을 비교해 유출이 통제되고 있다. 면접자 1.

지는 《노동신문》에 사용되는 종이를 전문 생산하는 안주 121호종이공장, 순천청년종이공장에서 유출돼 종합시장 잡화매대에서 판매한다.

2000년대

중국 의약품의 비공식 수입

1990년대 전국의 시장을 독점했던 순천은 2000년대 들어 중국이라는 거대 공급처와 맞물리면서 시장 경쟁이 불가피해졌다. 같은 시기 중국이라는 거대 수요처와 맞물리며 발달한 석탄산업과는 비교되는 모습이었다.

도 무역국의 약초 수출과 의약품 수입

2000년대에도 순천제약공장은 여전히 정상 가동을 회복하지 못했다. 이로 인해 전국 병원에 공급돼야 할 의약품은 여전히 부족했다. 이에 북한 당국은 기존부터 강조해 온 고려약(한약) 생산을 적극 강조했다. 산이 많은 나라인 만큼 국내 약초를 적극 활용해 고려약을 생산하면 국내원료로 제약공업에서 혁신을 창조할 수 있다는 논리였다. 당시 북한은 전국에서 수요하는 의약품의 70%를 고려약으로 충당하도록 했다. 고려의학(한의학)과 신의학(서양의학)을 배합하면 무상치료제를 회복하는 것이 가능하다고 판

단한 것이다.[64]

 이에 따라 2001년 전국의 의료기관에 약초를 의료봉사사업에 적극 이용하라는 중앙의 지시가 하달됐다. 각 구역의 약초관리소는 약초를 집중적으로 재배하고 거두어들이는 월간을 정하고 기관, 기업소, 인민반 세대별로 약초생산계획을 부과해 고려약품 생산기지에 약초를 보내주도록 했다. 10대 학생들도 약초 캐기에 동원될 정도였다.[65] 고려약품 생산기지는 약초관리소에서 공급하는 약초와 약나무열매로 감기약과 설사약 등 환자치료에 필요한 고려약을 만들어 공급하는 국영기관이다. 각 도, 시, 군 지역에는 국내 약초를 이용해 고려약을 생산하는 기지가 들어섰다.

 국산 약초는 대중 동원 방식으로 확보할 수 있었으나, 고려약을 생산하려면 설비를 구축해야 했다. 북한 당국은 자력갱생해 고려약을 생산하라고 요구했고, 방법이 없던 고려약품 생산기지는 고려약을 생산해야 할 약초를 중국으로 수출해 자금 마련에 나섰다. 북한의 약초는 자연산이라는 특징으로 인해 중국을 비롯한 해외 등지에서 인기가 높아 수요도 많았다. 도 무역국은 이러한 수요를 기반으로 약초를 수출해 고려약품 생산기지의 운영자금을 마련하겠다는 제안서를 약초관리총국과 무역성에 제출했다. 제안서가 통과되면 보건성 산하 약초관리총국은 국가계획위원회에 약초수출계획을 신청하고, 무역성은 약초수출 관련 무역 와크를 신청한다. 각 서류가 승인되면 약초수출계획과 동시에 무역 와크가 도 무역국에 떨어진다.

"부채마랑 약초를 수출하는 첫 공정이 약초관리소에서 시작하지, 보건성 산하에 한약 취급하는 약초관리총국이 있는데 각 도에 약초관리국, 시, 군에는 약초관리소가 있어요. 여기서 우에 올려 보내⋯ 우리 좀 돈벌이하겠수다 하면 안 되고, 약초를 수출해서 나라에서 필요한 약품원료와 설비를 수입하겠다던지 자력갱생 간고분투로 당의 보건의약정책을 관철하겠으니 뭐가 필요하다, 지금 국제 시장가격으로 약초가 얼마인데 이걸 수출하겠다 이런 식으로 제안서를 올려요. 그럼 너네 몇 톤 수출하라 떨어지지." 면접자 17.

이러한 방식으로 북한산 약초와 각종 열매들이 외화벌이 원천으로 부각되자 북한에는 약초 수출 열풍이 일었다. 약초 수출 계획을 허가받아야 외화 수입이 늘어나는 구조였지만, 순천은 산지가 적어 약초 확보에 한계가 있었다. 이에 따라 약초관리소는 원천동원지도원을 전국에 파견해 약초를 집중적으로 수집하게 했다. 원천동원지도원들은 산이 많은 지역을 돌면서 부채마, 세신 등 각종 약초를 현지 주민으로부터 구매한다. 원천동원지도원이 약초 1킬로그램 가격을 제시하면 해당 지역 주민들은 산에 올라가 약초를 채집하고, 대가로 설탕이나 현금을 받는다. 이렇게 수집한 약초는 차량으로 운반해 무역회사에 납품하며, 납품가격은 '한 다리 건너 갈수록 비싸다'고 한다.

약초관리소가 단독으로 약초를 수출하는 경우는 드물다. 약초 수출 와크는 무역회사가 보유하고 있기 때문이다. 따라서 약초관리소는 수집한 약초를 무역회사에 넘기고, 무역회사가 이를 세관을 통해 공식 수출하는 방식이 일반적이다. 무역회사는 수출 대금으로 받은 외화를 약초관리소에 그대로 전달하지 않는다. 중국 현지에서 의약품을 구매해 북한으로 반입해 시장에 판매한 후 약초 대금을 정산한다. 그러면 무역회사는 약초관리소에 약초 비용을 지급하고도 중간 유통 마진으로 상당한 이윤을 남긴다.

"약초관리소가 도 무역관리국에다 약초를 바치면 무역관리국이 즉시 돈 주는 게 아니고 중국에 약초를 수출해서 중국에서 돈을 받아서 주거든요. 중국에 약초 팔면 외화로 결제되니까 약초관리소에도 외화로 줘야 되거든. 그런데 그 돈을 한번 굴리지. 중국에서 받은 돈으로 중국약품을 들여와서 (북한) 시장에 넘겨도 외화를 받으니까. 그럼 약초관리소에 약초값을 외화로 주고도 무역회사가 자기 이윤을 몇 배 떨궈요." 면접자 9.

이렇게 수입된 중국 의약품은 신의주시장을 거쳐 평성시장에서 도매돼 순천을 비롯한 전국 시장으로 유통됐다.

"약초 세신뿌리요 달맞이꽃이요 부채마요 하여튼 별걸 다 들여갔지. 마지막에는 거마리까지 들여갔는데 강변에 거마리가 다 마를 정도였어요. 엄청 수출했지. 혜산으로 무산으로 약초 밀수 많이 했는데, 개인이 했지만 무역회사 끼거나 무역회사가 직접 하기도 했어요. 북한 약초들이 인기 있으니까 중국에서 1차로 사서 가공해서 팔면 숱한 이익 보니까." 면접자 29.

주목할 점은 약초 수출은 합법이지만 중국 의약품 수입은 불법이라는 점이다. 당시 북한 당국은 무상치료제를 유지하려 했기 때문에 특정 의약품을 제외하고는 대중의약품 수입을 허용하지 않았다. 의약품 수입을 허용하는 자체가 사회주의체제를 상징하는 무상치료제를 포기하는 것이기 때문이다. 무역회사가 중국 의약품을 수입하기 위해 세관에 뇌물을 주기도 했지만, 기준과는 달리 북한 당국이 암묵적으로 눈을 감아 주는 경우가 많았다고 한다.

특권층 무역회사의 이중 수입 절차

앞서 살펴본 것처럼 중국 의약품의 비공식 수입에는 북한의 특권층이 운영하는 무역회사도 깊숙이 관여하고 있다. 이들 무역회사는 표면적으로는 합법적인 수입 절차를 따르는 듯 보이나 실질적으로는 약초 수출을 위장해 중국 의약품을 반입하는 이중적 구조를 취했다.* 면접자 17에 따르면, 평안남도 평성에서 중국 의약품을 가장 많이 수입한 무역회사는 인민보안성(현 사회안전성) 산하 서경무역회사였다. 서경무역회사는 초기에는 중앙당 재정경리부 산하였지만 무슨 이유에서인지 당 조직지도부 39호실 산하로 넘어갔다고 한다. 서경무역회사 평성지사장은 삼촌이 캐나다 시민

---

* 북한에서 국가적으로 해외 의약품과 의약품 원료를 임의로 수입할 권한은 중앙당 소속 보건1국이 유일하게 갖고 있다. 보건1국은 보건이라는 명칭만 붙었을 뿐 보건성이 아닌 중앙당의 지시를 받는다. 고위 간부들이 이용하는 남산진료소, 봉화진료소, 적십자병원이 보건1국에 소속돼 있다. 보건1국은 현재도 운영되고 있으며, 1960년대 평양에 주재한 독일대사관이 1980년대 다른 곳으로 이전하고, 그 자리에 보건1국 청사가 들어섰다고 한다. 면접자 9.

[그림 16] 무역회사를 통한 중국 의약품 유입 경로

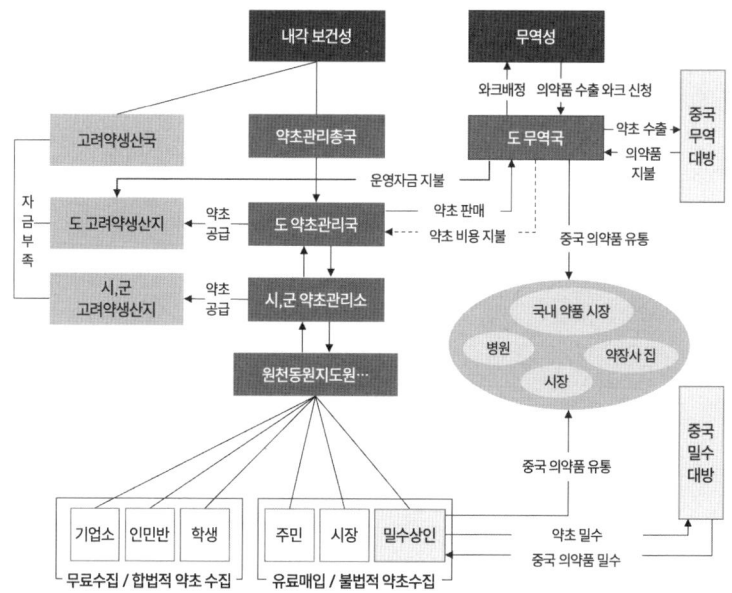

이어서 그를 통해 중국 의약품을 컨테이너로 세 차량을 지원받았다고 한다. 하지만 평안북도 신의주세관으로는 중국 의약품을 공식적으로 수입할 수 없다. 이를 해결하기 위해 서경무역회사 평성지사는 중국 의약품을 서경무역회사가 수입하는 절차가 아니라도 약초관리국에서 약초를 중국에 수출하고 벌어들인 외화로 중국에서 구매한 의약품을 들여오는 것처럼 꾸며 무역성에 수입제안서를 제출했다. 평안남도 무역관리국 명의로 약초 수출 와크를 받고 무역성 와크로 중국 의약품을 수입하는 절차를 형식적으로 거친 것이다.

이처럼 특권층 무역회사는 북한 당국이 특정 의약품과 원료 수입을 허용하면서 발생한 틈새를 중국 의약품을 수입하는 경로로 이용했다. 특권층 무역회사들이 대량 수입한 중국 의약품은 신의주와 평성의 개인 돈주들에게 통째로 넘겨진다. 개인 돈주들은 다시 신의주와 평성에서 국내외 의약품을 중개하는 상인에게 중국 의약품을 넘긴다. 거간꾼으로 통칭되는 중개 상인들은 자택에서 전국 지역의 달리기상인들에게 넘기고, 달리기상인들은 다시 본인이 활동하는 지역의 종합시장이나 병원에 넘긴다.

중국 의약품의 공식 반입

중국 의약품이 북한으로 유입되는 과정에서는 중국 대방의 역할도 중요하다. 중국 대방이란 북한 무역회사와 연계된 중국 사업가, 그리고 북한을 오가며 활동하는 화교나 조선족 보따리상인들을 말한다. 이들은 식량 등 생활필수품을 북한에 공급하는 기존 유통 경로를 활용해 의약품을 공식적으로 반입했다.

일반적으로 의약품만 별도로 수입하는 사례는 드물다고 한다. 중국 대방들은 주로 신의주, 혜산, 회령, 나진 등 국경 지역을 중심으로 중국 의약품을 북한으로 반입한다. 특히 나진-선봉은 1998년 자유경제무역지대로 지정된 이후 중국 대방들이 자유롭게 드나들 수 있다. 중국 대방들이 나진-선봉을 통해 입국할 때 의약품을 함께 들여온다. 중국 단둥과 마주한 신의주를 통해서도 중국 의약품이 꾸준히 유입되고 있다.

"중국 사람들이 세관으로 여러가지 약품들을 들여왔는데, 약품만 들어온 적은 없어요. 맨 약품만 가져오면 장사가 안 되니까. 천이요, 옷이요, 잡화류요 들어올 때 약품 끼어서 들어오지. 약은 나진으로 막 들어왔어요. 거기는 식품회사, 의류가공회사 이런 중국하고 합영이 많으니까 중국 대방들이 식품, 천 가지고 들어올 때마다 정통편이랑 약품들 가져와 장마당에 넘겼어요." 면접자 33.

"중국 약은 나진하고 신의주에서 기본 들어오고 유엔 약은 평양 쪽에서 기본 나왔어요. 짐쏘기로 약품들이 왔다갔다 했는데, 나선이요 선봉이요 중국에서 온 거 청진에 도매되면 우리짝(길주군)에서는 청진수남장에서 짐쏘기로 넘겨받지." 면접자 36.

주목할 점은, 북한 세관은 자국 무역회사의 중국 의약품 수입은 통제했지만 중국 대방이 들여오는 의약품은 통제하지 않았다는 것이다. 북한 당국이 중국대방의 의약품 유입을 통제하지 않은 것은 국내에서 의약품 수요가 절실했기 때문에 예외적으로 허용한 것으로 풀이된다.

중국 국적자로 북한에 거주한 화교들도 중국 의약품을 대량 유입했다. 상대적으로 화교는 북한 주민보다 장사를 시작한 시기가 빠르며 그 기간 또한 길다. 북한에 거주하는 화교 100명 중 90명 이상은 중국을 오가며 장사를 하고 있다. 이러한 배경에는 1984년 중국국무원이 접경지역의 경제를 활성화하기 위해 공식적으로 〈변경소액무역잠행관리판법(邊境少額貿易潛行冠履判法)〉을 발표해 북한에 거주하는 중국 연고자의 중국 친척 방문을 공식적으로 허용했기 때문이다.[66] 북한 화교들은 친척 방문 명목으로 중국으로 나왔다가 귀국할 때 중국산 가전제품과 생필품을 북한에 들여와 팔고, 북한산 수산물 등을 중국으로 판매해 장사 수익을 올렸다. 중국 의약품도 북한으로 들여와 판매했는데, 그 수익이 상당했다고 한다. 함북 회령에 거주한 화교들은 1년에 두세 차례 중국을 오가며 졸론, 우황청심환 등 중국 의약품을 북한으로 유입했다. 사업수완이 좋은 화교들은 중국에서 회령시장의 약장사꾼들에게 수요가 많은 특정 약품을 주문받아 북한으로 유입했다.

"화교들이 천, 식품 이런 거 많이 가져와서 회령시장에 넘겼는데, 거기에 의약품도 가지고 들어왔어요. 그걸 회령장사꾼이 넘겨받는데, 회령은 약품을 많이 소화 못 하니까 도매지로 간단 말이에요. 청진에 기본 가지. 내가 그거 했는데 함흥에도 통짝으로 넘겼어요. 여름에는 노르끼레한 설사약이랑 받아서 대박치고 겨울에는 판박이 돼 있는 정통편을 받아서 대박쳤지." 면접자 27.

조선족도 1980년대 중반부터 북한 친척 방문이 허용되면서 북한을 드나들며 장사를 했다. 조선족은 1일 도강증으로 교각을 넘나들 수 있어 화교에 비해 북한을 넘나드는 횟수도 많았고 장사 활동량도 높았다. 이들은 보따리장사가 아니라 차판으로 물품을 날

랐는데, 이때 의약품도 함께 들어왔다. 조선족이 반입하는 물품은 북한세관에서 검사하지만, 의약품은 검사하거나 통제하지 않았다고 한다. 그러나 조선족들이 북한에서 직접 중국 의약품을 판매하는 행위는 통제됐다.

> "조선족들이 친척 방문으로 다니면서 정통편이랑 그렇게 많이 들어왔어요. 온성장마당에서는 그렇게 못 팔게 통제하지만 조선족이 세관으로 가지고 들어오는 건 통제 안 했거든요. 아예 북한 친척들이 중국 친척한데 편지로 알려줘요. 지금 무슨 약이 필요하다, 그러면 그게 나와서 엄청나게 이윤 남겼어요. 부르면 부르는대로 나갔어요. 들여오기만 하면 돈이 됐거든요. 간염약, 심장, 고혈압약들은 간부들이 따로 중국 친척 있는 사람에게 부탁해요." 면접자 31.

시장 수요에 대응한 제약공장과 개인의 상품 개발

순천제약공장에서 '더벌이상품'으로 시장에 내놓은 상품 중에는 '페니잔사'와 '테라미찐 잔사'가 있다. 원래 페니잔사와 테라미찐잔사는 공장 후문 폐수장에 버려지던 걸쭉한 액체 형태의 부산물이었다. 이 부산물은 개인 축산이 대중화되면서 주목을 받아 축산시장에 판매 가능한 상품으로 전환됐다. 페니실린과 테라미찐 생산 원료에는 알곡과 설탕, 식용유 등이 대량 투입되므로 생산과정에 버려지는 잔사는 찌꺼기라고 해도 술 모주처럼 곡물 성분과 기름 성분 등이 섞여 있다. 돼지축산이 대중화되면서 테라미찐 잔사는 돼지의 질병을 예방하는 '돼지 테라미찐'으로 수요가 많았지만, 부림소의 질병을 예방하는 약으로도 수요가 높았다고 한다.

북한의 각 지역 농장에는 작업반 단위로 영농수단인 부림소가 20마리 정도 있다. 부림소는 국가 은행기관, 통계기관, 농업지도기관의 고정자산으로 등록돼 있다. 각 농장에서는 월 1차 이상 부림소의 개체별 마리수와 상태를 점검하고, 그 결과를 해당 농업지도기관에 통보해야 한다. 농업지도기관은 연간 1차 이상 부림소에 대한 검열을 진행하는데, 실제 부림소가 등록대장에 입력된 수보다 적을 경우, 그 원인을 따진다. 나이가 많아 죽었으면 책임이 따르지 않지만, 병사하거나 관리 문제로 죽었으면 농장마다 배치된 축산지도원과 수의사에게 책임을 묻기 때문에 축산지도원과 수의사는 농장이 보유한 돼지보다도 부림소의 질병을 예방하는 데 모든 힘을 다한다. 당시 북한에는 사람에게 필요한 의약품은 중국에서 대량 유입됐으나 가축 치료제는 유입되지 않았다고 한다. 이러한 이유로 가축의 질병을 예방하기 위해 순천제약공장에서 개발한 페니잔사와 테라미찐 잔사가 가축 치료제로 판매됐다.

순천에서 타 지역으로 유통되는 테라미찐 잔사는 건조된 상태로 수십, 수백 킬로그램 단위로 유통됐으나, 각 지역시장에서 소매되는 단위는 50-100그램 단위였다. 장마철이면 급성설사증이 사람에게도 전염병으로 퍼지기 때문에 일부 지역에서는 사람도 돼지 테라미찐을 지사제로 복용했다고 한다.

"테라미찐은 순천밖에 나오지 않으니까 다 순천에서 테갔어요. 사람 먹는 약은 중국제가 많았는데 부림소나 돼지 설사약은 중국약이 없거든요. 이때다 하고 제약공장에서 돼지 데라미찐을 마대로 팔았는데 그건 통제품이 아니에요. 원래 공장에서 버리던 건데 돼지 테라미찐으로 해서 장마당에 파는 거예요. 그게 돈이 된 거죠. 공장에서 나오는 족족 다 팔아먹었어요." 면접자 2.

당시 북한 시장에서는 '유엔 의약품'이 의약품 중에서도 정품이라는 인식이 자리 잡고 있었다. 유엔 의약품이란 1990년대 중반 이후부터 국제사회의 인도적 지원을 통해 북한에 제공된 각종 의약품을 일컫는다. 이를 복용하거나 주사로 투여받은 환자들 사이에서 효과가 탁월하다는 평가가 일반화되면서 유엔 의약품은 의약품 중 가장 높은 가격에 거래됐다. 이에 따라 순천에는 유엔 의약품을 그대로 모방해 제조하는 개인이 등장했다. 유엔 의약품을 매입한 후 이를 원료로 재가공하는 방식이었다.

국제사회로부터 인도적 지원으로 수급된 의약품은 박스 단위로 포장돼 남포항을 통해 반입된 후, 평양 서포역 인근에 자리한 내각 보건성 자재상사 창고로 이송 및 보관된다. 내각 보건성 자재상사에서 각 도 보건국을 통해 공급량을 할당하는 방식으로 분배하는데, 이 과정에서 자재상사 창고 실무 담당 간부들이 유엔 의약품을 유출한다. 예를 들어 내각 보건성이 각 도 보건국에 해당 창고에서 의약품을 수령하라는 지시를 하달하면 각 도 보건국의 실무담당자들은 서포 자재상사에서 의약품을 가져가기 위해 속속

도착한다. 당시 평안남도 보건국 실무자로서 서포 자재상사에 도착했던 면접자 9의 진술에 따르면, 보건성으로부터 배분받은 유엔 의약품은 총 50박스였다. 그런데 이때 보건성 간부들은 약품의 품종은 확인하지 않고 단순히 박스 수량만 확인해 배분했다. 각 박스 안에 어떤 약품, 예컨대 타이레놀, 페니실린, 혹은 혈압계 등이 들어 있는지는 보건성 자재상사 간부만이 알고 있었다. 따라서 좋은 약품을 받으려면 보건성 자재상사 간부에게 뇌물을 제공해야 한다. 그렇지 않을 경우 시장에서 수요는 있지만 가격이 싼 거즈천 등이 담긴 박스만 배분받게 된다. 따라서 이 면접자는 뇌물을 주고 타이레놀 같은 시장에서 가격이 비싼 의약품을 받았고, 이렇게 받은 의약품은 곧바로 약 장사꾼에게 넘겼다는 것이다.

또 다른 사례로 면접자 22는 평양에서 일하며 내각 보건성 자재상사를 통해 유엔 의약품을 공급받을 수 있는 인맥을 보유하고 있었다. 그는 속도전돌격대 5여단 군의소장과 친구 사이였다. 군의소장은 유엔 의약품을 공급받아야 할 대상임에도 불구하고, 적절한 연줄이나 수완이 부족해 유엔 의약품을 공급받지 못하고 있었다. 이에 면접자는 군의소장에게 "내가 유엔 의약품 열 박스를 받아 오면, 그중 다섯 박스는 내가 받는다는 조건"을 제안했고, 군의소장이 이를 수락하자 속도전지도총국의 명의로 내각 보건성 자재상사에서 광폭항생제 열 박스를 확보했다. 이렇게 받은 항생제 중 약속한 다섯 박스만 군의소장에게 제공하고, 나머지 다섯 박스는 시장에 넘겼다. 당시 평양시장에서는 광폭항생제의 수요가 높아 '약 데꼬'에게 주면 그 자리에서 돈을 받을 수 있었다. 평양의

약 데꼬는 다시 이를 '곱치기' 방식으로 지방의 '약 데꼬'에게 넘겼다. 북한 당국은 국내에서 생산한 의약품은 전시용으로 4호 창고에 반드시 저축하고 철저히 관리했으나 유엔 의약품은 4호 창고에 비축하지 못하도록 조치했다. 국제사회가 유엔 의약품 공급실태에 대한 현지 사찰을 진행했기 때문이다.[67] 이러한 구조는 유엔에서 지원한 의약품이 비공식 시장으로 더 많이 유통되는 데 유리하게 작용했다.

이렇게 유출된 유엔 의약품을 원료로 순천에서는 타이레놀, 결핵 치료제 등을 제조해 국내 시장에 유엔 의약품으로 유통했다. 의약품 공급은 여전히 부족했기 때문에 유엔 의약품을 모조하는 시장이 상업적 기회로 작동했음을 보여주고 있다.

중국 의약품 증가로 약화된 순천 제약시장

2000년대 북한에 유통되는 의약품의 원산지를 보면 중국 의약품이 50.2%, 유엔 의약품이 29.2%,[68] 북한 의약품이 20.6%로 중국 의약품이 압도적으로 많았다. 중국 의약품은 순천 의약품이 공급되는 경로와 똑같이 국영병원, 종합시장, 개인 약장사의 살림집 등으로 유통됐다. 이는 순천 의약품과 중국 의약품 간 시장 경쟁을 유발했다.* 하지만 순천 의약품은 중국 의약품에 양적으로 밀렸다.

---

* 국제사회가 지원한 의약품, 즉 유엔 의약품들은 시장 수요로 공급되기보다는 대북의료 지원 차원에서 들어왔으며 감염성질환의 예방, 기초의료관리 지원, 아동과 모성의 영양

1990년대는 순천 의약품이 전국의 의약품시장을 독점했다면, 2000년대는 중국 의약품이 전국의 의약품시장을 장악한 것이다.

"장마당 가면 고양이 뿔 내놓고 필요한 약품이 다 있어요. 중국 약은 없는게 없어요. 그중에서 중국 아스피린 정통편이 젤 많아요. 가격이 싸니까 집집마다 정통편 없는 집이 없어요. 미리 사놓거든, 정통편 판대기를 책처럼 접어놓고 펼쳤다 접었다 하면서 먹었지, 머리 아프면 정통편 판대기 펼쳐서 한 알 뜯어 먹고, 허리가 아프고 열이 날까 하면 한두 알 먹으면 즉시 나아요." 면접자 26.

순천 의약품과 중국 의약품은 효능, 즉 품질 측면에서도 경쟁했다. 순천에서 의약품을 제조하는 일부 개인은 원료 구입이 어려워지자 가짜 약을 만들어 판매하기도 했는데, 이에 순천에서 생산되는 페니실린 항생제가 중국산 암피실린보다 효능이 높았음에도 불구하고 8.3약(짝퉁)이라는 부정적 인식이 늘어나 수요가 크게 위축됐다. 전국 도매시장으로 각광을 받았던 순천 제약시장의 경쟁력 약화는 불가피했다.

결핍을 해결하기 위한 기초영양제가 지원 의약품 중 높은 우선순위를 차지하고 있었다. 유엔인구활동기금(UNFPA), 유엔아동기금(UNICEF), 세계보건기구(WHO), 범세계기금(Global Fund), 국제적십자연맹(IFRC) 등의 비정부기구가 지원했다. 2000년부터 2011년까지 북한에 보건의료를 지원한 94개 공여주체를 분석한 결과 총 지원금액을 기준으로 1000만 달러를 상회하는 국가나 기관은 한국, 유럽위원회, 스웨덴, 노르웨이, 이탈리아, 호주 등이다. 한국은 약 7900만 달러로 가장 많은 양을 지원했다. 박상민 외, 《북한 보건의료 백서》(서울: 한국국제보건의료재단, 2013), 58-68쪽.

[그림 17] 2000년대 순천의 제약산업 네트워크

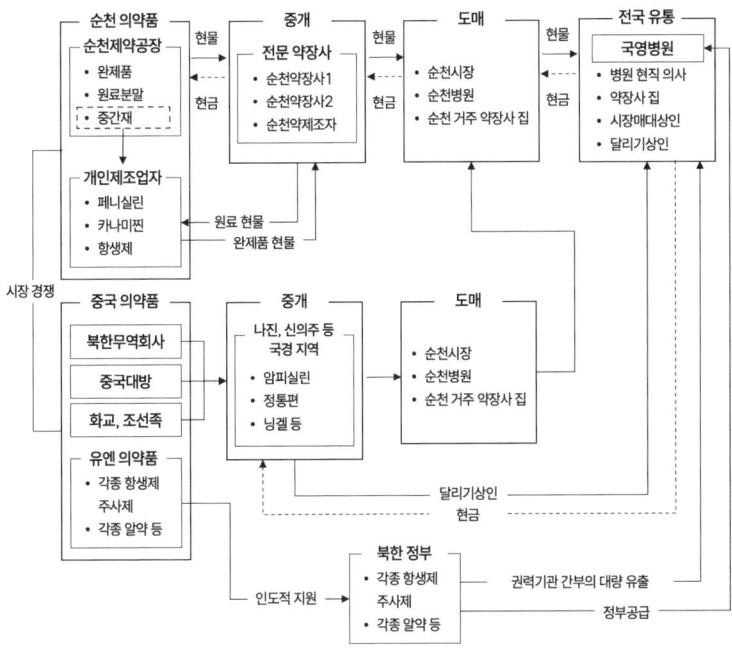

2010년대

빙두 생산지로 부각된 순천

2010년대 들어 경쟁력을 잃었던 제약산업은 석탄산업의 일부 자본이 투자되며 활력을 되찾았다. 석탄을 수출하거나 석탄 생산으로 외화를 축적한 무역회사, 외화벌이기지 등이 신상품 개발에 나섰는데, 이들은 마약의 한 종류인 필로폰을 제조하기 시작했다. 북한에서는 필로폰을 '빙두(氷頭)' 혹은 '얼음'이라고 부른다.

북한에서 필로폰 제조의 역사는 꽤 오랜 편이다. 1970년 중반부터 1990년 중반까지는 국가기관의 공식적인 외교활동과 무역활동에서 제조와 유통이 이루어졌다. 1990년대 중반부터 2005년까지는 국가기관에서 제조하고 무역회사, 혹은 개인 밀수로 유통했고, 2005년 이후부터 2010년대 들어서는 국가기관뿐 아니라 개인들도 제조와 유통 및 밀수에 참여하면서 하나의 산업으로 확산된다.[69] 그리고 순천에도 필로폰 제조업이 등장한다.

순천의 석탄산업에서 외화를 축적한 주체들이 필로폰 제조에 자본을 투자한 이면에는 2010년대 북한이 직면한 대내외 정치·경제적 위기가 변수로 작용했다. 정치적 위기는 2009년 11월 북한이 전격 조치한 화폐교환부터 시작된다. 2008년 김정일의 와병설 이후 북한은 개인이 저축한 화폐를 국가은행으로 흡수하고 계획경제를 강화해 후계자의 업적으로 선전하고자 했다. 하지만 화폐교환으로 민심이 악화되자 북한은 박남기 중앙당 계획재정부장을 처형하는 것으로 민심 달래기에 나서게 된다. 그리고 화폐교환의 후유증으로 혼란이 지속되는 가운데 김정은 정부가 출범했다. 2013년 12월 김정은 정부는 체제기반을 재정비하는 과정에 장성택을 "국가기구체계를 무시하고 내각 소속 검열감독 기관들을 제놈 밑에 소속시켰다"[70]며 반당반혁명분자로 처형한 데 이어 최고위 간부들도 숙청하는 공포정치를 실행했다. 이는 권력기관의 충성 경쟁을 유발했고 더 많은 외화를 최고지도부에 충성자금으로 바치려는 노력으로 이어졌다.

권력기관의 충성 경쟁은 대북제재로 북한이 처했던 경제적 위기를 타개하려는 김정은의 의도와도 부합됐다. 2010년 미국 행정부는 2005년 6월 29일 공표한 행정명령 13382호를 보완해 대북제재를 강화하는 행정명령 13551호를 고시했다. 동 행정명령은 북한의 자금 세탁, 상품 및 화폐 위조와 관련된 북한의 특정 단체와 개인들도 제재대상으로 지정했다.[71] 2016년 유엔 안전보장이사회는 또 다시 북한의 5차 핵실험에 대응해 석탄 수출액 규모에 상한선을 두는 대북 제재 결의 2321호를 채택하고 대북제재 수위를 높여 북한을 압박했다.[72] 이에 김정은 정부는 '우리식경제관리방법'이라는 경제정책을 발표하고 기업의 자율성뿐 아니라 농업 부문에도 포전담당책임제를 적용하는 등 시장 규제를 대폭 완화한다. 그리고 무역회사와 외화벌이기지에도 시장을 활용한 자력갱생 방식으로 현금계획을 수행할 수 있도록 유리한 환경을 제공했다.

이에 군, 당, 정 국가기관과 무역회사들은 단기간 가장 높은 수익을 올릴 수 있는 '수출 상품'이 무엇인지를 고민하게 됐고, 이때 필로폰에 주목하게 된다. "제2경제위원회가 직접 중국에서 마약제조 원료인 페닐아세톤을 수입"[*]해 외화벌이기지들에 공급할 정도였다. 필로폰은 북중 국경을 통해 동남아시아 등지로도 밀수출된

---

[*] 거액의 외화를 벌어들이던 마약 수출은 석탄 수출을 장악했던 장성택이 주도했던 사업 중 하나이다. 2012년 장성택 처형 후 마약 수출은 외화벌이 이권사업으로 정찰총국, 작전총국(구 작전부), 보위국(구보위사령부), 국가보위성 등 군 및 방첩기관 계열 중심으로 확장됐다. 이관형, "북한 마약 문제 연구: 국가주도형 초국가적 조직범죄 특성을 중심으로," 고려대학교 대학원 박사학위논문(2021), 291쪽.

다.* 이러한 수요는 중국과 오랜 기간 무역을 해온 북한의 특권층에게 필로폰 제조에 손을 대도록 유인했다.

하지만 "필로폰은 매우 강력한 중추신경 흥분제로서 각성작용을 일으키는 합성 화합물질"[73]로 제조기술이 필요하다. 초기 필로폰 제조는 함경남도 함흥에서 시작됐지만 2010년대 들어서 순천으로 점차 이동했다. 제조처를 이동한 결정적 요인은 필로폰의 원료로 사용되는 페초(페닐아세톤) 수입이 어려워지면서 순천제약공장 아스피린직장에서 생산하는 염산에페트린이 대용 원료로 사용됐기 때문이다. 또한 순천에는 전통적으로 화학공업기반이 자리하고 있어 필로폰을 제조할 인적자원도 구축돼 있다. 항생연구소 연구원, 제약공장 실험실 기술자, 항생소직장 기술자 등이 필로폰을 제조하는 기술자들이다.

원료와 인력이 있다고 해도 필로폰을 바로 제조할 수 있는 것은 아니다. 초기에 자금이 많이 필요해 이를 마련하기 어렵기 때문이다. 그러나 순천에는 장기간 석탄 수출 시장에 상당한 규모의 자금을 축적한 개인이 많았다. 자금력과 원자재 조달의 용이성으로 인해 함흥에서 필로폰을 제조하던 함흥약학대학 교수들까지도 순천으로 이동하는 양상을 보였다. 물론 자금력과 기술 인력의 측면에서는 국가과학원이 위치한 평양과 평성이 상대적으로 우위를 점한다. 행정구역상 평양 은정지구에 위치한 국가과학원은 지리적으로는 평성에 인접해 있다. 그러나 평양과 평성은 중앙 권력기관,

---

* 북한은 삼합회와 같은 국제범죄조직과 연계해 동남아시아 등지의 지역에 마약류 유통 거점을 만들어 활용하고 있다. 이관형, "북한 마약 문제 연구," 272쪽.

지방 권력기관, 특권층 무역회사들이 집중된 지역이기 때문에 필로폰 제조와 같은 암시장이 확산하는 데 일정한 제약이 있다. 이러한 이유로 이들 지역은 필로폰을 제조하기보다는 이미 제조된 필로폰을 해외로 밀수출하는 연결 거점으로 기능하고 있다. 반면 순천은 원료와 기술 측면에서 필로폰 제조에 유리할 뿐 아니라, 평성과 평양과 인접해 있다는 지리적 이점으로 필로폰 제조의 중심지로 떠올랐다.

"사람들이 이제는 누구도 손대지 않은 장사이면서 단기간 '벼락 돈'을 쥘 수 있는 '테마'가 무엇인지 생각한다. 계속 고민하지 않으면 돈주가 하루아침에 망하는 건 일도 아니다. 1990년대 돈주들이 2000년대 들어 망하고 2000년대 돈주들은 2010년대 들어 망하는 게 그런 원리이다. 사실 돈주는 주기적으로 교체된다. 새로운 돈주들이 계속 등장했다. 망한 사람은 단발마적으로 일어서야 하고, 새로운 돈주들은 더 큰 야심을 가지고 새로운 돈벌이를 찾아야 한다. 여기에 안성맞춤인 것이 바로 '빙두 장사'였다. 이런 장사는 투자규모가 큰 만큼 이윤도 투자액의 세 배였다. 위험했지만 큰돈을 만질 수 있는 장사다. 돈은 어두운 데서 나온다. 순천으로 드나드는 평양의 무역회사 간부들이 중국에 석탄을 수출하면서 중국에서 빙두 수요가 많다는 것을 알게 되면서 관심을 돌렸다. 순천에는 빙두 생산기지가 늘어나기 시작했다." 면접자 2.

빙두 제조와 해외 시장 밀수출

　북한 내에서 필로폰 제조는 외화벌이 산업으로 각광받고 있으나 권력기관의 개입 없이는 제조 및 유통이 사실상 불가능해 개인이 접근하기는 어렵다. 북한 당국은 마약 관련 범죄에 대응하기 위해 〈마약범죄방지법〉˚을 제정하고 관련 통제를 강화하고 있다. 하지만 국가보위성과 군부기관 등 핵심 권력기관들이 필로폰 제조에 직간접적으로 참여하면서 국가보위성과 군부 명의로 개인이 직접 필로폰을 제조하는 사례가 상당히 많은 것으로 알려져 있다.

　필로폰의 핵심 원료는 페초로 불리는 납작한 형태의 흰색 결정체로 대부분 중국으로부터 밀수입된다. 페초는 종종 밀가루 포대에 위장 포장돼 단둥세관을 거쳐 신의주세관을 통해 북한으로 반입된다. 국경경비대를 통해 밀수입되기도 한다. 페초는 북한의 사법 당국조차 식별이 어려워 밀반입 과정에서 적발될 가능성은 비교적 낮은 것으로 알려져 있다. 그러나 순천에서는 예외다. 순천 사법기관 마약 단속 성원들은 오랜 기간 마약 관련 단속 경험이 있어 필로폰 제조에 필요한 원료는 물론 부자재 등을 파악하고 있어

---

* 북한은 2021년 7월 1일 최고인민회의 상임위원회 제14기 제15차 전원회의에서 〈마약범죄방지법〉을 발표했다. 〈마약범죄방지법〉에는 나라의 기간공업 부문에 투자를 집중해 생산토대를 보다 튼튼히 구축하고 금속, 화학, 기계제품의 생산, 공급 및 판매, 조건보장사업에 대한 제도와 질서를 확립해 국가의 경제발전전략, 경제정책을 철저히 집행할 것을 강조한다. 이를 위해 국가사회제도의 안정과 인민의 생명건강을 해치는 위법행위들을 미연에 방지하기 위한 조항들과 법 이행에서 나서는 원칙적 문제들이 구체적으로 명시됐다고 보도했다. "조선민주주의인민공화국 최고인민회의 상임위원회 제14기 제15차전원회의 진행," 《노동신문》, 2021년 7월 2일.

엄격히 단속한다.

    페초의 밀수입이 중단되면서, 대체 원료로 염산에페드린이 필로폰 제조에 활용됐다. 염산에페드린은 아스피린의 주요 원료다. 전국적으로 아스피린 원료를 생산하는 공장은 순천제약공장이 유일하기 때문에 필로폰 제조의 원료 공급처로 부각되기 시작한다. 2012년 화학공업대학을 졸업하고 순천제약공장 아스피린직장 직장장으로 부임한 30대 남성 간부는 직장에서 가까운 '알쌈'[†]과 함께 염산에페드린으로 필로폰 원료를 제조해 필로폰 제조자들에게 판매했다고 한다. 그의 소득 수준이 급격히 상승하자 검찰소에서 그를 불러 조사하는 과정에 몇 년간 국가에서 아스피린직장에 원료로 공급하는 염산에페드린을 필로폰 원료로 제조·판매한 사실이 밝혀져 직위에서 즉시 해임됐다고 한다. 그럼에도 제약공장 내에서의 필로폰 관련 자재를 절취하거나 유출하는 사례는 지속해서 발생했다.

    필로폰을 제조하기 위해서는 가열로를 설치해야 한다. 가열로는 기초 화합물을 220-250도의 끓는점으로 끓이는 기능을 한다. 가열로 축조에 필요한 내화벽돌은 순천시멘트공장 내화물공장에서 구입하며 가열로 내벽 축조에는 시멘트공장 노공이 고용된다. 노공은 시멘트공장에서 소성로를 보수하거나 다시 축조할 때 기술 공정을 담당하는 기술자다. 고압가마 형태의 원통 모양 스테인

[†] 상추 안에 삼겹살과 고추장 등을 넣어 쌈을 싸 먹듯이 뜻이 통하는 가까운 사람끼리 똘똘 뭉쳐있음을 비유한 말이다. 남한에서의 '깐부'라는 말과 같은 의미다. 알쌈은 북한 당국으로부터 비사회주의 온상으로 주목받아 비판의 대상이 되기도 한다.

리스 용기는 순천탄광기계공장, 군수공장 등에 주문하면 크기별로 제작해 준다. 크기와 재질에 따라 가격이 다른데, 필로폰을 제조하는 설비는 특별히 제작비용이 비싸다.

삼각 플라스크 유리병을 비롯해 필로폰 제작에 필요한 각종 유리관은 순천유리공장, 제약공장 산하 유리직장에 주문하면 구입이 가능하다. 이외에도 필로폰 제조에는 특수자재로 제조된 증유기, 냉각기, 하구병(구멍이 뚫린 병), 200도 이상의 화학반응물을 측정하는 고온계, 분축기, 반응계 등이 필수로 사용된다. 특수자재와 실험기구들은 일반 국영공장에서 제조할 수 없으며 국가과학원 산하 실험기구공장에서 제작해 국가과학원 산하 상점에서 판매한다. 이 상점에서는 각종 실험기자재를 시장가격에 거래하며, 현금으로 결제할 경우 구매자의 신원을 별도로 확인하지 않아 필로폰 제조자들이 비교적 용이하게 접근할 수 있는 것으로 알려졌다.[74]

필로폰 제조는 가스 중독 및 폭발의 위험성이 높아 환기 조건이 양호한 입지 선정이 중요하게 작용한다. 환기가 불충분할 경우 유해 가스에 의한 중독이나 화재, 폭발 사고가 발생할 수 있다. 이에 따라 인구 밀집 지역의 아파트보다는 도시 외곽의 단층주택, 농장 창고 혹은 농가 등에서 제조한다. 특히 농촌 지역은 한적하고 사법기관의 단속이 상대적으로 느슨해 안전지대로 인식된다. 농가의 창고 및 텃밭 부지는 월 100달러 수준에서 농장 창고는 이보다 두 배 높은 200달러에 임대할 수 있다.

필로폰 제조 기간 동안은 24시간 내내 전기와 물이 안정적으로 공급돼야 한다. 이에 따라 전력 및 용수 인프라가 안정적으로 제공되는 지역이 제조 입지로 선호된다. 순천제약공장과 멀지 않은 연봉동 농장 마을과 순천비날론공장 인근 봉우동 농장 마을이 여기에 해당된다. 이 지역에는 제약공장 전력망과 비날론공장의 공업용수가 24시간 공급될 확률이 높다. 제조 규모가 클수록 산속에 자리한 폐갱 안에 기지를 차려 필로폰을 제조하기도 한다.

필로폰 제조는 고도의 기술이 필요하므로 기술자를 고용해 제조한다. 기술자는 고용주에게 제조 원료와 자재를 요청하고 준비가 완료되면 고용주의 출입을 금지시킨다. 제조 기술을 어깨너머로 훔칠 수 있기 때문이다. 필로폰은 반응, 결정, 냉각 등의 과정을 거쳐 얼음처럼 투명한 결정체로 완성된다. 필로폰은 '아이체'와 '디체'로 분류된다. 술로 말하면 '아이체'는 알코올이고 '디체'는 모주 잔반이다.

고용주는 필로폰 제조가 완료되면 기술자에게 노임을 지불한다. 초기 일당은 100달러였지만 기술자들이 현물로 노임을 요구하면서 필로폰 제조량의 20%를 대가로 준다. 1킬로그램의 필로폰을 제조하면 200그램의 필로폰을 현물로 받는다. 이렇게 돈을 모은 기술자들은 필로폰 제조자로 나서기도 한다. 순천제약공장에서 근무하는 한 기술자는 집에서 조금씩 필로폰을 제조했는데, 그 품질이 높아 평양의 무역기관 간부가 단골 고객이었다고 한다. 그는 공장에서 당성이 높아 신임을 받는 기술자인 동시에 마약시장에서도 인정받는 기술자였다. 순천의 사법기관에서도 그에게 마약 제조기술을 요청했다고 한다. 순천시 보위부 산하 외화벌이기지,

순천시 안전부 간부들도 필로폰 생산기지를 비밀리에 차려놓고 중국을 비롯한 해외로 밀수출했기 때문이다. 기술자는 하루 1시간씩 필로폰 제조현장에서 기술을 지도해 주고 필로폰 현물을 기술비용으로 받는다.

이렇게 제조된 필로폰은 주로 북중 국경을 통해 중국으로 밀수출된다. 이 과정에는 국가 권력기관부터 민간 밀수업자에 이르기까지 다양한 행위자들이 관여하는 것으로 알려져 있다. 특히 평양의 권력층 및 무역회사를 거쳐 국경 지역으로 유통되는 경우가 많다고 한다. 순천에서 제조된 필로폰이 국경 지역으로 반출될 경우, 운송 과정에서 상당한 이윤이 발생한다. 2010년대 초반을 기준으로 순천에서 제조된 필로폰 100그램의 가격은 약 800-1,000달러, 이를 양강도, 함경북도 국경 지역으로 운반해 넘겨줄 경우 1,500-2,000달러에 거래돼 두 배에 가까운 차익이 발생한다.

북한에서 필로폰 소비는 점차 특정 계층을 넘어 간부, 일반 주민, 대학생, 심지어 중학생으로 확산되는 경향을 보인다. 특히 밤새 운전하는 운전사들이 각성제 용도로 필로폰을 1그램씩 가지고 다니는 경우도 있다. 과거에는 노인들이 뇌출혈이나 뇌졸중에 대비한 비상약으로 사향을 보유하고 있었지만, 지금은 필로폰이 그 역할을 한다는 증언도 있다. 또 두통, 지사제 등으로도 사용된다. 보건의료시스템이 마비된 상황에서 필로폰은 북한 주민들에게 마약이 아니라 만능치료제로 오용되는 부작용이 따르는 것으로 보인다.

종합비타민 제조와 국내 시장 유통

　북한에서 종합비타민이 등장한 시기는 1990년대 말, 고난의 행군 이후 국제사회의 인도적 지원이 본격화되던 시기와 맞물린다. 당시 북한 주민들의 영양실조 및 비타민 결핍이 심각한 수준이라는 사실이 국제사회에 알려지면서, 세계식량계획이나 적십자 등 인도적 지원에 참여한 국제단체들이 비타민제를 포함한 의약품과 영양제를 대북지원물자로 보냈다.* 당시 종합비타민을 복용해 본 북한의 간부들과 주민들 사이에서는 종합비타민 효능에 대한 평가가 긍정적이었다. 이러한 반응은 개인이 종합비타민 제조에 주목하게 되는 배경으로 작용했다. 소득이 상승하면서 종합비타민 같은 영양제를 수요하는 주민 계층이 부각된 것이다. 종합비타민은 가격이 비싸도 회전이 빠르다는 이점이 있었고, 필로폰과 달리 사법당국의 단속 상품이 아니었다. 필로폰 제조에 비해 초기 투자비용이 상대적으로 적다는 이점도 개인 제조자들에게 유리하게 작용했다. 다만 일정 수준의 제조 기술이 필요했기 때문에 이미 알약 제조 경험이 있는 개인이 종합비타민을 제조했다.

　종합비타민 원료를 전문으로 판매하는 상인은 '원료장사꾼'이라 부른다. 시장에서 상인들의 이름은 상인이 팔고 있는 특정상품으로 불린다. 제약시장에서 원료 판매 상인은 '원료장사꾼', 상표 판매 상인은 '상표장사꾼'이라 부르는 것이다. 원료장사꾼은 무역

---

* 1990년대 중순부터 2000년대에 국제사회와 민간단체가 지원하는 다양한 비타민이 북한에 들어왔다. "北, 평양에 비타민C공장 세웠다."《이데일리》, 2013년 8월 9일.

회사를 통해 중국산 종합비타민 원료를 넘겨받기도 하고, 평양 상인을 통해서도 수입산 원료를 받기도 한다. 평양에서 순천으로 유통되는 종합비타민 원료는 2013년 인민들의 건강증진에 기여하고자 첨단 생산 공정을 갖춰 설립한 비타민C공장에서 유출된다.[75] 평양-순천을 오가는 버스가 있어 순천 상인이 평양 상인에게 전화하면 버스를 통해 '짐쏘기'로 배달된다.

중국에서 직수입하는 종합비타민 원료는 석탄 수출을 담당하는 무역회사 사장이나 기지장을 통해 주문하면 이들이 직접 중국에 들어가거나 중국의 거래처(대방)에 전화로 주문을 넣는다. 원료는 신의주세관을 통해 곧바로 주문자에게 전달되는 체계를 갖추고 있다. 중국에서 수입한 소비재의 대부분은 신의주세관을 거쳐 무역회사의 물류기지나 달리기상인을 통해 전국으로 유통되는 것이 일반적이지만, 종합비타민 원료만은 예외적으로 신의주-순천행 택시로 직송된다. 전국적 단위로 종합비타민을 제조하는 개인은 사실상 순천에 주로 있기 때문이다.

종합비타민 원료는 가격이 비싸 1킬로그램 단위로 판매한다. 부가 원료로는 설탕이 사용된다. 설탕은 전부 중국에서 수입된다. 설탕은 개인 제빵·제과점의 주요 자재이므로 순천에서는 종합시장과 개인상점 등 어디서나 구매가 가능하다.

종합비타민 제조는 설탕제분, 배합 및 알약찍기, 교반, 연마 및 포장으로 나뉜다. 제조 공정마다 고용되는 인력이 다르며 임금도 다르게 적용된다. 우선 설탕 분말 공정이 중요하다. 설탕 분말에 원료를 배합해 알약을 제조하는데, 설탕 입자가 최대한 보드라워야 알약 모양이 고르고 곱게 나온다. 설탕 분말은 강냉이나 밀을 제분하는 제분소에 맡긴다. 그런데 곡물 제분기에 설탕을 제분하면 곡물가루가 들어갈 수 있다. 이에 종합비타민 제조자들이 단골로 이용하는 제분소가 따로 있고, 이 제분소를 이용할 경우 설탕 제분은 강냉이 제분보다 가격이 열 배 비싸다.

　알약 제조 설비는 기존에 사용하던 알약 제조 설비를 개조해 종합비타민 알약 형타(모양틀)만 바꾸면 된다. 이 경우에도 국영공장에 주문하면 작은 알약 형타를 별도로 제작해 준다. 주로 반자동프레스 설비로 종합비타민 알약을 찍는다. 알약 찍기는 단순노동이므로 주로 10대 여학생들이 고용된다. 미성년을 고용할 경우 사법기관의 통제가 따르므로 일공을 고용한 업주는 알약 찍는 작업장을 위장한다. 살림집 옷장과 이불장 등 가구들을 벽체에서 1m 정도 띄워 놓고 벽체와 가구 사이 공간을 작업장으로 이용하는 방법이 보편적이다. 알약 제조 설비를 자택에 구축하고 전문적으로 알약을 찍어주고 가공비를 받는 업자도 있다. 배합 원료를 알약 제조자에게 주면, 알약을 받을 때 저울로 떠서 무게를 확인하고 가공비를 준다. 배합 원료 1킬로그램에 3,000알 정도의 알약이 나온다. 배합원료 1킬로그램을 알약으로 찍어주는 비용은 쌀 1킬로그램 값이다.

　설비로 찍어낸 알약에 설탕물을 묻히는 공정을 교반이라고 한다. 교반작업은 둥그런 원통모양으로 제작된 교반기를 사용한다. 교반기 안에 종합비타민 알약을 넣고 수동, 혹은 반자동으로 돌려주며 1차 설탕물을 입힌다. 교반기 한쪽에 구멍이 있는데, 그 구멍으로 설탕물을 넣고 한쪽에서 바람을 넣는다. 알약에 골고루 설탕물을 입히도록 하기 위해서다. 교반기에 바람이 제대로 들어가야 알약 모양이 곱기 때문에 선풍기보다는 건발기(헤어드라이기)를 사용한다. 2차 설탕물을 입힐 때는 교반기를 천천히 돌린다. 설탕물이 약 1mm 정도의 두께로 알약에 입혀지면 교반 공정을 끝낸다. 교반기는 천천히 돌릴수록 알약 모양이 균일하므로 교반일공으로는 나이 많은 노인들을 고용한다. 보통 친정어머니, 혹은 시어머니를 일공으로 고용하기도 한다. 하루 교반기를 돌리면 쌀 1킬로그램 가격의 일공 비용이 지불된다. 부모자식 간에도 불량품이 나올 경우, 일당은 불량품으로 지불한다.

 교반 공정 이후 설탕물이 입혀진 종합비타민 알약은 연마로 마무리한다. 연마용 자재로는 스테아린산, 혹은 염화칼시움(염화칼슘)을 사용한다. 스테아린산과 염화칼시움은 순천제약공장, 순천의약품관리소 등에서 유출해 원료장사꾼들이 판매한다. 연마는 반드시 장갑을 끼지 않은 맨손으로 해야 한다. 이 작업은 알약을 펴고 염화칼시움 분말을 뿌린 다음 손바닥으로 윤기가 나도록 비벼주는 수작업이다. 알약 포장은 누구나 구매가 가능하도록 50그램, 100그램, 300그램, 500그램 단위로 포장한다.

 종합비타민은 제조자가 직접 타 지역으로 이동해 도매하거나, 타 지역의 달리기상인이 순천으로 이동해 도매가로 받아 가는 구조이다. 항생제와 달리 종합비타민은 사법기관의 특별한 단속이 따르지 않으므로 비교적 유통이 활성화되고 있다. 따라서 지방정부 산하 개인 약국, 종합시장, 길거리 매대, 구멍가게 등을 통해 판매되고 있는 것으로 알려졌다. 특히 2011년만 해도 순천시장 입구에 한 곳밖에 없었던 지방정부 산하 개인 약국이 2015년에는 세 곳으로 늘어나면서 종합비타민 판매가 늘어났다고 한다.[76] 2010년대 후반 기준으로 순천에 자리한 개인 약국에서 시장가격으로 판매되는 주요 의약품 종류와 가격은 아래와 같다.

[표 8] 2010년대 순천 지방정부 명의 개인 약국의 주요 의약품

구분	의약품명	단위	가격 (북한 원)	약품 용도
순천 의약품	페니실린G 칼륨	1병 (0.6g, 100만 단위)	1,500	감기 및 염증치료제
	카나미찐	1병 (0.6g, 100만 단위)	1,500	감기, 급성기관지염
	아스피린	원료분말(10g)	1,000	해열 및 통증완화
	마이싱	1병 (1.2g, 200만 단위)	4,000	결핵 및 기관지염
	종합비타민	1봉지(100알)	3,000	영양제
	테라미찐	잔사분말(1kg)	15,000	지사제
중국 의약품	알부민	1병(25ml)	12,000	영양 및 회복제
	정통편	2알	100	해열 및 진통제
	링게르	1병(250ml)	3,500	수분보충
	암피실린	1대	2,500	광폭항생제
유엔 의약품 (국제 사회 지원 의약품)	종합비타민	1통(500알)	50,000	영양제
	아목실린	1알	500	항생제
	파라세타몰	1알	500	종합감기
	코트리 목사졸	1알	500	폐염 및 기관지염

2023년 12월 말, 북한은 당중앙위원회 제8기 제9차 전원회의에서 보건 인프라 강화를 위한 새로운 지침을 제시했다. 이러한 결

정은 2022년 5월 12일 김정은이 코로나19 확진자 발생을 처음 발표한 후, 평양 약국의 의약품 실태를 지적하며 지역별 표준약국 건설을 지시한 데서 비롯됐다. 이에 따라 평양을 포함한 자강도, 황해남도 등지에서 표준약국이 완공돼 2024년 상반기부터 24시간 운영되고 있다. 주목할 점은 표준약국에서 각종 의약품을 시장가격으로 판매한다는 점이다. 지방정부 명의로 개인이 운영해 왔던 약국 유료화가 정책적으로 일반화된 현실은 북한 보건 시스템의 중요한 전환점을 시사하고 있다.

[그림 18] 2010년대 순천의 제약산업 네트워크

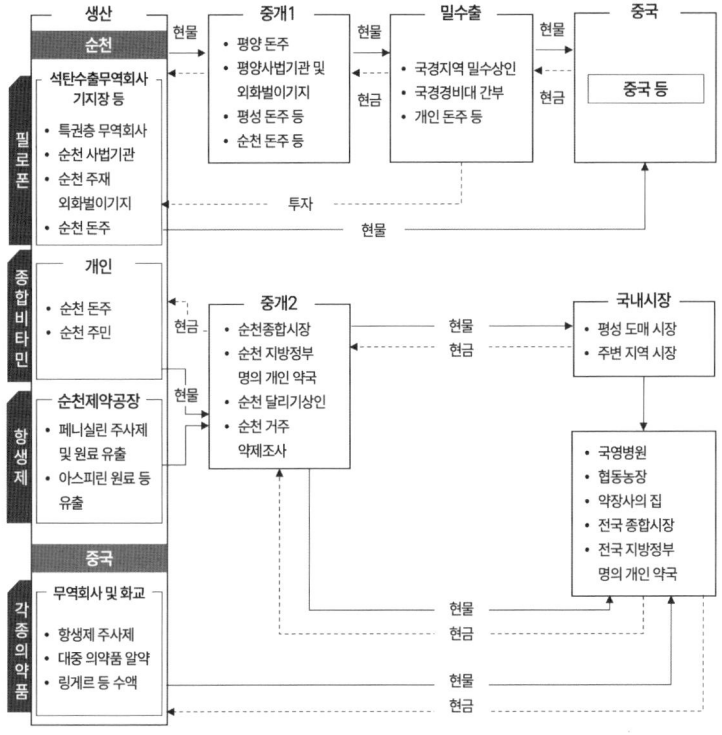

8장 제약산업

4부
파생산업과 신지역경제로의 발전

9장

준내구재산업

경쟁력을 확보한 신발 제작업

개인 신발 제작의 등장 배경

전통적으로 북한에서는 중공업 우선 발전 경제노선하에 지방공업을 시, 군마다 배치하고 신발을 비롯한 인민생활소비품을 생산 및 공급하도록 했다. 김일성은 신발 제품 생산성과 품질을 동시에 갖추려면 도마다 신발공장을 하나씩 건설해야 한다고 강조하면서[1] 해마다 7000만 켤레의 신발을 생산해 1인당 네 켤레의 신발을 공급하도록 했다.[2]

북한의 신발산업은 중앙공업과 지방공업부가 관리하는 체계로 분류되나 신발 생산 부문은 행정적으로 내각 산하 경공업성 신발공업관리국이 총괄한다. 생산계획은 중앙공업에 속한 공장은 중앙지표와 기업소지표로, 지방공업에 속한 공장은 지방지표와 기업소지표에 따라 수립된다. 생산에 필요한 주요 자재인 갑피와 중창은 국내 방직공장과 합성가죽공장에서 재료를 공급하며 생고무와 같은 바닥 원료는 국가 무역을 통해 수입해 공급하는 구조다.[3]

하지만 국가 재원이 중공업 부문에 집중되면서 신발을 비롯한 인민생활소비품 공급은 1980년대부터 감소하기 시작해 1990년대 경제난을 계기로 심각한 수준에 이르렀다. 당시 북한 주민들의 필수품을 꼽으라면 식량, 연료 다음으로 신발이었다. 신발은 단순 소비재가 아니라 이동수단이었다. 식량배급제가 무너지자 주민들은 장사로 생계를 해결했는데 장사 활동은 이동을 전제한다. 당시에는 농촌은 말할 것도 없고 도시에도 자전거가 드물었다. 그럼에도 20-40km를 도보로 이동하며 장사하는 주민들이 상당수였다. 비공식 교통수단인 서비차가 등장했어도 4-8km는 보통 도보로 이동하며 장사를 했다. 북한의 도로는 대부분 비포장도로여서 신발 바닥이 오래가지 못한다. 당시 북한 주민 대부분이 장사에 나섰던 현실을 감안하면 신발 수요량을 가늠해 볼 수 있다.

신발은 북한 주민들에게 절실한 필수품이었으나 가장 구하기 어려운 상품이기도 했다. 노동화와 겨울 신발은 부르는 게 값이었다. 전국적으로 연간 총 신발 수요량은 4500만 켤레였으나 국가공급은 완전히 끊겼다.[4] 도시는 도시대로 구두와 운동화를 필요로 했고 농촌은 농촌대로 편리화와 노동화를 필요로 했다. 군부대 군화조차 제대로 공급되지 않다 보니 군인들도 꿰진 군화를 신고 다니거나 시장에서 군화를 구입할 정도였다.

이와 같은 환경은 순천에 새로운 기회를 제공했다. 당시 순천의 경쟁력은 저렴한 에너지 가격에 있었다. 북한에는 각 도마다 신발공장이 자리하고 있었으나 석탄 에너지를 조달하는 비용이 순천보다 상대적으로 비쌌다. 에너지 가격은 생산원가에 반영되며, 이는 곧 시장 경쟁력으로 이어진다. 신발 제조 단계는 크게 갑피, 중창, 바닥 제작 공정으로 분류되는데, 갑피와 중창은 별다른 에너지가 들지 않아 재봉기만으로 생산이 가능하다. 그러나 신발 갑피 바닥을 접착하는 공정은 반드시 가열로에서 진행된다. 갑피와 바닥을 고무풀(접착제)로 결합한 후, 이를 뜨거운 증기로 가열·가압해 접착력을 높여야 하기 때문이다. 이때 필요한 증기는 가마의 물을 끓여 발생시켜야 하므로 가열로를 사용한다.* 연료로는 반드시 석탄을 사용해야 하는데, 석탄 중에서도 고열량의 무연탄이 사용된다.

이러한 배경은 평양과 신의주 등 북한의 대표적인 신발산업 기반을 갖춘 지역조차 순천에 비해 경쟁력이 약화된 이유를 말해준다. 이미 순천에는 개인 탄광의 수가 증가해 돈만 있으면 고열량의 석탄을 안정적으로 조달할 수 있었던 것이다.

---

* 북한의 신발 제작 방법에는 접착법, 프레스법, 사출법 등이 도입된다. 천, 가죽 등을 재단해 고무풀로 속천과 붙여 갑피를 완성하는 접착법, 재단된 원단을 틀에 넣고 압력을 가해 일정한 형태로 눌러 찍어내는 프레스법, 플라스틱 등의 재료를 녹여 바닥 밑창을 제작하는 사출법 등이다.

가내수공업에서 공장제수공업으로

초기 신발 제작은 가내수공업 형태로 이루어졌다. 가내수공업이란 한 명의 생산자가 갑피와 중창의 제작부터 바닥 접착 공정까지 진행하는 1인 생산구조를 말한다. 순천에서 신발 제작에 참여한 주민은 신발공장과 구두공장에서 일하며 신발 제작 관련 기술을 습득한 기능공과 그의 가족이었다. 이들은 자택 공간에서 신발을 만들기 시작했다. 기술이 있어도 개인 차원에서 제작이 불가능한 구성품이 있었는데, 대표적으로 신발 형태를 유지해 주는 금속 재질의 '신발 골(last)'이다. 신발 골은 신발공장에서 유출해 활용했다고 한다. 신발 골 다음으로 중요한 구성품이 신발 바닥이다. 신발 갑피와 중창은 학생 교복이나 중고 옷으로 제작이 가능해도 사출기로 찍어내는 신발 바닥은 공업 설비가 필요하다. 이에 바닥 자재는 신발공장에서 유출해 사용했다. 순천에는 각종 구두를 생산하는 구두공장과 각종 천 신발을 생산하는 신발공장이 일정 정도 가동하고 있어 신발 바닥 자재 유출이 가능했던 것이다.

2000년대 들어 가내수공업 신발 제작은 정책적 변화에 힘을 입었다. 7.1조치와 종합시장 공식화, 특히 무역회사가 상품을 수입해 상점과 시장에 유통하는 것이 공식적으로 허용되면서 개인은 돈만 있다면 무역회사와 직접 연결해 원단과 신발 바닥 자재, 사출 설비 등을 수입하는 것이 가능해졌다. 그러면서 개인이 제작 공정 전체를 담당하던 구조에서 갑피와 중창, 신발바닥 등 원자재 조달과 생산 공정 등의 분업화로 전환되기 시작한다. 1인 생산구조에서 임금노동자의 분업에 바탕을 둔 공장제수공업으로 발전한 것이다.

신발 제작 공정의 첫 단계는 갑피 재단이다. 이 공정은 신발 도안을 원단 위에 놓고 가위로 절단하는 수작업이다. 가위로 갑피 원단을 자른다고 해 '가위공'이라고 하며 주로 젊은 여성들이 고용된다. 가위공의 일당은 수당으로 지급돼 갑피를 재단한 숫자만큼 임금을 받을 수 있다.

이와 같이 재단된 갑피는 재봉 공정으로 넘어간다. 재봉기를 이용해 갑피의 둘레를 누비는 작업에 고용되는 일공을 '재봉공'이라고 한다. 재봉이 완료된 갑피는 신발 끈 구멍을 뚫고, 해당 구멍에 금속 혹은 플라스틱 재질의 고리를 삽입하는 다음 공정으로 이어진다. 이 공정을 '눈깔박기'라고 한다. 여기에도 별도의 일공이 고용된다. 다음 단계는 신발 중창 제작이다. 여기에는 비교적 저렴한 원단이 사용되고, 중고 의류 등의 재활용 소재가 주요 자재로 활용되는 경우가 많다.

신발 제조 분업에서 핵심적인 공정은 바닥 생산이다. 신발 바닥의 주요 원재료는 생고무와 파고무다. 북한에서 생고무는 전적으로 수입에 의존하고 있다. 수입된 생고무는 군수공업 부문에 우선적으로 공급되므로 시장으로 유통되는 물량은 제한적이다. 이러한 이유로 바닥 생산 공정은 더욱 세분화된 구조를 갖게 된다. 그중에서도 파고무를 조달하는 전문 업자의 역할이 중요하다. 파고무란 폐타이어 또는 낡은 신발 바닥을 분쇄한 재생고무로, 일정량의 생고무와 섞어 사용하면 바닥 생산이 가능하다. 생고무의 절대량이 부족한 조건에서는 실용적인 대안이라 할 수 있다.

파고무는 전국에 분포된 국영 수매소를 통해 폐타이어와 헌 신발 바닥을 수집해 조달한다. 파고무를 전문으로 수집하는 개인은 국영공장의 설비를 임대해 신발 바닥 등 파고무를 분말 형태로 가공한다. 파고무 가루는 휘발유를 이용해 반죽한 덩어리 형태로 신발 바닥 생산용 사출기를 보유한 개인에게 판매된다. 사출기를 갖춘 업자는 파고무 덩어리에 일정량의 생고무를 혼합한 후, 판대기 모양으로 밀어내는 방식으로 바닥 소재를 생산한다. 이 공정은 전기 및 설비가 필수이므로 공장 설비를 임대하는 경우가 많다.

이렇게 생산된 바닥 재료는 신발 제품별 바닥 형태에 맞춰 사출기로 성형해 신발 조립 공정으로 연결된다. 갑피, 중창, 바닥을 접착하려면 최종적으로 열처리 설비인 가열로가 필요하다. 앞서 설명한 것처럼 가열로는 고열량 무연탄을 에너지원으로 사용하며, 무연탄의 품질은 가열로의 효율성에 영향을 미친다. 순천에서는 고열량 무연탄이 생산되고, 임의로 조달이 용이하므로 가격 경쟁력을 확보할 수 있다. 개인에 의한 신발 제작이 활성화된 배경이기도 하다.

신발을 제작하는 개인마다 사용하는 가열로 규모는 차이가 있는데 신발 제작 규모가 확장될수록 가열로의 크기와 성능도 변화한다. 점차 규모가 큰 가열로를 사용하는 신발 제작업자들이 증가한 것은 에너지, 설비, 노동 등의 생산요소 시장이 변화했다는 것을 의미한다.

[그림 19] 개인의 신발 제작 설비 가열로 변화

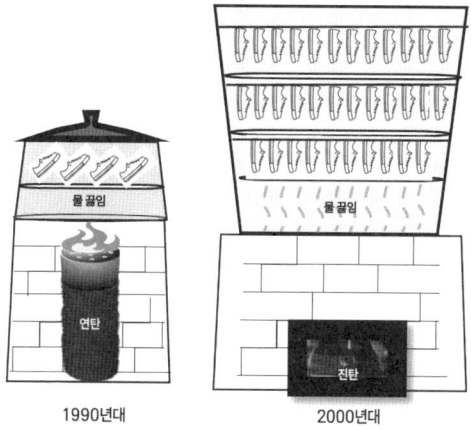

짐 쏘기 물류와 신발 제작 활성화

이러한 변화는 2010년대에 접어들면서 이동통신, 운송, 사금융 시장의 발달과 함께 더욱 진전됐다. 2000년대만 해도 타 지역에서 달리기상인들이 순천으로 이동해 신발을 넘겨받고, 이를 화차에 실어 타 지역으로 유통하는 방식이 일반적이었다. 그러나 2010년대 들어서는 짐 쏘기라 불리는 위탁 운송 체계가 유통의 주된 방식으로 자리 잡았다. 사람이 직접 이동하지 않고 열차나 버스를 통해 물품이 오가는 택배 방식을 짐 쏘기라고 한다. 이러한 구조는 이동통신 시장이 발달했기에 가능했다. 손전화를 통해 수요자와 공급자 간 원거리 주문, 위탁 운송, 대금 결제 확인 등이 수시로 확인이 가능해진 것이다.

예를 들어 회령 상인이 손전화를 이용해 순천의 신발 제작업자에게 신발을 주문하면 주문을 받은 순천의 신발 제작업자는 신발을 마대에 포장해 순천역으로 운반한 뒤, 사리원-나진행 등 회령역에 정차하는 여객열차 시간을 확인한다. 이후 열차가 순천역에 도착하면 해당 열차의 검차원, 승무원, 여객지도원, 안전원 중 한 명을 선택해 '한 짝(신발 포장 마대 한 개)당 얼마 줄 테니 열 짝을 회령까지 보내 달라'고 부탁한다. 이후 순천의 신발 제작업자는 회령 상인에게 사리원-나진행 여객열차의 여객지도원에게서 신발 짐을 수령하라고 연락하며, 여객지도원의 이름과 외모 특징을 함께 전달한다. 짐 쏘기 비용을 선불로 받은 여객지도원은 여객열차가 회령역에 정차하면 역에 나와 기다리던 회령 상인에게 신발 짐을 넘겨준다. 회령 상인은 신발 짐을 받았다고 순천에 손전화로 알려준 뒤, 이를 회령 시장에서 신발을 소매하는 상인들에게 30켤레씩 후불제로 넘겨준다. 이틀 후 회령 상인은 다시 회령 시장의 신발 매대를 돌며 소매상인들로부터 신발 대금을 걷는다. 대금은 당일 회령 시장 환율을 기준으로 정산하는데, 시장 환율이 불안할수록 정산 기일은 단축된다.

그 대금을 회령 상인은 순천의 신발 제작업자에게 세 가지 방식으로 결제한다. 첫째, 소액(수십 만 단위)의 경우 손전화 데이터 전송 방식을 이용한다. 전국의 시장에는 '소분(小分) 장사꾼'이 있다. 손전화가 없는 사람이 급히 연락해야 할 때 1분 단위로 통화 데이터를 구매하는데, 이들에게 통화 데이터를 판매하는 상인이 소분 장사꾼이다.

둘째, 대금이 수백만 원 단위로 커지면 조선중앙은행 회령지점

창구를 통해 회령 상인의 '전성' 카드에서 순천의 신발 제작업자의 전성 카드로 이체한다. 북한은 2015년 조선중앙은행 전성 카드가 발행된 이후 전국의 공장 노동자의 월급을 전성 카드로 지불하는 방식을 장려해 왔다. 특히 2024년 상반기에 공장 노동자, 공무원, 의사 등의 월급이 25배 이상 인상되면서 전성 카드로 월급을 지급하는 방식이 국가적 사업으로 일반화됐고, 이에 따라 전성 카드 활용도 전국적으로 확대됐다.[5] 여기서 흥미로운 점은 전성 카드가 내화 전용이지만, 대금을 주고받는 상인 모두 조선중앙은행 지점 창구를 통해 외화를 입금하고 외화로 출금한다는 것이다. 북한에서 외화는 조선무역은행이 전문적으로 취급한다. 하지만 조선중앙은행도 환율 수수료 수익을 확보하기 위해 창구에서 시장 환율로 외화를 송금해 주고, 길거리에서도 '금융봉사소'를 통해 시장 환율로 외화를 교환해 준다고 한다.[6]

셋째, 신발 대금을 현금이 아니라 신발 자재로 보내는 방식이다. 신발 바닥이나 갑피 원단은 평성시장보다 중국과 인접한 나선, 회령에서 구입하는 것이 저렴하다. 이 때문에 순천의 신발 제작업자는 회령 상인에게 대금만큼의 수입산 신발 바닥 등 부자재를 짐 쏘기 방식으로 보내 줄 것을 요청한다. 회령 상인은 대금을 이체하는 것보다 그 대금으로 신발 자재를 보낼 경우 자신에게 차익이 발생하므로 이를 환영한다.

이러한 물류망은 사금융시장, 운송시장, 정보 유통망 등과 긴밀하게 연결돼 신발 제작업의 활성화를 촉진한다. 북한에서 수입산 구두가 인기를 끌게 되자 순천에 수입산 구두를 그대로 모방하여 제작·공급하는 개인이 많아진 것도 이러한 물류망이 활성화돼 있어 가능했다. 수입산 구두는 나진-선봉을 거쳐 회령, 청진, 평성 등 주요 시장을 통해 전국적으로 유통된다. 전국 각지의 상인들이 수입산 구두를 넘겨받기 위해 주로 회령과 청진시장 등으로 이동하면 해당 지역시장 내 신발 도매상인들은 수입산 구두의 수요를 충족시키기 위해 순천에 있는 신발 제작업자에게 모방 제품 구두를 주문한다. 이렇게 제작된 구두가 짐 쏘기 방식으로 회령, 청진시장 등으로 유통돼 다시 전국 각지의 상인들에게 도매되는 방식이다. 즉 수입산 구두로 판매되는 제품의 상당수가 실제로는 순천에서 제작된 8.3구두다. 이로 인해 전국적으로 순천은 8.3도시, 즉 '모방의 도시'라는 별칭이 붙었다. 순천에서 금산동, 석수동, 새덕동을 비롯한 구두공장, 신발공장 주변 일대 주민들이 신발 제작 분업에 참여하고 있다.

"순천에서 가공 신발이 유명해요. 편리와 운동화는 몽땅 순천에서 만든 거고 수입구두도 고대로 만들어요. 재미있는 일화들이 많아요. 중국산 신발은 라진 선봉이나 회령 쪽에서 들여오거든요. 모르는 사람들이 국경에 나갔다가 구두가 싸니까 그걸 티고 (넘겨받아) 옵니다. 완전 싸니까요. 그걸 다시 평성이나 순천에 파는데, 그 신발 사서 신은 사람이 알고 보니 자기 옆집에서 만든 구두를 산겁니다. 인가공이요. 상표구 뭐고 다 모조하고, 바닥사출도 수입산 구두하고 똑같이 찍으니까 겉보고 모르거든요." 면접자 8.

[그림 20] 순천에서 제작된 신의주 운동화, 편리화 '빽자'(왼쪽, 가운데), 키높이 9호신발(오른쪽)

순천에서 대량 제작돼 전국 시장으로 유통된 신발 중에는, 북한에서 브랜드 신발로 인식되는 신의주 '빽자'도 포함된다. 빽자란 흰색 밑창의 운동화 또는 편리화를 지칭하는데, 이는 본래 신의주 신발공장에서 생산된 제품으로 북한 내에서는 브랜드로 인식된다. 신의주 지역에도 개인 신발 제작업자가 존재하지만, 에너지원인 석탄 가격이 순천 대비 세 배 이상 비싸 생산 단가 측면에서 경쟁력이 떨어진다. 이로 인해 '신의주 빽자'는 순천에서 대량 제작해 전국 시장에 공급한다.

전국적 규모의 도매시장인 평성과 지리적으로 근접하다는 점도 신발 제작 확대에 유리한 요소로 작용했다. 초기에는 전국의 달리기상인들이 평성 도매시장에서 순천에서 제작한 신발을 도매가로 받아 각 지역으로 유통하는 구조였다. 그러나 눈치 빠른 상인들은 점차 유통 차익을 극대화하고자 순천에서 직접 신발을 도매받아 각자 지역으로 유통했다고 한다. 제작 현지에서 직접 확보함으로써 유통 단계에서 마진을 줄이려는 것이다.

코로나19 이후 북한의 신발 시장에는 유의미한 변화가 나타났다. 북한 당국이 계획경제와 국가 유일무역 복원, 밀무역 구조의 재정비 등을 추진하며 신발자재 공급이 시장에서 점차 국가기관으로 이동하는 추세를 보인 것이다. 특히 류경신발공장 등 특정 공장에 국가적 투자가 집중되면서 세계적 수준의 신발제품이 생산되기 시작했고, 백화점을 비롯한 국영상업망에서 품질 좋은 다종의 신발이 판매되고 있다. 하지만 국가에서 신발공장에 자금과 자재를 공급하지 못해 공장에서 민간 자본을 유치하는 방식으로 원자재를 수입해 신발을 생산하다 보니, 국영상업망을 통해 판매하는 신발도 시장가격과 비슷하다고 한다. 공장 입장에서는 시장 가격으로 생산된 제품을 유통해야만 원자재 등을 다시 조달하는 것이 가능하다. 이로써 평양과 원산에 자리하고 있는 국영 신발공장에서 생산되는 신발은 모양도 곱고 품질도 좋지만, 가격이 비싸 대중 소비와 연결되지 못하는 한계가 있다. 이러한 문제점은 저가 신발부터 중저가 신발, 고급 구두까지 맞춤형 신발을 제작해 유통하는 개인의 신발 제작이 지속적으로 활성화되는데 유리한 환경을 조성하고 있다.[7]

입지에 기반한 의류 가공업

전통적으로 북한의 의류산업은 석탄화학공업에서 생산된 비날론 등 섬유 원자재를 국영 방직공장에서 가공해 섬유제품을 생산하고, 이를 옷공장에 공급해 다양한 의류를 제작한 이후 국영상업망을 통해 주민에게 공급하는 체계였다. 하지만 1990년대 경제난 이후 방직공장은 잠사(蠶絲)나 갈(葛)과 같은 천연섬유 원료를 활용한 견사(絹絲)나 인견(人絹) 부문을 제외하고 대부분의 생산이 축소됐고, 이에 따라 옷공장의 가동률도 저하됐다.[8] 이는 신발 제조업과 유사하게 의류 부문에서도 개인에 의한 의류 가공업의 형성을 불러왔다. 개인의 의류 가공에 필요한 원단과 지퍼, 단추 등 각종 부자재는 대부분 중국을 통해 무역회사가 수입해 북한의 시장을 통해 유통한다. 이렇게 유통된 원자재와 부자재는 각 지역 시장에서 의류 가공업자들이 사들여 가공 과정을 거친 후 상점 및 시장을 통해 최종 소비자에게 공급한다.

북한의 의류 가공은 내수용과 수출용으로 구분할 수 있다. 이 중 수출 부문이 상대적으로 발달하는 양상을 보이고 있는데, 이는 2000년대 들어서 북한 당국이 가공 의류의 수출 확대에 정책적 관심을 기울인 결과다. 대표적인 사례로 2000년대 중반 남북 간 위탁가공 교역이 활발히 전개되며 조성된 개성공단을 들 수 있다. 특히 2010년대에 들어서면서는 북중 간 임가공 무역이 확대되자, 북한의 의류 임가공이 전국적으로 확대되면서 주요 수출 산업의 하나로 성장했다. 이러한 배경은 순천에서도 개인에 의한 의류 가공업이 발달하는 기반이 됐다.

순천에서 개인이 자택 공간에 재봉기와 오버록(오바르크) 등의 설비를 갖추고 생산한 의류는 '인가공 옷' 혹은 '개인 가공옷'이라고 부른다. 일반적으로 개인이 가공한 의류는 기성복에 대비되는 개념으로 사용된다. 인가공 의류는 다시 제작 방식과 유행 반영 여부에 따라 '특가라 옷'과 '대중가라 옷'으로 구분된다. 유행을 반영해 소량으로 특별 제작된 의류는 특가라 옷, 대량으로 생산된 의류는 대중가라 옷으로 분류된다. 순천에서 특가라 및 대중가라 등 개인 의류 가공이 발달한 지역은 강포동이다. 이 지역에서는 신발 제작에서 나타나는 것과 유사한 분업 구조가 보인다. 의류 가공 공정은 도안에 따라 원단을 배치하고 절단하는 재단 공정으로 시작된다. 이어 재단된 원단의 가장자리나 단추 구멍을 오버록으로 처리하는 공정, 이어서 재봉기를 이용한 봉합 공정으로 이어진다. 각 공정은 고용주가 고용한 일공이 진행하며 일공은 임금을 받는다.

강포동 지역에 개인의 의류 가공업이 밀집된 이유는 수출용 석탄을 전문 운송하는 트럭 차량의 정차 공간과 차량 부품시장이 집중된 입지적 특성과 연관돼 있다. 순천에서 남포항으로 석탄을 운송하는 주요 경로가 평성과 평양을 경유한다는 점이 결정적 요인으로 작용한 것이다. 구체적으로 보면 순천과 인접한 평성시장에서 평양과 연계된 의류 가공업자들이 평양에서 수주 받은 의류 가공 수량을 강포동에 거주한 개인 의류 가공업자에게 재수주한다. 석탄 운송 차량에 원단을 싣고 이동함으로써 원단을 유통하고 가공된 의류를 평양에 집결시켜 중국으로 수출하는 과정이 효율적으로 진행되는 것이다. 따라서 강포동은 순천에서 술과 고기 등이 집결돼 평양으로 유통되는 거점일 뿐만 아니라, 의류 가공에 필요한 원자재와 부자재가 집결돼 순천의 의류 가공업자들에게 전문 도매하는 지역으로 발달하는 특이한 양상을 보인다.

또한 수출용 의류를 생산하는 피복공장은 새덕동과 강포동에 각각 위치하고 있다. 새덕동 소재 수출피복공장은 내각 경공업성 산하로 1970년대 말에서 1980년 사이에 설립된 것으로 알려져 있다. 반면 강포동에 위치한 수출피복공장은 특권층 산하 개인이 운영하는 생산기지로 2015년에 신설됐다. 이 공장은 석탄 수출시장에서 상당한 외화를 축적한 순천 주민 50대 남성이 설립했으며, 그는 중앙당 재정경리부 산하 릉라88무역회사 순천지사 명의로 이 공장을 운영한다. 중앙당 재정경리부는 최고지도자의 통치자금을 조달하고 관리하는 핵심 기관으로 외화 획득을 목적으로 하는 주요 수출산업이 집중된 부서다. 의류가공도 이러한 외화벌이 산업 중 하나다.

이 공장의 주요 특징은 중국 측으로부터 아웃도어 제품 등 세계적인 브랜드의 의류를 수주 받아 가공 및 수출을 전담한다는 점이다. 공장 설비는 수입산이며 원단과 부자재는 중국 측 거래처가 의류가공 주문 시 디자인 설계와 함께 일괄적으로 제공한다. 생산된 의류는 엄격한 품질 검수 과정을 거치며, 검수에서 불합격한 제품은 종업원들에게 인센티브 형태로 제공하거나 순천시장에 유통해 판매하기도 한다. 종업원 수는 약 500명이며, 국영공장 노동자에 비해 약 열 배 수준의 월급을 지급받는 것으로 파악됐다. 이 공

[그림 21] 개인이 운영하는 수출피복공장 구조

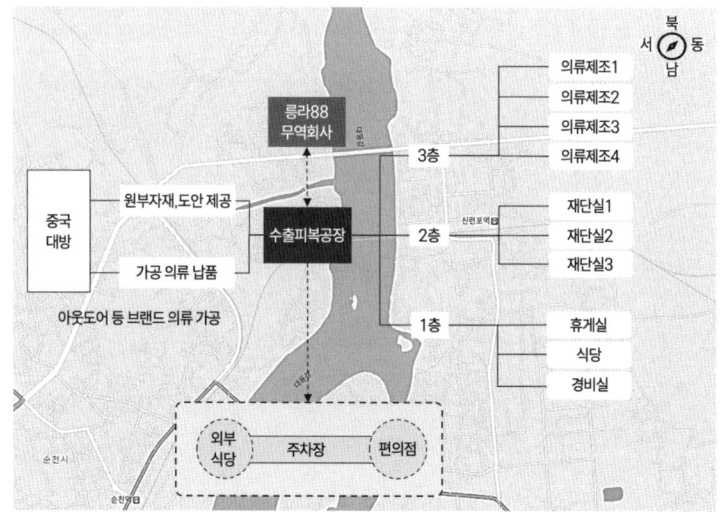

장의 운영 구조는 [그림 21]과 같다.

면접자 2에 따르면 수출피복공장 종업원의 월급이 국영공장보다는 높아도, 순천에서는 개인에게 고용되는 것보다 수입이 낮아 선호도가 낮다고 한다. 이로 인해 수출피복공장에는 주로 고등학교를 갓 졸업하고 장사를 배우지 못한 미혼 여성들이 종업원으로 채용된다. 하지만 검수에서 불합격된 의류를 시장가격보다 약 30% 저렴하게 공급받거나, 신정에는 아웃도어 동복(패딩)을 1인당 세 벌씩 공급받기도 하는데, 이를 시장에 팔면 수개월 월급에 해당하는 수입을 단번에 벌 수 있다. 이 공장에서 생산된 아웃도어 동복은 국내 기성복으로 분류되나, 디자인과 품질이 남한 제품 수준에 뒤지지 않아 인기가 있다. 아래 표에서처럼 순천에서 제작되거나 중국에서 수입한 여러 종류의 의류가 판매되고 있는 것을 보면 북한 주민들의 소비 형태가 다양화되고 있음을 엿볼 수 있다.

[표 9] 순천-평성시장에서 판매되는 주요 의류

	의류명	분류	생산지	시장가격 (달러, 북한 원)	판매지역	소비계층
1	밍크동복 (여성)	기성복	중국산	150-300달러	평성 -순천	중산층 이상
2	동복(공용)	기성복	국내산	50-80달러		일반 상인
3	동복	개인가공	국내산	8-9달러		대중소비
4	일반잠바	개인가공	국내산	10-30달러		
5	학생교복(착)	개인가공	국내산	9달러		
6	단복(착)	기성복	중국산	9-10달러		
7	블라우스(여성)	기성/가공	국내산	2만-3만 원	평성 -순천	대중소비
8	쫄바지 (스판: 여성)	기성복	중국산	3만 원		
9	반팔상의 (편직: 공용)	기성복	국내산	1만 원		
10	방수잠바	기성복	중국산	6달러		

출처: 최설, "최근 북한 경공업의 동향 및 실태: 섬유·의류업", 이석기 외, 《북한 경공업 실태와 남북협력 방안》, KIET 산업연구원(2021), 117쪽

소득 상승이 촉발한 맞춤가구 제작업

1990년대 말부터 순천에 가구 제작업이 등장한 것은 주민들의 소득이 상승한 것과 관련이 있다. 생계 걱정에서 벗어나 살림집 내부 인테리어를 개조하는 데 신경 쓸 정도로 주민들의 삶에 점차 여유가 생기기 시작한 것이다. 실제로 순천 주민들의 생활 수준은 장

사로 돈을 벌며 눈에 띄게 달라졌는데, 배급제 시대에는 너덜너덜 꿰진 종이장판에서 생활했으나 이제는 수입산 장판인 '레자'를 깔기 시작했다. 과거에는 간부들의 주택에만 TV가 있었으나 이제는 일반 주민들도 가정에 컬러 TV를 들여 놓고, 녹화기를 비롯한 가전에도 눈길을 돌리기 시작했다.[9]

특히 이전에는 볼 수 없었던 가구들이 순천시장에 등장했는데, 대표적으로 경대, 차대, 소파다. 이 가구들은 문명의 상징으로 여겨지며 순천에서 빠르게 유행했다. 배급제 시대에는 일반 주민들이 소파나 경대를 살림집에 들여놓는다는 것은 상상조차 할 수 없었고, 설령 외화상점에서 판매한다고 해도 노동자의 월급으로는 구매할 수 없었다. 그러나 장사를 통해 현금을 축적한 순천 주민들은 이제 살림집을 장만하고, 인테리어를 통해 자신의 신분 상승을 드러내고자 했다. 그 과정에서 경대, 차대, 소파 등은 부와 문명의 상징으로 부각됐고, 이로 인해 가구에 대한 시장 수요가 본격적으로 등장한 것이다.

가구를 제작하려면 벌목한 후 재단하지 않은 원목을 먼저 확보해야 한다. 순천에는 산이 많지 않아 원목은 주로 산이 많은 산골지역에서 조달한다. 평안남도 양덕군과 맹산군이 대표적인데, 이 지역은 산이 많아서 국가 정책에 따라 산림을 조성하고 관리한다. 각 군마다 산림을 감독하는 간부들이 있어 이들을 끼고 나무를 벌목해 원목으로 판매하는 시장 구조가 형성돼 있다. 순천에서 양덕군으로 이동해 원목을 구입하는 방식은 주로 물물 거래였다. 양덕군에는 석탄이 귀해 순천보다 석탄 가격이 두 배 이상 비싸다. 이 때문에 순천에서 석탄을 양덕군으로 운송하면 가격이 두 배 이상 오르므로 양덕시장에서 석탄과 원목을 맞바꾸는 방식으로 거래가 이뤄진다. 2000년대 들어서 원목 조달 방식은 한 단계 진전했다. 타 지역 시장에서 원목을 구입한 후 순천으로 유통하던 업자들이 이제는 국가 산림을 관리 감독하는 간부들과 직접 원목 거래에 나선 것이다. 예를 들어 양덕군 산림지도원, 임지관리원에게 순천에서 싣고 온 석탄을 차량으로 제공하고 나무를 벌목할 임지를 받는다. 이러한 거래는 산림사업소에 필요한 석탄연료를 해결한다는 명분이 있어 공식적 거래에 가까운 방식으로 이뤄진다.

순천으로 원목이 운송되면 이를 넘겨받아 각목과 판자로 가공하는 전문 업자가 있는데, 이들을 목재 가공업자라고 한다. 목재 가공은 보통 순천에 제재 설비가 갖춰진 공장에서 설비와 전기 사용 비용을 지불하고 진행한다. 눈치 빠른 업자들은 순천이 아닌 산골 농촌에서 목재를 가공하기도 하는데, 이는 순천 도심보다 산골 농촌에서 가공하는 비용이 훨씬 저렴하기 때문이다. 예를 들어 목재 가공에는 제재 설비를 가동할 수 있는 전기가 매우 중요하다. 대부분의 공장에는 제재 설비가 있어 임대는 수월하지만, 전기 공급이 문제다. 그런데 영농시기에는 농촌 지역에 전기가 공급되므로 양덕군 산골에서 원목을 구입한 후 굳이 순천으로 운송하지 않고 현지 농장 간부와 협력해 농장 전기로 원목을 가공할 수 있다. 이때 농장 전기를 사용하는 비용은 순천 소재 국영공장에 지불하는 전기 비용의 절반에도 미치지 않는다.

또한 가공된 판자나 각목 등은 반드시 건조 공정을 거쳐야 하므로 이를 위한 건조 부지가 필요하다. 목재 건조 부지는 국영공장 부지를 임대해 사용하는 경우가 많다. 순천석회석광산 목수직장에서 일했던 면접자 6과 순천시멘트공장에서 일했던 면접자 11에 따르면, 각 단위에서 목수직장 부지를 목재 건조 부지로 임대해 준 사례가 있다. 목수 직장장은 목수로 일하는 노동자들을 8.3노동자로 지정해 가구 장사에 뛰어들도록 지원하고, 그에 필요한 조건도 마련해 줬다고 한다. 가구 장사에 나선 목수들에게 직장장은 직장 마당 부지를 배분하고, 8.3자금과 부지 임대비용을 각각 별도로 징수했다. 목수 노동자 1인당 매달 한 번씩 직장에 8.3노동자가 바쳐야 하는 자금을 바치도록 하고, 부지 임대비용은 별도로 연 1회 금 3그램을 직장에 내도록 했다.

"목수직장 있었는데 그 마당도 그냥 못 써요. 나 혼자가 아니고 딴 목수들 많았는데 다 돈 내야 돼요. 직장 마당을 나눠 줬거든요. 직장에서 8.3목수들에게 마당부지를 갈라줘요. 나무를 말리우려면 부지가 필요하니까, 나무 쌓아놓으면 아파트 5층, 6층 높이인데 그거 지켜야 하는데 직장 마당 쓰고 돈을 내면 직장 경비가 그거 지켜줘요. 누가 채가지 못하고 경비 돈도 절약해서 좋죠. 직장 마당 쓰는 값은 일 년에 금 3그램 냈어요. 직장마다 국가에서 부여한 일 년 충성의 외화벌이계획이 있는데, 금 30그램 내야 했거든요. 그걸 8.3목수들에게 분담한거죠." 면접자 6.

국영광산 목수직장 부지에서 건조된 목재는 순천에서 가구를 제작하는 목수들에게 시장가격으로 판매된다. 이를 통해 목수들은 가구 제작에 필요한 원자재를 확보했다.

제작은 주로 객주제 가내수공업 방식의 비중이 높다. 개인 돈주들은 목수 기술은 있지만 자본이 없는 목수에게 자금을 지원하거나, 목재와 목수 도구를 제공해 가구를 만들게 한다. 이렇게 제작된 가구는 자금을 투자한 돈주가 도매가로 가져간다. 돈주에게 선택받기 위해서는 목수의 기술이 뛰어나야 하며, 주로 국영공장이나 기업소에 있는 '김일성동지혁명활동연구실'에 납품하는 초상화 액자 제작 목수들이 선발된다. 이들은 초상화 액자에 나무로 작은 꽃을 조각할 만큼 뛰어난 목공 기술을 자랑한다.

가구 제작은 넓은 작업 공간이 필수여서 주로 단층 살림집 텃밭이나 야외 공간을 활용하는 경우가 많다. 가구는 기술이 뛰어난 목수가 직접 제작하지만, 제작 과정에는 일공이 고용된다. 목수가 고용하는 일공은 주로 가구 조립이나 홈파기 같은 보조 작업을 담당한다. 가구 제작 경험자에 따르면, 목수들은 가까운 친구나 과거 직장에서 함께 일했던 동료를 일공으로 고용하지 않는다. 잘 아는 사람을 고용할 경우 상대가 자신을 책임자나 고용주로 인식하지 않고 동등한 위치로 여기기 쉬워 가구 조립이나 홈파기 과정에서 품질 기준을 요구해도 이를 받아들이지 않기 때문이다.

"한 세 명 노력 써요. 내가 기계 작업해 주면 야네가 기담에 한쪽에선 조립한단 말이에요. 이불장 조립하고, 그런데 일공은 절대 아는 놈이거나 직장 놈들 안 써요. 노동자가 갑자기 자기네 부리니까 말도 안 듣고 그래서 모르는 사람 써요. 내 일을 진심으로 해주겠다는 아이들만 골라서 '야 오늘부터 너네 하루에 쌀 3키로 주겠다'하면 아예 24시간 완전 풀가동하면서도 충성해요." 면접자 6.

가구 제작시장이 발달하면서 '맞춤가구' 주문이 등장했다. 살림집의 크기에 따라 필요한 이불장과 옷장의 사이즈가 다르고 개인의 취향에 따라 가구의 색상도 달라지기 때문이다. 맞춤가구 가운데 가장 인기 있었던 제품은 '뽑이단수'였다. 뽑이단수는 서랍을 뽑아서 사용하는 형태의 옷장을 일컫는 말로, 도시 주민들 사이에서 새롭게 유행하던 가구였다. 맞춤가구는 일반 가구에 비해 두 배 정도 가격이 비쌌으며, 가구 제작 기술이 뛰어난 목수에게 직접 주문하는 사례가 많다. 가구 제작 과정에서 도색 단계에 들어서면 순천비닐론공장에서 생산되는 니스를 사용한다. 니스는 개인이 카나미찐 원료를 제조할 때 세척용으로 사용하는 폐용 메탄올로 희석해 활용하는 것으로 알려져 있다.

"80%가 맞춤제작이에요. 데(저) 집이 가구 잘 짠다 소문났거든요. 나한데 와서 아저씨 한조 좀 더 해달라요. 전문 평성에 가구 나르는 아줌마들이 있거든요. 이 아줌마들이 평성에서 가구 사겠다는 사람한데 주문을 받아서 요번에는 뽑이단수 해달라, 다음에는 이불장까지 3개 아야 완(세트)으로 해달라 주문한단 말이에요. 돈을 막 먼저 줘요. 주문 제작은 니스도 좋은 걸 써요. 니스는 중화물이라고 있는데, 순천비닐론공장 촉매직장에서 나와요." 면접자 6.

맞춤가구에는 삼면경대도 포함된다. 1990년대 경제난 이후 삼면경대는 집안을 장식하는 '문명의 가구'로 유행했다. 삼면경대는 거울의 품질이 매우 중요한데, 당시에는 지방 무역이 확대되면서 중국산 거울을 수입하는 것이 어렵지 않았다. 경대 제작업자가 무역회사에 거울을 주문하면, 무역회사는 중국 단둥에서 신의주세관을 통해 들여온 거울을 순천으로 운송해 공급했다. 경대는 서랍이 달린 '경대탁'을 먼저 제작한 뒤 도색 과정을 거쳐 완성했다.

순천에서 가구 제작이 가장 발달한 지역은 성산동으로 꼽힌다. '가구촌'으로 알려진 성산동에는 목수 기술자들이 유독 많은데, 이는 순천지구탄광의 역사와 깊은 관련이 있다. 1970년대 들어 순천지구탄광이 중앙공업으로 성장하면서, 성산역과 직동역에는 갱목으로 사용될 통나무가 화물 열차를 통해 대량으로 들어왔다. 이로 인해 성산지구 일대에는 목재가 흔하게 유통됐다. 초기에는 갱목으로 쌓아둔 통나무를 주민들이 가져다 살림집 텃밭 울타리나 TV 안테나 기둥으로 활용하다가 점차 통나무를 각목과 판자로 가공해 찬장과 이불장 같은 가구를 제작하기 시작했다. 이러한 변화는 1980년대 북한에서 전개된 8.3인민소비품운동*과 함께 더욱 활발해졌다. 당시 성산 일대에 자리한 국영공장들은 국가로부터 부여

---

* 8.3인민소비품은 1984년 8월 3일, 김정일이 평양에서 개최된 전국 경공업제품 전시장을 시찰하며 내린 지시에서 비롯된 국가계획 외 상품을 말한다. 그는 인민의 소비 수요를 충족시키기 위해, 비공식 생산노력인 가내작업반에서 유휴 자재와 폐설물을 활용해 다양한 소비품을 생산하도록 지시했다. 이 날을 기념해 해당 제품을 8.3인민소비품이라고 한다. 8.3인민소비품은 국영상점과 성격이 다른 직매점을 통해 시장가격으로 판매된다. 북한은 이러한 제품의 효율적인 생산과 유통을 위해 1989년 '8.3인민소비품 생산처리에 관한 규정'을 채택했다.

받은 8.3인민소비품 생산계획을 수행하기 위해 지역에 풍부한 갱목을 활용해 각종 목제품을 제작해 순천직매점에 넘겨 국가계획을 수행했던 것이다.

"그땐 배급 줄 때니까 기업소가 각 직장별로 8.3제품을 동발(갱목) 가져다 삽자루나 그런거 만들어요. 우리공장은 기타 만들어서 상점에 가져다 줬어요. 8.3제품 파는 상점이 순천 전산네거리에 100미터 직매점에 있었거든요. 거기다 나무로 만든 기타를 한 번에 한 30대 넘기면 전표를 줘요. 그거 받아 오면 8.3제품 이만큼 했다…. 그러다 고난의 행군 시작되면서 먹을 게 없는데 누가 기타로 뚱땅거려요, 사지도 않지. 그러니까 목수들이 다 경대 만들고 이불장 만들고 그게 다 장마당에 나가면서 성산이 가구촌이 된 거예요." 면접자 6.

순천에서 제작된 다양한 가구들은 주로 평성 도매시장으로 유통됐다. 새벽마다 순천-평성 도로에는 가구를 실은 손수레 앞채를 두 손으로 끌면서 도보로 이동하는 상인들의 행렬이 줄지어 이어진다. 이는 가구 제작업이 분업을 기반으로 활발히 작동하고 있음을 단적으로 보여준다. 종합하면 순천의 가구 제작업은 산업이 생계형 자영업 수준을 넘어 분업과 협업을 기반으로 하는 준산업화로 변화하는 양상을 보인다. 이는 장마당 경제가 단순한 거래 공간을 넘어서 생산-분배-유통에 이르는 메커니즘으로 발달하면서 지역경제 활성화에 기여하고 있는 중요한 사례로 평가할 수 있다.

[표 10] 가구 제작 분업의 구조적 특징과 의미

분업 구조	주요 작업	특징과 의미
원목 조달	산지에서 원목 확보, 물물 거래에서 산지 배분으로 변화	지역 간 자원 교환 네트워크 형성
목재 가공	원목을 판자, 각목으로 제재하는 비용을 절감할 목적으로 농촌 전기 이용	도농 간 연계돼 농촌의 시장화에 영향
목재 건조	국영공장 부지를 목재 건조장으로 임대	계획과 시장이 혼재된 북한식 경제
가구 제작	객주제 가내수공업으로 맞춤형 가구 제작	개인의 자본 유인
도색	가구 도색 품질로 상품성 효과	제약시장과 도색재료 시장 연계
유통·판매	개인 및 타 지역 시장에서 주문받아 제작	지역 간 생산, 유통, 판매 네트워크 형성

10장

식품산업

평양 소비시장과 연계된 양조업

순천에서 저렴한 비용의 석탄 에너지로 인해 개인에 의한 신발 제작이 발달했다면, 개인에 의한 양조업은 석탄 에너지의 이점과 동시에 근거리에 위치한 평양 소비시장에 힘을 받아 발달했다. 더불어 순천에 수많은 탄광이 급증하면서 술에 대한 수요가 급증한 것도 무시하지 못한다. 탄부들에게 필수 식품은 술이다. 북한의 〈사회주의노동보호법〉 제32조와 제33조에 따르면 '기관·기업소, 단체는 어렵고 힘든 노동, 유해노동을 하는 근로자들에게 영양제와 보호약제, 해독제 같은 것을 정해진 대로 공급하여야 한다'. 통풍, 습기 등으로 건강에 영향을 받는 탄광, 광산, 임업, 수산, 지질 탐사 부문 같은 힘든 영역의 근로자들에게 노동보호 물자를 공급

하도록 했는데 그중 하나가 술이다.[10]

순천에는 인민위원회 지방공업부 소속 식료공장이 있으며 여기서 주로 술을 생산한다. 지방공업부는 평안남도 인민위원회 지방공업국의 지도를 받으며 4대 명절*마다 순천에 자리한 국영기관과 공장기업소, 주민세대에 술을 비롯한 식품을 명절물자로 공급해야 한다. 명절이 아니어도 순천지구탄광연합기업소의 탄부들에게는 정기적으로 술을 공급해야 했는데, 1990년대 식량난으로 원료 공급이 중단되면서 식료공장 가동이 중단되다 보니 노동보호물자의 공급체계도 마비됐다.

하지만 순천에서 개인 탄광을 운영하는 업주들은 탄광 노동자들의 석탄 생산을 독려하기 위해 술과 고기를 제공하며 비교적 높은 수준의 후생을 제공했다고 한다.

"국영 탄광이면 뭐하나, 식량도 못 주데, 기지장들은 쌀 아야 백미 사가지고 툭툭 주니까 얼마나 좋아해. 기본 탄광(국영)은 오직 국가에서 배급 주면 주고 안 주면 안 주고, 그런데 개인 탄광은 뭐 이건 딱 현화가지고 가지고 거저 고기 사주고 술 딱딱 주고 석탄 캐라 하니까 거기 못 붙어서 그랬잖아요." 면접자 5.

순천에서 개인 탄광과 식당이 급증한 데 이어, 인근 평양에서

---

* 김일성 생일(4.15)과 김정일 생일(2.16)을 비롯해 설날, 공화국창건 기념일은 국가공휴일 중에서 특별한 의미를 가지는 4대 명절이다. 이날 공장 기업소 종업원들과 주민세대들에게 술과 고기 등 식품이 명절 물자로 공급된다.

도 식당 수가 늘면서 술 수요가 증가했다. 이에 따라 순천에서는 개인의 양조업이 급격히 발달하기 시작했다.

순천에서 술을 제조하는 과정은 다음과 같다. 술의 주요 원료는 강냉이다.* 강냉이는 판매 용도에 따라 판매 공간이 다른데 강냉이를 식량으로 구매하려면 종합시장 알곡 매대로, 술 제조 원료로 구매하려면 시장 입구로 가야 한다. 종합시장 알곡 매대에서는 1킬로그램 단위로 소매하지만, 시장 입구에서는 최소 50킬로그램 단위로 도매한다. 각 종합시장에서 강냉이 도매 전문 상인들은 매일 새벽 약 12km 떨어진 농촌 지역으로 이동해 강냉이 200-500 킬로그램을 구매해 리어카로 운송해 오후 4시부터 시장 입구에서 도매한다. 판매 시간은 한 시간을 채 넘지 않는다. 일부 돈주들은 차를 임대하거나 화통을 이용해 황해도를 비롯한 곡창 지역으로 이동해 강냉이를 대량으로 순천에 유통하기도 한다. 순천 시장에서 매일 술 제조에 쓰이는 강냉이 판매량은 40톤에 달한다는 면접자 1과 면접자 35의 증언도 있다.

사들인 강냉이는 먼저 제분한다. 순천에는 다른 지역보다 상대적으로 개인이 운영하는 제분소가 많다. 제분소를 운영하려면 전기 확보가 필수적이다. 순천에서 정상적으로 전기를 공급받아 운영되는 개인 제분소는 두 곳이라고 한다. 한 곳은 연포동 대동강 일대에서 외화상점책임자로 일했던 한 돈주 여성이 운영하는 제분

---

* 도토리 술도 제조하지만 도토리는 산에서 채취해야 하므로 강냉이에 비해 원료 확보가 쉽지 않은데다 술맛이 강냉이 술보다 떨어져 소비자 선호가 높지 않다. 도토리 모주는 돼지도 잘 먹지 않는다. 주로 술공장에서 도토리를 원료로 술을 생산한다.

소다. 그는 외화상점에서 수십 년간 근무하며 간부들과 쌓은 인맥을 바탕으로, 퇴직 후 제분소를 차리고 필요한 전기를 공급받았다. 다른 한 곳은 평안남도 화학공장건설연합기업소에서 퇴직한 국가보위부장의 아내가 운영하는 제분소다. 개인 제분소는 순천인민위원회 소속으로 월 수익금을 바친다.

강냉이를 제분한 뒤에는 가루를 익반죽해 시루에 익힌 후 온돌바닥에 골고루 펴놓고 식힌다. 이후 여기에 보를 씌우고 적당한 온도를 보장해 주면서 며칠 놓아 두면 곰팡이 균이 생겨 누룩으로 변한다. 누룩이 잘 돼야 술이 많이 나오므로 누룩을 띄우는 데 신경을 많이 쓴다. 이 때문에 술 제조에서 누룩을 띄우는 공정이 가장 중요하다. 시루에서 익힌 강냉이 반죽에 자연발생적으로 곰팡이 균이 생겨 누룩으로 변하는 데 시간이 걸리므로 이 시간을 단축하기 위해 효모를 섞어 발효 속도를 높이는 방식도 있다. 효모는 '술약'으로 통용된다. 술약을 사용해 누룩을 띄우는 방식이 퍼지며 술약 수요가 늘었다. 이로부터 순천에는 중국에서 전문적으로 술약을 수입하는 업자, 집에서 직접 효모를 길러 국산 술약으로 판매하는 업자가 생겼다.

술약을 버무려 발효된 누룩이 덩어리로 갈라지면 술독에 넣고 물 양을 맞춰 일주일 정도 발효시킨다. 순천의 사법기관인 안전부는 명절이 다가오면 술 제조업자들을 단속한다. 북한에서는 식량인 강냉이로 술을 제조하는 것은 국가의 식량난에 영향을 미치는 불법 '밀주' 행위로 간주되기 때문이다. 인민반별로 진행되는 가택수색에 단속되면 한창 발효되고 있는 술독까지 강제로 회수당하기도 한다. 이런 피해를 막기 위해 주민들은 비닐자루에 술죽을 넣어 발효가 끝날 때까지 옷걸이에 걸어 놓는 위장술을 활용하기도 한다. 발효에서 중요한 것은 온도다. 추운 겨울에도 발효 온도를 보장하기 위해 술 제조업자의 가족들은 살림집 아랫방 찬 윗목에서 자더라도 술독은 아랫목에 놓는다. '사람보다 술독이 행복하다'는 말도 있다.

일주일 후 술독 안에서 누룩 끓는 소리가 들리면 발효가 된 것이다. 발효가 된 누룩을 '술죽'이라고 한다. 술죽은 가마 안에 넣고 끓이는데, 끓는 술죽 가마 위에 냉각기를 설치하면 냉각기에 달려 있는 동관을 통해 증류주가 나온다. 동관을 통해 증류되는 술은 취중 후 탈이 없어 수요가 많다. 1차로 나오는 증류주는 40% 알코올이다. 알코올은 전부 평양시장으로 도매된다. 2차로 나오는 증류주는 25% 정도의 술인데, 이 술은 순천에 자리한 탄광, 식당, 종합시장 등으로 도매된다.

1990년대만 해도 개인들은 살림집 부엌 연탄 아궁이에 올려놓은 밥솥 위에 시루를 놓고, 시루 위에 다시 빈 가마를 놓은 다음 그곳에 찬물을 넣고 계속 갈아주는 방식으로 술을 제조했다. 이러한 방식은 2000년대 들어 크게 변화했다. 냉각기가 별도로 설치됐고, 2차 냉각기까지 설치되면서 점차 넓은 부지가 필요해졌다. [그림 22, 23]을 보면 초기에는 좁은 부엌에서 술을 제조했지만 점차 살림집 마당을 거쳐 텃밭으로 옮겨가면서 술 제조 부지 공간이 확장된 과정을 시각적으로 볼 수 있다. 술 제조량이 증가하면서 기존의 연탄 아궁이 방식에서 벗어나 보다 높은 열효율을 위해 화로를 설

[그림 22] 2000년대 초 술 제조 공정의 변화

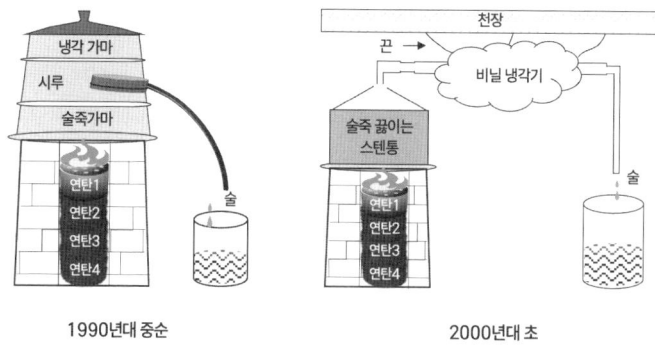

[그림 23] 공업적 방식으로 진전한 개인의 술 제조 공정

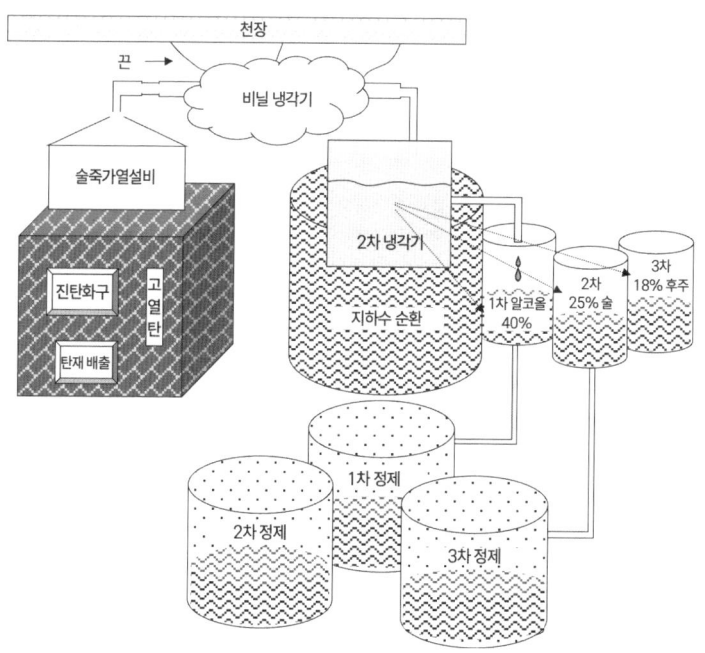

10장 식품산업

치했으며 연료도 연탄이 아니라 진탄을 사용하기 시작했다. 이러한 변화는 더 많은 석탄연료의 수요를 초래했고, 화로의 온도를 유지·관리하기 위한 별도의 인력을 고용하게 됐다. 2010년대 순천 직동탄광 지역에서는 자택 텃밭에 술 제조 설비를 갖추고 매일 약 100킬로그램 규모의 술을 제조하는 개인이 다수 등장하였다. 이로 인해 해당 지역은 '술공장'이라는 별칭으로 불릴 정도로 양조업의 중심지로 알려졌다.

술 도매시장의 구조적 특징

개인이 제조한 술은 대체로 1차와 2차로 구분되는 도매 과정을 거쳐 유통된다. 우선 1차 과정에서 각 제조업자는 특정 도매업자와 고정적인 관계를 유지하며 유통망에 편입된다. 이 경우 도매업자의 고객 관리가 필수적이다. 예를 들어 순천 연포동에 술 제조업자가 30명 있다면, 이들에게 술을 전문적으로 받는 도매업자는 술 제조업자들을 '자기 손님'으로 관리하기 위해 명절이 다가오면 떡과 고기 등을 서비스로 준다. 이 같이 관리하지 않으면 술 제조업자들이 다른 도매업자에게 돌아서는 일이 많기 때문이다. 술에 대한 수요가 급증한 만큼 얼마나 많은 술 제조업자를 고객으로 확보하고 있느냐에 따라 술 공급 원천량이 달라진다.

이렇게 1차로 확보한 술은 도매업자에 의해 50-100킬로그램 단위로 포장돼 2차 유통 단계로 넘겨진다. 이 단계는 평양, 평성, 남포 등 주요 소비지로의 운송 단계로 이어진다. 고무자루나 비닐 주머니에 포장된 술은 도매업자의 살림집 창고에 쌓아 뒀다가 평양을 경유해 남포항으로 수출용 석탄을 운송하는 트럭운전사에게 넘겨진다. 2차 도매과정에는 사법기관의 단속이 따르기 때문에 지역 안전원을 끼고 움직여야 한다.

　수요처에 안정적으로 술을 공급하기 위해 도매업자들은 일정한 선투자 전략을 취하기도 한다. 자금이 부족해 술 제조가 어려운 주민에게 강냉이 수백 킬로그램을 선불로 제공하고 자신의 고객으로 확보하는 것이다. 보통 강냉이 원료 1킬로그램을 발효시키면 강냉이 2킬로그램 가격의 증류주가 생산되기 때문에 술 제조자로서는 원료 투자에 기반한 위탁생산 방식을 반긴다. 이러한 방식은 도매업자가 가계 단위 제조업자들을 술 공급망에 편입시켜 투자금 회수와 안정적인 물량 확보라는 두 가지 목적을 동시에 달성하는 데 유리하다.

　제조된 술은 평양으로 유통되는 비중이 압도적이다. 순천에서 남포항으로 수출용 석탄을 운송하는 트럭 운전사들이 주로 유통하며, 이들은 개인적으로 술을 운반해 주고 부수적인 수입을 얻는다. 평양에서 식당을 운영하는 책임자로부터 사전에 100킬로그램의 술을 주문받은 후, 순천에서 제조된 술을 실어 나르며 일정한 차익을 확보하는 것이다. 이러한 구조는 수백 대의 트럭이 순천에서 석탄을 적재한 후 평양을 경유해 남포항으로 이동하는 물류 흐름과 맞물려 있어 지역 간 상거래가 유기적으로 연결된다는 데 의미가 있다.

[표 11] 개인의 술 제조 공정과 유통 구조의 특징

제조 공정	과정	특징
원료 조달	농촌에서 조달한 강냉이를 순천의 각 종합시장 입구에서 도매	농촌 지역 생산물을 도시에서 밀주 원료로 소비
발효 및 제조	사법기관의 단속에도 발효 및 증류 설비가 부엌에서 텃밭으로 이동해 확장	술 공급 원천을 확보하기 위해 개인 자본을 투자한 위탁 생산 구조 정착
유통 구조	순천에서 평성, 평양, 남포 등을 통해 유통, 사법기관의 단속으로 위장망 필요	석탄 수출 물류망에 편입된 유통 구조
소비	평양을 비롯한 주변 도시 식당과 시장, 순천에 급증한 경제 주체별 탄광의 후생물자	지역과 지역 간 수요와 공급 네트워크 형성

가계 수익원으로 발달한 양돈업

　경제난 이후 북한에서 양돈업만큼 거주지나 계층을 불문하고 대중적으로 참여하는 시장은 드물다. 특히 양돈업은 가계의 주요 소득원으로 자리 잡으며 단순한 생계업을 넘어 사기업으로 발달했다는 점에서 의미가 있다. 양돈업은 새끼돼지 생산부터 돼지 사육, 도축과 유통, 판매 방식이 분업화돼 발달하며 지역경제 내 대규모 시장으로 성장했다.

　양돈업이 분업화되는 과정에서 가장 먼저 주목해야 하는 것은 '수정'과 '종축'이라는 신업종이다. '수정'은 암퇘지와 수퇘지의 교미를 말하는데, 수퇘지를 기반으로 수익을 얻는 주민을 수정업자라고 한다. 한편 '종축'은 암퇘지를 기반으로 새끼돼지를 생산해 이를 시장에 판매하는 업종으로, 이를 전문적으로 하는 주민을 '모돈업자' 혹은 '종축업자'라고 한다.

　북한의 현실에서 돼지 한 마리를 사육해 시장에 판매하면, 약 3인 가족의 1년 식량을 확보할 수 있는 것으로 알려져 있다. 식량 배급제가 마비된 북한의 현실에서도 돼지 사육이 대중화되고 있는 배경이기도 하다. 이에 따라 새끼돼지의 수요가 높다. 새끼돼지를 생산하려면 수정이 선행돼야 하는데 개인이 사육하는 종축용 암퇘지는 내각 농업성 축산총국 산하의 도, 시, 군 수의방역소 인공수정소 수의사로부터 인공수정을 받는 방식이 일반적이었다. 1990년대 중반만 해도 인공수정 비용은 강냉이 1킬로그램(공장노동자 1개월 월급)에 해당하는 수준이었으나, 점차 쌀 3킬로그램 수준(공장노동자 2개월 월급)으로 상승했다. 그럼에도 불구하고 수정 성공률은 낮은 편이었다. 인공수정을 받은 암퇘지가 제대로 수정되지 않거나, 수정되더라도 출산한 새끼돼지의 수가 다섯 마리 내외로 적을 때가 있다. 그러면 암퇘지를 사육하는 데 들어간 사료비용도 못 건지는 '실패'로 간주한다. 암퇘지가 아홉에서 열두 마리의 새끼는 출산해야 수정은 '성공'으로 간주된다.

　인공수정에 대한 낮은 신뢰도와 경제성 문제에 대응해 등장한 것이 자연수정 방식이다. 이 방식은 우량종 수퇘지를 사들인 개인이 종축용 암퇘지와 직접 교미시키는 형태로 통상 '자연수정'이라 불린다. 자연수정의 초기 비용은 쌀 10킬로그램(공장 노동자 7개월 월급)을 선불하는 방식으로 이루어졌으나 점차 후불제 방식으로 전환됐다. 교미 직후에는 돈을 받지 않고 암퇘지가 새끼돼지를 출산한 이후, 젖을 떼고 사료를 먹기 시작한 시점에 새끼돼지 한 마리(공장 노동자 13개월 월급)를 받는 방식이다. 이러한 구조는 수정 성공률에 대한 책임을 수퇘지 보유자에게 일부 전가하면서도, 종축업자 입장에서는 손해 위험도를 분산시키는 '신뢰 기반의 교환 관계'여서 양자 모두 환영한다.

순천에서 돼지 수정을 전문으로 하는 주민의 살림집 지붕에는 '수정'이라는 간판이 걸려 있는데 일종의 광고라 할 수 있다. 종축업자가 그 간판을 보고 암퇘지 교미를 의뢰하면. 수정업자는 자신의 집에서 기르는 수퇘지를 끌고 암퇘지가 있는 살림집 마당까지 직접 이동한다. 순천 시내 도로에는 종종 '걸어 다니는 돼지'들이 사람들의 눈길을 끄는데, 이는 수정용 수퇘지가 종축용 암퇘지에게 이동 중인 모습으로 이색적이다. 이렇게 형성된 자연수정 시장을 기반으로 수정업자와 종축업자들 중 일부는 지역 내 돈주로 성장하기도 했다.

순천에 자리한 종합시장 가축매대*에는 국영목장에서 생산된 새끼돼지와 개인이 생산한 새끼돼지가 함께 판매된다. 이 중에서도 개인이 생산한 새끼돼지의 수요가 더 높다. 특히 새끼돼지 가격은 암퇘지보다 수퇘지 가격이 비싼데, 이는 암퇘지보다 수퇘지의 발육이 빠르기 때문이다.

돼지 축산에서 가장 중요한 요소의 하나는 사료다. 돼지 사료로는 술 제조 과정에서 나오는 모주, 강냉이가루, 대두박, 두부찌꺼기, 염소젖, 그리고 인분 등이 사용된다. 도시 주민들은 주로 술

---

* 종합시장은 매일 개장하지만 돼지를 비롯한 개, 염소, 토끼 등 가축판매 시장은 농장원들의 휴일을 중심으로 1, 11, 21일에 종합시장 안에서 별도 개장한다.

모주를 사료로 활용하는 반면, 농촌에서는 염소를 키워 얻은 젖을 사료로 이용하는 경우가 많다. 염소젖을 물에 타서 들판에서 뜯어 온 생풀과 섞어 사료로 이용하면, 사료를 끓이는 번거로운 과정을 줄일 수 있어 농사에 바쁜 농민들에게 편리한 방법으로 자리 잡았다. 염소젖을 먹은 돼지는 발육 속도가 빠르다는 장점이 있지만, 도축 시에는 '우유 냄새'라 불리는 특유의 노린내가 나서 가격이 상대적으로 낮게 책정된다.

대중적으로 가장 많이 사용하는 돼지 사료는 술 모주다. 개인 살림집에서 술을 제조할 경우, 돼지 사료인 술 모주가 부수적으로 생산되기 때문이다. 순천에서 개인에 의한 술 제조와 동시에 돼지 축산이 활발하게 진전되는 이유 중 하나이다.

"고난의 행군 때처럼 굶어 죽을까봐 돼지 키우는 게 아니거든요. 돼지 기르는 집에서 강냉이 어느 정도 소비하는지 알아요? 돼지 한 마리 키우는데 하루에 술 모주 20키로 먹어. 모주가 곧 강냉이야. 이게 그니까 술 뽑는 집들이 한 번에 강냉이 한 톤 사. 큰 독 20개 놓고 술공장이야. 평양에서 전문 테(도매해) 가니까. 술은 없어서 못 팔지. 평양이 돈도 많고 술도 많이 먹는데잖아. 그 술에서 나오는 모주가 다 돼지에게 줘요." 면접자 5.

돼지를 부업으로 기르는 주민은 보통 1년에 한두 마리 정도 키우는 반면, 돼지를 주업으로 기르는 주민들은 술 제조를 병행하며 1년에 열에서 서른 마리까지 다단계 방식으로 사육한다. 술 모주 사료가 부족할 경우에는 순천식료공장이나 51건설사업소 등 국영공장 부업지에서 나오는 술 모주를 시장가격에 사들여 돼지 사료로 활용한다. 돼지에게 좋은 고급 사료로는 음식물 잔반이 꼽힌다. 순천에 증가한 개인 식당에서 나오는 잔반은 수요가 많아 식당 책임자와 인맥이 있어야만 구매가 가능하다. 또 개인 가정에서 나오는 쌀뜨물과 잔반도 돼지 사료로 활용되므로 쌀뜨물과 잔반도 시장가격으로 거래된다.

돼지 축산은 입지에 크게 구애받지 않아 아파트나 단층집 모두에서 가능하다. 예를 들어 순천 강포동 아파트는 넓은 세 칸짜리 방과 전실로 설계된 현대식 살림집이지만 돼지 축산 공간으로 활용되는 경우가 많다.

"강포동 아파트가 비날론공장 아파트로 1990년대 현대식으로 지은 아파트잖아요. 큰 방이 세 칸인데, 거기 아들이 살아서 갔다가 몇 집 가봤는데 방 세 칸짜리가 한 칸은 저리 돼지우리더라구. 넓은 집에 돼지가 골골하고 자고 있어. 지하창고에 돼지우리가 또 있어. 한 칸은 (술)독이 가득해서 여기가 술공장인지 돈사인지…." 면접자 5.

아파트에서 돼지를 사육할 경우 분변 처리는 주로 베란다에서 건물 하부까지 배관을 설치하고, 지면에 망울을 분변 저장소로 깊이 파는 방식으로 이루어진다. 돼지 분변은 배관을 통해 망울로 배출되며, 일정량 이상 축적되면 인근 농장에 판매된다. 대부분 농장에서 재배되는 채소와 물물 교환 형태로 거래된다. 이와 같은 방식은 도시에서의 가축 사육이 농업 구조와 어떻게 연결되는지를 보여 주는 사례다.

전염병이 돌면 돼지를 사육하는 개인은 큰 걱정이다. 돼지가 폐사하면 '1년 농사'가 무산되기 때문이다. 수의사들은 돼지와 개 등 가축의 질병 치료로 생계를 유지하기 때문에 돼지 전염병이 유행할 때는 돈을 벌 수 있는 기회이므로 바빠진다. 돼지 전염병의 주요 증상은 설사와 고열이며, 치료법으로는 혈관주사와 관장이 주로 사용된다. 그러나 치료가 효과를 보지 못하는 돼지에 대해서는 귀 한끝을 자르거나 꼬리를 잘라 피를 빼는 등 다소 원시적인 방법이 동원되기도 한다. 수돼지는 3개월 정도 자라면 거세를 해야 한다. 거세하지 않으면 발육 속도가 느려지기 때문이다. 이에 따라 거세를 대행해 주고 비용을 받는 업자들도 있다. 거세 비용은 쌀 1킬로그램 가격으로 책정돼 있다. 거세는 주로 국영 목장의 수의사가 담당하지만, 기술을 어깨너머로 익힌 가정주부들이 직접 해주고 돈을 받기도 한다.

돼지 사육 방식에는 개인 축산과 임대 축산 두 가지가 있다. 개인 축산은 자신이 직접 자금을 투자해 돼지를 기르는 방식이다. 반면 임대 축산은 자금이 부족한 주민들이 돈주로부터 새끼돼지와 강냉이를 투자받아, 술을 제조하며 나오는 모주를 사료로 활용해 돼지를 키우는 방식을 말한다. 임대 축산 방식으로 기른 통돼지의 판매 수익은 3:7 비율로 나누는데, 돼지를 사육한 개인 70%, 자금을 투자한 돈주가 30%를 가져간다.

돼지고기 판매 전략

개인이 사육한 돼지는 주로 도축 전문 상인에게 판매된다. 도축 전문 상인은 '도살꾼'이라고 한다. 도살꾼은 대개 여성 주부들이다. 이들은 매일 새벽마다 자전거를 타고 순천 주변 농촌 일대를 순회하며 70-90킬로그램 정도 되는 통돼지를 구매해 자전거로 운반한다.

농촌에서는 거의 모든 세대가 돼지를 기르는데, 이는 국가의 수매 정책과 밀접하게 연관돼 있다. 북한 당국은 매년 농민 1인당 어미돼지 한 마리를 길러 군부대 지원용으로 바치도록 의무화하고 있다. 농민이 당 정책 관철로 국가에 의무적으로 바쳐야 하는 돼지를 '군대돼지'라고 부른다. 만약 농민이 연말까지 군대돼지를 바치지 못하면, 농장 당국은 돼지 한 마리 가격만큼 농민의 연간 결산 분배에서 공제한다. 경제난 이후 도시에서 식량 배급제가 마비된 것처럼, 농촌에서도 연간 결산 분배량이 절반 정도로 줄거나 농사가 부진할 경우 거의 받지 못하는 상황이 발생한다. 따라서 군대돼지를 바치지 못할 경우 해당 농민은 결산 분배에서 돼지 가격 금액만큼 서류상 공제된다. 서류 상의 공제 조치는 농민들이 매년 사육하는 군대돼지를 당국에 납부하지 않고 시장에 판매하도록 유도한다.

특히 순천 주변의 농촌에서 농민들이 기른 돼지는 순천에 급증한 개인 탄광업자들과 물물 교환되는 특징을 보인다. 예를 들어 순천에서 탄광을 운영하는 업주는 국가공휴일이면 탄부들에게 고기와 술을 제공해야 하므로, 석탄을 싣고 농촌으로 이동해 돼지를 구매한다. 이 거래 방식은 양측 모두에게 이득이 된다. 농촌에서는 도시보다 석탄 가격이 비싸지만, 탄광 운영자가 직접 농촌으로 석탄을 운반할 경우 가격이 상대적으로 싸다. 그래도 탄광 운영자의 입장에서는 석탄토장에 넘겨주는 가격보다 높은 가격에 판매하는 셈이다. 이러한 이유로 순천의 용봉리, 금천동 등 농촌 지역은 다른 시·군에 비해 시장화가 빠르게 진척되고 있다. 도시와 농촌 간 생산과 유통, 공급으로 연결된 제1지대를 형성하고 있다고 말할 수 있다.

통돼지 판매에는 '노임돼지' 방식도 있다. 도살꾼들이 더 많은 통돼지를 확보하기 위해 돼지 주인과 고기 판매 수익을 나누는 노임돼지 방식은 도살꾼들이 고안한 거래 방식이다. 일반적으로 돼지를 판매할 때는 생대(산 채)로 거래되며, 킬로그램당 가격을 받고 판매하면 끝이다. 그러나 노임돼지 방식은 다르다. 이 방식에서는 도살꾼이 생대 가격을 먼저 지불한 뒤, 돼지고기를 판매한 후 나온 수익의 일부를 돼지 주인에게 추가로 나눠주는 구조다. 말하자면 기본 가격에 덤을 얹는 형식이다. 이처럼 노임돼지는 판매 이후에도 수익의 일부를 돌려받을 수 있다는 점에서 돼지 주인 입장에서 매력적이며, 도살꾼에게는 안정적으로 물량을 확보할 수 있다는 이점이 있다.

돼지는 도축 후 살코기와 비계를 분리하고, 부위별로 다시 가격이 매겨진다. 소비 수준에 따라 선호 부위도 뚜렷이 구분되는데, 소득 수준이 높은 주민들은 주로 암돼지의 살코기를 선호하고, 상대적으로 소득이 낮은 주민들은 주로 가격이 저렴한 비계를 구매한다. 돼지의 부산물도 다양한 방식으로 활용된다. 돼지 뼈는 비누를 제조하는 상인들에게 판매되고, 꼬리 등 기타 부산물은 석탄토장에서 경비용으로 기르는 군견의 사료로 유통된다.

순천에서 생산된 돼지고기는 석탄을 수출하는 트럭을 통해 평양의 식당과 시장으로 유통되는 비중이 크다. 특히 설날이나 추석 등 명절이 다가오면 평양시장 상인들은 순천의 도살꾼들에게 매일 수백 킬로그램 단위로 돼지고기를 주문한다. 이로써 순천에는 새벽부터 통돼지를 자전거에 싣고 바삐 움직이는 도살꾼들과, 도축한 돼지고기를 손수레에 싣고 트럭 운전사에게 넘겨주는 풍경이 펼쳐진다.

당시 북한에서 개인에 의한 양돈업이 발달한 현실은 북한의 육류 수입량이 급격히 줄어든 것과도 맞물린다. 2000년대 초 북한이 중국에서 수입하던 육류 중 돼지고기가 가장 높은 증가율을 보였지만, 2005년부터는 증가율이 29.9%로 급격히 감소하는 양상을 보였다.[11]

식생활 변화로 촉진된 제빵업

주민들의 소득이 상승하면 식생활의 변화는 필연적으로 나타난다. 순천 주민들의 식생활 문화 역시 이러한 변화를 반영하고 있다. 과거 배급제 시대에는 주식인 쌀밥조차 충분히 섭취하기 어려워 빵이나 당과류와 같은 간식은 명절에나 맛보는 식품이었다. 하지만 시장화는 북한 주민들의 간식 문화에도 변화를 불러왔다. 2003년, 개인이 개발해 순천시장에 내놓은 '고급빵'이 대표적이다. 설탕과 버터, 계란 등 영양과 칼로리가 높은 재료로 만들었다고 해 '고급빵'이라는 상품명으로 시장에 유통되던 이 식품은 고난의 행군 시기 전국 시장에 등장한 직경 8-10cm의 계란빵과 달랐다. 계란빵도 맛있는 간식으로 소비됐지만 순천에서 개발된 고급빵은 만드는 공정과 품질에서 계란빵과 확연히 구별됐다. 계란빵은 단순히 밀가루 반죽에 단맛이 날 정도로 사카린을 넣어 빵틀에 구운 후, 계란물을 겉에 입힌 빵이었다. 이 빵은 농촌 지역에서도 나무 연료를 이용해 손쉽게 만들 수 있었다. 반면 고급빵은 직경 15cm 이상으로, 밀가루와 설탕을 1:1로 반죽해 우유, 달걀, 버터, 콩기름을 넣고 이틀간 발효시킨 후 고열의 오븐에서 구워냈다. 칼로리가 높고 여름철에도 한 달간 부패하지 않아 냉장 설비가 부족한 북한에서 큰 인기를 얻었다.

우선 빵을 만들기 위해서는 원자재를 확보해야 한다. 주요 원자재는 밀가루, 설탕, 우유, 식용유, 버터, 달걀 등이며, 이 중 달걀을 제외한 모든 자재는 중국에서 수입한다. 예를 들면 순천의 한 돈주가 빵 생산에 필요한 밀가루와 설탕 등의 실수요를 파악한 후, 신의주에 있는 상인에게 전화로 주문을 넣는다. 주문을 받은 신의주 상인은 다시 중국에 주재한 북한의 무역회사 사장에게 연락한다. 전화를 받은 북한의 무역회사 사장은 중국 단둥에서 밀가루와 설탕을 확보한 뒤, 단둥에서 신의주로 들어가는 컨테이너 수송망을 통해 해당 물량을 북한으로 들여보낸다.

매일 아침 북한 신의주 세관에서 압록강 철교를 건너 중국 단둥으로 출발하는 무역 컨테이너 차량은 약 100-200대에 이른다. 이 차량들은 '평북' 번호판을 달고 오전 9-10시경 단둥으로 나갔다가 저녁 5-6시 사이 단둥세관을 통해 다시 평안북도 신의주세관으로 들어온다. 이들 중 일부 차량은 빈 차로 나가거나, 비교적 적은 물동량을 싣고 들어오는 경우가 많다. 이러한 차량 운전사들이 밀가루, 설탕 등의 자재를 운반해 주는 역할을 한다. 운전사들은 밀가루 25킬로그램짜리 포대 한 개당 중국 화폐로 10위안 정도 받으며, 북한 신의주 세관검사에 일정한 비용을 지불한 뒤 물자를 통과시킨다. 이후 원자재는 신의주의 상인에게 전달된다.

신의주에 원자재가 도착했다는 연락을 받은 순천 돈주는 차량을 임대해 직접 신의주로 이동한다. 현금을 지불하고 물량을 확보한 후, 이를 순천으로 운송하는 것이다. 순천에 도착한 원자재는 국영상점을 임대한 상점 운영자나 종합시장 상인에게 넘겨진다. 이 과정에서 신의주 돈주는 1차 도매자, 순천 돈주는 2차 도매자가 된다. 국영상점을 임대한 개인이 3차 도매자에 해당하고 종합시장 상인이 최종 소매자다. 개인에 의한 빵 생산이 증가하면서 밀가루와 설탕 등 원자재를 유통하는 시장이 발달하자 순천백화점에서는 밀가루와 설탕을 중국에서 직수입하거나 신의주에서 도매가로 유통한 후, 이를 국영상업망인 백화점 매대에 쌓아두고 빵 생산자들에게 후불제로 공급하기도 했다.

빵을 굽는 데 가장 핵심적인 설비는 '로(爐, 이하 오븐)'다. 이외에도 빵 반죽을 건조하는 건조대, 반죽을 올리는 가락지, 반죽 표면에 도장을 찍는 도장, 그리고 반죽을 오븐에 넣을 때 사용하는 빠또(철판대) 등이 필요하다.

오븐 설비는 개인 주문을 받아 제작하며, 주로 탄광기계공장의 기술자들이 제작해 판매한다. 제작자들은 공장 노동자들이 퇴근한 이후에 직장 간부에게 일정 비용을 지불하고 공장 설비와 전기를 사용해 오븐을 만든다. 완성된 오븐은 공장 노동자 3개월 치 월급에 해당하는 가격으로 판매된다. 철판의 두께와 상태가 가격에 큰 영향을 미치는데, 두꺼운 새 철판 자재로 오븐 설비를 제작했을 경우, 빵을 구울 때 열 유지와 열전달이 균일해 제품 품질이 좋아져 가격이 두 배 오른다. 주문을 받은 제작자들은 비용에 따라 철판 자재를 선택해 일주일 이내로 제작하고 완료된 오븐 설비를 배달해 준다.

빵 반죽을 건조하거나 모양을 잡는 데 필요한 건조대, 가락지, 그리고 빵을 굽는 빠또는 종합시장 철물 매대 상인에게 주문하면 며칠 내로 제작돼 배달된다. 빵 겉면에 찍어내는 도장은 경로동사업소의 도장공들이 제조해 판매한다. 도장 재료로는 목재보다 내구성과 질감이 좋은 수지가 선호된다. 빵을 생산하는 개인은 시장 경쟁력을 높이기 위해 빵 겉면에 찍는 도장 무늬를 자주 바꾸는데, 때로는 일주일 단위로 무늬를 바꾸기도 한다.

예를 들어 해바라기 꽃무늬 도장을 사용한 '해바라기 빵'이 인기를 끌면, 많은 업자들이 같은 무늬를 사용해 상품이 대중화되면서 경쟁력이 떨어진다. 그러면 다시 도장공에게 종달새 무늬 도장을 주문하는 등 차별화를 꾀한다. 상품 차별화에 대한 고민은 월

병 도장에서도 잘 드러난다. 순천에서 빵과 과자를 대량 생산하던 한 업자는 무역회사 간부를 통해 중국의 전통음식인 월병을 구입한 뒤, 월병 무늬를 모방한 도장을 만들어 월병 모양의 빵을 생산했다. 이러한 독특한 상품은 시장 판로 확대와 경쟁력 확보에 크게 기여한다.

빵을 만드는 공정에는 붓도 필요한데, 빵 반죽을 오븐에 넣기 전 표면에 붓으로 계란 물을 발라 먹음직스럽게 윤기와 색깔을 내야 하기 때문이다. 붓은 시장에서도 판매하지만 부드러운 붓을 원하는 개인은 자택에서 기르는 개의 꼬리털을 잘라 직접 만들어 사용하기도 한다.

빵 제조에 필요한 에너지원으로는 구멍탄(이하 연탄)이 사용된다. 이에 따라 순천에는 연탄 시장이 새롭게 형성되고, 수요가 높아지며 점차 확대돼 갔다. 제빵업자 한 명이 오븐 설비를 최소 세 개만 설치한다고 봐도 연탄 아궁이는 네 개가 필요하다. 빵을 구워내는 오븐 설비가 '쌍통로' 방식으로 설치되기 때문이다. 연탄 아궁이를 두 개 설치하고 아궁이와 아궁이 사이 가운데 오븐 설비를 놓고 쌍(양쪽)으로 열을 전달해 오븐을 달군다고 해 '쌍통로'라고 한다. 각 아궁이마다 네 대의 연탄이 들어가고, 서너 시간마다 연탄을 갈아 주며 24시간 오븐 설비를 가열한다고 가정하면 하루에 소비하는 연탄 수량을 가늠할 수 있다. 연탄 수요 증가는 영세민들에게 기회로 작용했다. 연탄 장사는 육체노동이 원가라고 할 만큼 적은 돈으로도 시작할 수 있어 가족의 식량을 해결하는 것을 넘어 얼마간의 돈도 저축할 수 있다.

석탄토장에서 분탄을 구매해 손수레로 옮기고, 연탄을 찍어 건조한 후 다시 손수레로 10km 거리에 있는 빵 생산지까지 매일 운반하는 일은 쉽지 않다. 하지만 매일 연탄 판로가 보장되고, 수익 또한 두 배이므로 연탄 장사는 가족 내 분업으로 진행된다. 힘이 센 남편은 새벽마다 손수레를 끌고 석탄토장까지 이동해 분탄을 구매해서 운반해 온다. 운반한 분탄을 살림집 마당에 쏟아 놓고 나면 다시 손수레를 끌고 진흙을 파서 운반해 오는 것도 남편의 역할이다. 석탄과 진흙을 3:1로 섞어 물 반죽을 하고 나면, 이제 자녀가 수동 기계로 연탄을 찍는다. 저녁에는 아내와 자녀가 마당에 널린 연탄을 전부 화로 벽에 쌓고 건조 작업을 시작한다. 건조 작업은 밤새 진행된다. 다음 날 아침 아내는 운반 도중 연탄이 깨지지 않도록 손수레에 볏짚을 깔고 차곡차곡 연탄을 쌓아 빵 생산기지로 운반한다.

빵 생산기지를 운영하는 업주가 직접 분탄을 톤 단위로 구매해 연탄을 찍을 경우에는 일공을 고용한다. 연탄 일공은 개수당 비용을 받으며, 연탄이 건조되는 기간에 경비를 서주면 경비 비용을 별도로 받는다. 건조된 연탄을 창고로 운반해 쌓는 작업은 서비스로 제공된다.

빵 생산 공정은 반죽, 발효, 성형, 굽기, 건조, 포장 순으로 진행한다. 여기서 원자재를 혼합해 반죽하는 공정과 발효 공정은 기술 공정이므로 가장 중요하다. 기술 공정은 경영상 비밀이기 때문에 제빵업자가 직접 진행하고 성형과 굽기, 포장 공정은 일공들이 담당한다. 이 모든 공정을 진행하기 위해서는 입지가 중요하다. 화덕을 갖춘 작업장이 있어야 하며, 원료와 완제품을 보관할 수 있는 공간도 필요하다. 이러한 이유로 과거 행정상 노동자지구였던 연포 지역이 빵 생산기지로 발달하는 특징을 보였다. 연포 지역의 단층 주택과 도로 교통은 빵 생산에 유리한 입지로 작용한다. 단층집 텃밭 공간은 석탄연료와 원자재 보관 창고로 이용할 수 있고, 주택과 연결된 넓은 도로는 자전거, 수레, 자동차 등으로 빵을 도매해 가는 타 지역 상인들의 주차 장소로도 활용할 수 있었다.

빵은 주로 순천에 급증한 탄광 운영자들이 탄부들의 후생물자로 공급했다. 특히 탄부들에게 명절 물자로 공급되는 식품은 빵보다 과자가 많다. 따라서 빵을 생산하던 개인은 탄광으로부터 수백 킬로그램의 과자를 주문받으면, 즉시 과자 생산에 돌입한다. 순천에서 생산되는 고급빵과 과자가 인기 상품으로 유명세를 얻게 되자 평성을 비롯한 인근 도시에서도 주문이 들어왔다. 당시 평성에도 고급빵을 만드는 개인이 있었으나 품질이 순천에 밀렸다. 평성의 경우 빵 설비를 제작할 기계공장이 존재하지 않기도 하지만 석탄 에너지 가격이 순천에 비해 두 배 정도 비싸다. 전기로를 이용해 빵을 생산하는 업자도 있었지만, 전기 공급은 불안정하다. 평성이 순천보다 가격 경쟁에서 밀릴 수밖에 없는 구조라고 할 수 있다. 석탄을 연료로 제작하는 시장에서 순천은 확실한 비교우위에 서 있었다.

2010년대 들어 개인이 운영하는 제빵·제과업은 축소된 것으로 알려졌다. 평양무역회사 등 순천과 인접한 평양에 현대적 설비를 갖춘 식품산업이 급격히 증가한 영향으로 분석된다. 면접자 1, 2에 따르면 2000년대 중반 순천에는 개인이 만든 빵과 과자가 60% 이상이었으나 2010년대부터는 대부분 평양에서 생산된 빵과 과자가 유통된다. 평양무역회사에서 생산된 과자와 빵, 에스키모 등 다양한 식품들이 차량으로 유통돼 지방에서 판매된다. 하지만 '똘뜨점'이라는 새로운 형태의 개인 제과점이 등장하기도 했는데, 여기서 '똘뜨'는 케이크를 의미하는 북한식 표현이다. 똘뜨를 만드는 개인의 살림집 대문에는 '똘뜨 팝니다'는 간판이 걸려 있다. 그 간판을 보고 똘뜨를 사려는 구매자가 들어가면 선호에 따라 다양한 똘뜨를 주문할 수 있도록 여러 형태의 제품 사진이 게시돼 있다고 한다. 똘뜨의 크기는 다양하다. 판로를 확보하기 위해 밥공기 크기로도 똘뜨를 제작하는 개인 제과점이 등장해, 소득이 낮은 가정에서도 똘뜨에 촛불을 꽂고 가족의 생일을 축하해 주면서 기쁨을 나누는 게 가능하다고 한다.

[그림 24] 살림집을 이용한 제빵·제과업 현장: 영업자와 연결된 시장 네트워크

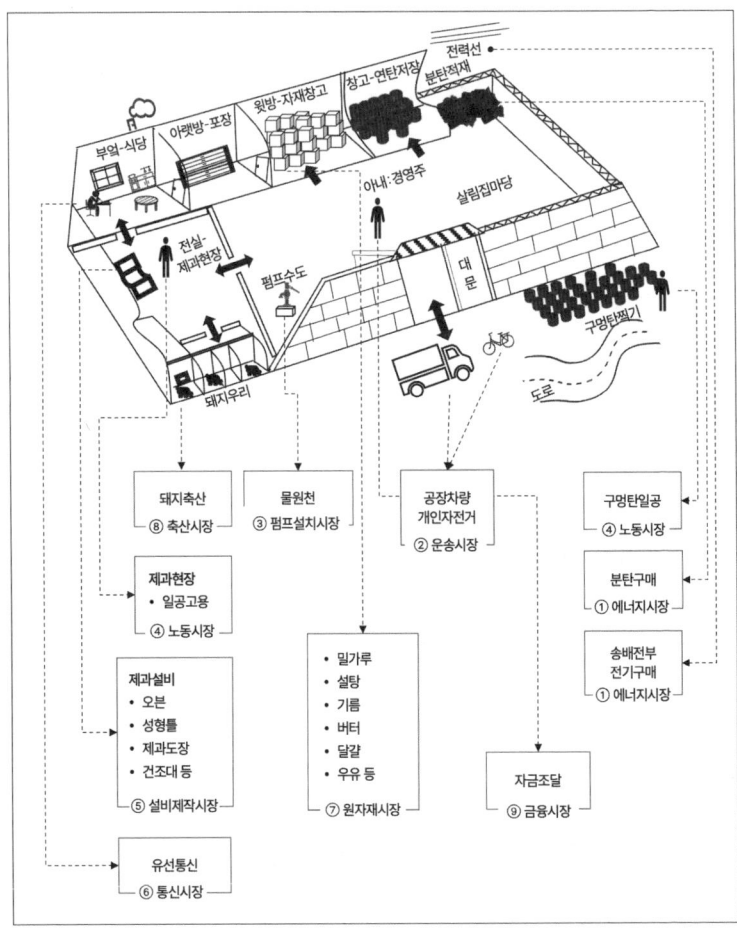

11장 건자재산업

시멘트산업 연계 모래 채취 발달

2010년대에 들어 순천의 시멘트산업에 계획 외 생산 주체가 등장하면서 시멘트 생산량이 크게 증가하자 모래시장 규모도 확대됐다. 순천은 대동강 중류에 위치하고 있으며, 대동강의 수심이 깊어 모래와 자갈 자원이 풍부해 모래 채취에 유리한 조건을 갖추고 있다. 시멘트와 모래는 보완재기 때문이다. 보완재란 하나의 재화를 소비할 때 다른 재화의 소비가 함께 상승하는 관계를 뜻한다. 예를 들어 프린터와 잉크는 한 재화가 없으면 소비될 수 없듯이 시멘트와 모래도 마찬가지다.

모래를 채취하려면 우선 선박을 마련해야 한다. 일정 깊이의 수심까지 이동해야 모래 채취가 가능하기 때문이다. 따라서 모래 채취에 나서기 위해서는 국영공장과 연계해 선박을 제작하는 과정을 거치게 된다. 모래 채취뿐 아니라 조개, 물고기 등 수산물을 잡기 위해 바다로 나가는 경우도 마찬가지다. 면접자 15는 선박을 제작하기 위해 북한 군 도로국 27여단장의 운전사였던 친구에게 선박 제작에 필요한 철판을 해결해 달라고 도움을 요청했다. 운전사는 철강재가 사회보다 군부에 우선 공급되는 구조를 알고 있었다. 이에 운전사는 명목으로는 여단장의 업무용 차 타이어를 교체하는 비용으로 300달러를 요구했고, 면접자 15는 운전사에게 300달러를 주고 두께 5-6mm짜리 철판을 받았다. 이후 인맥이 있는 기계공장 간부에게 선박 제작비용은 후에 주겠다고 하고 선박 제작을 의뢰했다. 개인이 주문하는 소형 모래 선박은 길이 3.5m 너비 1.5m, 높이 1.2m 정도로 한 번에 약 1-3톤 정도의 모래를 실을 수 있는 규모다. 어선과 달리 모래 선박은 강에서 채취한 모래를 싣고 여러 차례 강기슭을 오가야 하므로 작아야 효율적이다.

면접자 25의 선박 제작 사례는 접근 방식이 다르다. 면접자 25는 평소 가동률이 낮아 일감을 찾기 어려웠던 5급 규모의 기계공장 지배인에게 선박 제작을 제안했다. 지배인은 제작비로 2,000달러를 요구했는데, 그가 비싸다고 거절하자 지배인은 1,500달러로 낮추되 그중 500달러는 지배인에게 직접 지급하는 조건을 제안했고, 면접자 25는 이 조건에 합의했다. 다음 날, 지배인, 부지배인, 부기장, 계획과장 등 공장 참모진 회의에서 선박 제작 관련 안건이 상정됐다. 부기장은 제작 비용으로 2,000달러가 필요하다고 주장했으나 면접자 25는 비싸다고 거절했다. 자재가 없어 가동도 못하는 형편에서는 1,000달러도 큰 돈이었다. 사전에 약속했던 대로 면접자 25는 1,000달러로 선박 제작을 제안했고, 이에 공장 지배인이 동의하면서 모두 받아들였다. 회의 후 지배인의 지시로 계획과장이 공장 설계과에 선박 설계를, 제관 작업반에는 선박 제작 관련 작업을 지시했다. 노동자 다섯 명이 제작에 투입됐으며, 제작 기간 동안 노동자의 점심과 저녁 식사(술 포함)는 제작을 주문한 면접자 25가 제공했다. 한 달 만에 선박이 완성됐다. 이 외에도 수산사업소에서 폐기한 선박을 싼 값으로 사들여 개인이 직접 수리 및 개작하는 사례도 있다.

개인의 자금력에 따라 선박을 한 척만 운영하는 경우도 있고, 두세 척 이상 보유하고 모래 채취에 나서는 경우도 있다. 선박을 보유하고 모래 채취에 나선 업주를 '선주(船主)'라고 부른다. 선주가 보유한 모든 선박은 지방정부에서 부여한 번호판이 있어야 운행할 수 있다. 선박 번호는 순천 지방정부에 선박의 규모와 보유 숫자 등의 서류를 제출하면 며칠 이내 부여된다. 선박 보유량은 제한이 없으며 각각의 선박에 고유 번호가 부여되면 선박 숫자만큼 지방정부에 수익금의 일부를 매달 납부해야 한다.

한두 척의 선박을 보유한 선주는 직접 생산 공정을 관리하지만, 세 척 이상 보유한 선주는 대리경영인을 고용해 모래 채취, 유통, 회계 및 인력 관리를 위임하는 경우가 많다. 대리경영인은 일반적으로 선주의 친인척이 맡는다. 대리경영인의 역할에서 중요한 것은 노동력의 조직과 관리다. 모래 채취, 선박 운항, 강기슭 운반과 하역, 판매가 분업화돼 공정마다 필요한 인력을 적절히 고용하고 조율해야 한다. 생산관리를 대리인에게 위임한 선주는 국가건설장이나 개인 부동산 건설장 등 모래 수요처를 발굴하는 데 집중한다.

모래 채취 공정에서 핵심 노동력은 '모래공'이다. 모래공은 새벽이 밝기 전부터 어두워질 때까지 선박을 타고 강 한가운데로 나가, 도르래가 달린 철제 바가지를 이용해 수심 아래의 모래를 퍼올리는 중노동에 종사한다. 이 일은 체력 소모가 크고 건강한 신체를 요구하기 때문에 주로 젊은 남성들이 고용된다. 모래공의 하루 노임은 쌀 5킬로그램으로 공장 노동자의 10개월 정도의 월급(평균 2,000원)에 해당한다. 2010년대 북한 시장에서 쌀 1킬로그램 가격은 평균 4,500원이었다. 모래공은 대리경영인이 모집하는데, 현지 주민보다는 타 지역 출신을 선호한다. 육체노동에 비해 임금이 낮아 본토박이들은 꺼리기 때문이다. 순천 주변 농촌에서 온 농민들이 모래공으로 고용되는 경우가 많다. 이들은 농장에서 일하는 것보다 높은 수입을 얻기 때문에 자발적으로 이 일에 지원한다. 일 년 내내 농장에서 일하며 노력공수를 받아 봐야 연말에 약 300킬로그램 정도의 식량을 분배받는 것이 전부지만, 이마저 절반이 줄어들거나 아예 받지 못할 때가 많다. 하지만 모래공으로는 3개월만 일해도 300킬로그램 이상의 식량을 사고도 일정 수준의 현금을 저축할 수 있다. 이렇게 현금을 저축한 농민들은 살던 집을 허물고 그 부지에 살림집을 신축해 농촌 사람들의 부러움을 산다. 이는 농촌에서 도시로 노동력이 이동하는 탈농화 현상을 촉진시킨다.

모래공이 강 한가운데서 채취한 모래가 선박에 쌓이면, 모래를 전문 강 기슭까지 운반하는 선박에 이적한다. 모래가 적재된 선박을 강기슭으로 끌고 나오기 위해 노를 젓는 인력을 '노공'이라고 한다. 2-3톤의 모래가 적재된 선박의 노를 저어야 하므로 모래공과 마찬가지로 힘이 세고 젊은 남성을 고용한다. 주로 30-40대 남성이 고용되지만 경험이 있는 노공은 연령에 관계없이 고용되기도 한다. 노공의 하루 노임은 대략 쌀 2킬로그램으로 공장 노동자의 4개월 정도의 월급에 해당한다.

모래 채취에 나선 선박이 급증하면서 대동강 수역을 둘러싼 분쟁도 발생한다. 특정 구간을 두고 다툼이 벌어지는 것이다. 이에 따라 순천시 인민위원회는 분쟁을 조정하기 위해 각 선박마다 수역을 지정해 준다고 한다. 그럼에도 불구하고 수심이 깊고 모래가 많은 구간을 먼저 확보하려는 경쟁은 치열하다. 동이 트는 새벽이면 대동강에는 앞머리에 번호가 새겨진 많은 선박들이 저마다 좋은 수역을 차지하기 위해 바삐 출동하는 광경이 장관을 이룬다고 한다.

"아침에 일어나 아파트 창문으로 대동강을 바라보면 대동강 위로 모래 배들이 군함처럼 편대로 나간다. 배들은 좋은 모래가 있는 장소를 먼저 확보하려고 서두른다. 그래서 대동강 자리를 가지고 선주들 간 분쟁이 일어나기도 한다. 이러한 분쟁을 막아보려고 인민위원회가 배마다 번호를 주고 모래채취 구간을 정해주기도 한다. 그러나 고정된 자리는 없다." 면접자 19.

강기슭에 모래 선박이 도착하면 하역한 모래를 강둑 적재장까지 운반해야 한다. 여기에 고용된 일공을 '마대공'이라고 하는데, 강둑이 높기 때문에 마대공은 등짐으로 모래를 날라야 한다. 모래시장에서 가장 많은 일공이 고용되는 업종이기도 하다. 마대공에 고용되기 위해 새벽부터 대동강 주변에는 타 지역 사람들이 새까맣게 모여든다고 한다. 마대공은 모래를 나르는 양에 차이가 있기 때문에 실적으로 일당이 지불된다. 30대의 남성은 한 번에 최소 50킬로그램의 모래를 마대에 넣어 운반할 수 있지만, 신체가 허약하거나 나이가 많을 경우 20킬로그램 정도만 운반할 수 있기 때문이다. 따라서 마대공의 일당 노임 계산은 시간제가 아니라 운반한 모래의 양에 따라 지불된다.

도로와 연결된 강둑에 적재된 모래를 화물 트럭에 상차하는 인력은 '상차공'이라고 한다. 상차공의 하루 노임은 쌀 1킬로그램 가격으로 계산된다. 이 밖에 모래를 훔쳐가지 못하도록 지키는 모래경비원이 있다. 경비원은 쌀 10킬로그램 가격을 월급으로 받는다.

금천강에서도 모래를 채취하는데, 여기서 채취된 모래는 대동강 모래보다 입자가 굵어 미장용으로는 사용되지 않고 콘크리트용 모래로 판매된다. 대동강과 금천강에서 채취된 모래는 국가정책으로 추진되는 도시건설장과 아파트 건설, 개인 부동산 건설장 등으로 유통해 시장가격으로 판매된다. 선별 공정을 여러 차례 거친 보드라운 모래는 신의주 항구를 통해 중국시장으로 수출한다.

모래를 채취하고 판매하는 시장이 대동강 일대에서 활성화되자 골목상권이 자연스럽게 형성됐다. 모래공, 마대공, 노공과 같은 노동자들이 식사를 하거나 술과 담배 등의 소비를 위한 식당과 매점 등이 필요했기 때문이다. 2000년대 초만 해도 관심 받지 못했던 순천의 대동강이 2010년대 들어서면서 '황금알을 낳는 강'[12]으로 변모한 것이다.

[표 12] 시기별 모래 채취 변화와 특징

연도	주체	채취 방식	공급 구조	특징
1990년대 중반 이전	국영기업	국가에서 연료를 공급받아 골재사업소의 설비로 모래 채취	도시건설 및 공장 건설 등에 공급	계획으로 생산·공급
1990년대 중반 이후	개인	삽, 자루 등 수공구로 모래 채취	자가 소비 및 시장 판매	생계형 장사
2000년대	개인	수동적 방식, 혹은 골재사업소 굴착기 운전사와 사업해 모래 채취	자택 증축에 소비하거나 지역시장에 판매	수익형 모래장사
2010년대	국영기업/개인	개인 자본으로 선박·설비 제작해 분업적 방식으로 모래 채취	시장가격으로 내수 및 수출	정부 세원으로 기능

위생사업과 농업의 필요로 부각된 생석회 제조

석회석을 소성로에서 가열하면 생석회가 생성되며, 생성된 생석회가 물과 반응하면 소석회가 된다. 순천에서는 생석회에 물을 뿌리면 횟가루 분말이 된다고 해 생석회를 '돌 횟가루'로 부르기도 한다. 따라서 생석회를 판매한다고 할 때는 소석회도 포함한다. 북한에서는 석회석이 매장된 일대 중심으로 소석회공장을 운영했지만 경제난 이후 가동이 멎거나 일부 해체되면서 소석회 공급이 어려워진 것으로 알려졌다. 그럼에도 소석회는 전국적으로 수요가 많다. 해마다 소석회가 필요한 시기는 3-4월 봄철위생월간이다. 겨울이 지나고 봄철이 다가오면 여러 전염병의 근원을 없애는 위생사업이 시작된다. 이 사업은 1958년 중앙위생지도위원회 제2차 확대위원회에서 나라의 위생상태를 혁신시키라는 당중앙위원회 상무위원회 결정, 내각 결정 제52호에 의해 시작된 이후 현재까지 이어지는 국가적 사업이다.[13] 봄철위생월간에는 공공건물과 개인 살림집 안팎, 울타리, 마을과 거리 등을 하얗게 회칠하고 화단도 조성해 위생문화사업을 강화한다. 이 과정은 단순한 실무적 문제가 아니라 사회주의 제도에 대한 신념과 관련돼 모든 일군들과 근로자들이 한 사람같이 떨쳐나서야 하는 사상사업의 성격이 부여된다.[14] 따라서 봄철에는 전국에서 거리와 마을, 살림집마다 횟가루를 바른다. 이때 세대별로 소비하는 횟가루, 즉 소석회는 2-3킬로그램 정도이다. 공장과 학교 등 공공건물에서도 횟칠 작업이 진행되므로 3-4월에 횟가루는 집중 소비된다.

　소석회는 농업 부분에도 필수적이다. 해마다 봄철 영농기가 다가오면 북한 당국은 각 농장마다 지력을 개선해 알곡 증산에 대책을 세우라고 강구한다. 산성화된 농경지를 중성화해 알곡 수확고를 높이라는 것이다. 산성화된 농경지를 중성화하려면 소석회를 뿌려야 한다. 이 사업은 형식적인 측면이 있어서 농장에서는 일부 토지에만 소석회를 뿌리는 정도에 그쳤다고 한다.

　하지만 코로나19 이후 김정은은 농업 부문 간부들의 실무적 태도를 강력히 지적하며 기강을 세우고 있다. 최고지도자가 남포시 온천군 안석간석지 내 침수된 농경지에 직접 들어가 '건달뱅이 간부'들을 공개적으로 비판할 정도다.[15] 특히 내각 총리에게 책임을 묻는 등 관련 기관에도 집중검열을 지시한 바 있다. 당중앙위원회 제8기 30차 비서국 확대회의에서는 남포시 온천군 간부들의 음주접대 행위와 자강도 우시군 농업감찰기관의 비리 행위를 공개 질타하면서 해당 기관의 당위원회를 해산하는 조치까지 강행했다.[16] 이로 인해 최근 북한의 농업 부문 간부들은 정책으로 강조되는 산성화된 농경지를 개선하는 사업에 최선을 다해야 한다. 그러자면 시장가격으로 판매되는 소석회를 반드시 구매해 토지 개량에 나서야 했는데, 자금이 부족한 일부 농장에서는 사채 돈을 돌리는 사례까지 나타났다.[17] 특히 지방발전 20×10정책으로 추진되는 지방 공업공장과 농촌주택 건설에도 소석회가 건설자재로 이용돼 소석회 수요는 높아지고 있다. 이러한 배경은 생석회 실수요를 증가시키며 순천에 자리한 생석회 시장을 부각시켰다.

생석회의 원료인 석회석을 채굴하기 위해서는 광석이 매장된 산지에 수백 미터의 구멍을 뚫은 후 폭약을 알맞은 방향과 각도로 넣어 폭파해야 한다. 이를 위해 폭약의 원료를 확보해야 하는데 폭약의 원료는 중국에서 수입하거나 2경제 부문에서 유출된다고 앞서 설명한 바 있다. 해마다 《노동신문》에서는 순천에 자리한 석회석광산이 "20만산, 30만산 대발파"로 계속 혁신, 계속 전진한다며 석회석이 매장된 산지가 폭파되는 모습을 전하고 있다.[18] '산'은 북한에서 폭발로 생기는 부산물의 양을 측정하는 체적 단위로 m^3(루

베) 정도의 크기다. 암석은 구성 광물에 따라 밀도가 다르므로 금속광물을 포함하면 5-10톤 정도이고, 시멘트 원료인 석회석은 약 2.7톤 내외다. 석회석 채굴은 발파공법으로 진행되므로 발파 규모가 10만 산 이상이면 대발파로 분류된다.[19] 북한 매체에 의하면 2022년 1년간 순천 석회석광산에서 총 아홉 차례 대발파를 진행했는데, 이는 석회석에 대한 실수요가 증가한 현실을 시사한다.

    석회석을 고온에서 가열하려면 소성로를 설치해야 한다. 소성로는 석회석을 고온에서 가열해 생석회를 얻는 설비를 말한다. 소성로는 본체와 석탄연료 투입구, 연소를 배출할 굴뚝으로 비교적 구조가 간단하다. 소성로를 설치하는 부지로는 보통 개인 살림집 텃밭이 이용된다. 소성로 내벽은 고온을 견딜 수 있는 내화벽돌로 축조한다. 내화벽돌은 앞서 언급했듯이 시멘트연합기업소 산하 내화물공장에서 판매한다. 2017년 기준 순천시장에서 내화벽돌 한 장 가격은 0.2달러였다고 한다. 소성로 설치에는 공장에서 일하는 축로공 등 기술 인력이 고용된다.

    소성로를 설치하고 나면 고열량의 석탄을 투입해 석회석을 소성하는데 소성로의 온도가 균일하게 유지되면 고품질의 생석회가 생산되지만, 열량이 낮은 석탄을 사용하거나 로 관리가 미흡할 경우 생석회의 품질이 저하된다. 품질이 높은 생석회는 가벼우며 물과 반응할 때 급격히 발열하며 하얀 분말 형태의 횟가루로 변한다. 소성이 충분이 되지 않은 생석회는 무겁고, 물을 부었을 때 반응이 약해 석회석의 일부가 까맣게 남는다. 품질이 높은 생석회는 용광로에서 소비되므로 가격이 비싸다. 생석회는 용해된 철 속의 불순물과 반응해 슬래그(찌꺼기)를 형성하기 때문에 철강 제조에도 필수적인 자재다.

석탄 수송의 발달로 파생된 차 유리 제작

차 유리 제작은 석탄산업에서 수송의 발달로 파생된 시장이다. 특히 차 유리 제작은 지역과 지역 간 시장이 연결되면서 시너지 효과가 나타난다는 특징이 있다. 순천에서 생산된 수출용 석탄이 남포항으로 유통되고, 남포에서 생산된 판유리가 순천으로 공급되며 자원이 순환되는 대표적 사례다.

차 유리 수요자는 주로 수출용 석탄을 전문 운송하는 트럭 운전사들이다. 순천에서 남포로 이동하려면 평양을 경유해야 하는데, 평양 입구 초소에서 각종 차량 상태를 엄격하게 검열한다. 앞 유리가 깨지거나 차체에 흙탕물이 묻은 차는 평양 도로에 진입할 수 없다. 이를 대비해 트럭 운전사들은 차량을 세차하거나 깨진 유리를 교체하는 데 신경을 써야 한다. 차 유리를 교체하고 세차하는 등의 자체 점검은 석탄을 싣고 출발하는 지점인 순천에서 하는 것이 효율적이다. 순천에서 차 유리 제작과 세차장 등이 활성화된 것은 2000년대 중반부터 북한의 대중 석탄 수출이 급격히 증가한 배경과도 맞물린다.

순천에서 차 유리 제작에 뛰어든 주체는 석탄토장에서 약 5km 떨어진 연포동 아파트 주민이었다. 연포동 아파트는 수출용 석탄을 싣고 출발하는 트럭 차량들이 가장 먼저 경유하는 지역이다. 입지적 특성이 차 유리 제작에 유리한 조건으로 작용한 것이다.

차종에 관계없이 대부분의 차 유리는 개인이 마련한 작업 공간에서 수공업 방식으로 제작된다. 차 유리를 제작하려면 판유리를 먼저 조달해야 한다. 판유리는 남포에 소재한 유리공장에서 조달하는 방식이 보편적이다. 남포에는 2005년에 중국이 약 2억 6000만 위안의 무상원조를 제공해 준공된 대안친선유리공장이 자리하고 있다. 이 공장에서는 3mm에서 12mm 사이의 다양한 두께의 판유리가 생산된다.[20] 중국에 석탄을 수출하며 순천을 오가는 무역회사에서 중국산 판유리를 수입해 순천으로 운송해 판매하기도 한다.

차 유리 제작자는 조달한 판유리를 차 운전사의 주문에 따라 해당 차량의 크기에 맞게 절단한다. 절단한 판유리는 가장 자리를 보드라운 뻬빠지로 연마해 매끄럽게 다듬고 작업장에 비치된 고정 틀에 끼운다. 연마 공정이 마무리 된 판유리를 곡면으로 변형시키려면 카바이드 산소가 필수다. 카바이드 산소는 북한의 산업에서 용접이나 철판 절단에 사용되는데, 이를 개인이 유리 곡면 성형에 활용하는 것이다.

석회석 매장량이 풍부한 순천에는 산업용 카바이드를 전문 생산하는 카바이드 공장이 봉우동에 자리하고 있다. 또 순천동과 역전동, 수복동에 걸쳐 위치한 석회질소비료공장(2020년 순천린비료공장으로 준공)에서는 농업용 비료를 생산하기 위해 카바이드가 생산된다. 각 공장은 중앙공업이므로 규모가 크다. 유리 제작자는 카바이드로 생산된 산소가 통에 밀폐돼 공업용과 농업용, 혹은 의료용으로 공급되는 과정에서 해당 실무자와 사업해 구매다. 카바이드 산소통과 연결된 산소기를 사용해 판유리의 특정 부분을 서서히 가열하는 작업은 장인의 기술이 필요하다. 섬세한 수작업으로 유리가 유연해지면 곡면 형태로 성형하는데, 화가가 그림을 그리듯 천천히 작업해야 한다. 곡면으로 성형된 판유리는 중국산 대형선풍기를 이용해 서서히 냉각시켜 강화 유리로 제작한다. 이렇게 완성된 차 유리는 주문자의 차 크기에 맞춰 제작자가 장착해 준다. 20톤 화물 트럭의 차 유리를 제작해 직접 장착해 주고, 운전수로부터 받는 비용은 보통 100달러에 달한다.

12장

재활용 철강산업

　북한에는 약 30억 톤의 철광석이 매장돼 있어 해방 전부터 철강산업이 자리하고 있었다. 해방 후에도 제철·제강 및 제련 분야를 포괄하는 철강산업은 북한의 중공업 분야에서 핵심 산업으로 내각 금속공업성이 관리 감독했다.[21] 북한에서 철강산업은 김책제철연합기업소, 황해제철연합기업소, 성진제강연합기업소, 천리마제강연합기업소 등이 주도한다. 하지만 1990년대 경제난 이후 에너지난과 원자재난으로 대규모의 제철소와 제강소, 제련소의 가동률은 하락했다. 김정일 정부에 이어 김정은 정부도 제철소와 제강소를 살려내기 위해 에너지 절약형 '산소 열법 용광로'를 건설하고 '주체 철' 생산에 주력하고 있다. 하지만 최대 규모의 김책제철소마저 강철 생산에 필수적인 콕스가 공급되지 않아 가동이 어렵다고 한다. 따라서 북한의 주요 산업에 필요한 철강은 턱없이 부족하다.[22] 순천을 비롯한 여러 지역에 계획 외 철강산업이 등장한 배경이다.

계획 밖에서 운영되는 철강산업은 김책제철연합기업소 산하 청진제강소처럼 무산광산에서 정광을 공급받아 입철이나 삼화철을 생산하고, 이를 기반으로 강재와 철근 등을 제련하는 국영 철강산업과는 다르다. 여기서 논의하는 철강산업은 개인이 국영광산과 연계해 정광을 조달하거나, 시장에서 조달한 자투리 철이나 폐차에서 수거한 철판 및 고철을 원재료로 철판, 철근, 용접봉 등을 생산하는 계획 외 단위를 의미하므로 이를 '재활용 철강산업'으로 정의하고자 한다. 재활용 철강산업은 국가경제가 회생되지 못한 환경에 대응한 시장이라고 말할 수 있다. 특히 재활용 철강산업은 해마다 추진되는 평양 건설과 개인 부동산 건설에 필요한 강재와 철근을 조달하는 구조와 연계돼 있어 대북제재가 장기화되고 있는 상황에서도 국가 건설사업이 지속될 수 있는 배경을 이해하는 데 중요한 열쇠가 된다.

고철 매입처 개인 강철기지

먼저 순천 동암동에 자리한 강철기지를 보고자 한다. 2015년 경, 인민위원회의 인허가를 받고 순천시 인민위원회 소속으로 개인이 운영하는 강철기지가 신설됐다고 한다. 경영자는 순천 주민으로 남성이다. 강철기지의 생산 단위에서는 고철을 전문 매입하는 작업조의 역할이 중요하다. 고철 매입 작업조는 기지가 보유한 화물차를 타고 순천을 비롯한 타 지역을 돌면서 강철 생산자재인 고철을 조달한다.

고철 매입 방식은 다양하다. 흔히 학교와 인민반 등에서 수매한 고철을 사들이거나, 고철을 전문 매입하는 상인을 통해 차량으로 사들이기도 한다. 순천에서 개천으로 나가는 철교 일대에서는 살림집 마당을 고철 매입장으로 활용하며 24시간 고철을 사들이는 상인들이 밀집돼 있다. 산더미처럼 고철이 쌓이면 강철기지에 톤 단위로 넘기는 식이다. 이 일대는 도로와 인접해 차량 진입에 유리하다. 고철은 보통 10톤 단위로 거래되므로 10톤의 고철을 트럭에 상차할 인력이 필요하다. 고철 도매지 주변에 상차인력이 항시 대기하는 이유다. 고철 상차 인력은 위험 수당이 부과돼 석탄이나 모래 상차 인력보다 노임이 두 배 더 높다고 한다.

"순천에 파철 파는 데가 전문 있거든. 개천철교 가는데 고금속(사업소) 말고 개인이 전문 파는 데 많아. 그 집 가보면 마당에 파철데미가 산처럼 높아. 거기서 10톤 트럭 끌고 가서 파철 사는데 여기저기서 다 모은 거니까 삐죽삐죽한 거 막 이런거 파철 상차공은 위험하잖아. 석탄이나 모래 상차는 삽으로 일하지만 파철은 손으로 실어야 하니 일공 비용이 높지." 면접자 2.

이렇게 조달된 고철을 용광로에서 용해하는데, 고철을 녹이는 과정에서 불순물을 제거하기 위해 생석회를 첨가한다. 앞서 살펴본 개인이 제조해 시장에 판매하는 생석회가 용광로에 사용되는 것이다. 용광로에서 나오는 쇳물은 몽둥이 형태로 주조된다. 이를 다시 가열한 후 압연 공정을 거쳐 철판이나 철근으로 가공한다. 이후 일정한 크기로 절단해 시장에 판매할 제품으로 완성된다.

2017년 상반기까지 순천에 거주하며 개인 강철기지와 국영 강철공장에 가보았다는 면접자 2는 연봉동 시내에 자리한 국영 강철공장과 동암동 농촌에 자리한 개인 강철기지를 보고 놀랐다고 말했다. 강철공장은 설비 노후화로 가동이 미비한 데 비해 개인 강철기지는 수입산 설비를 구축해 철판과 철근을 생산하고 있다.

"동암리* 농촌에 개인이 운영하는 강철기지 있는데 진짜 놀랐어. 개인이 용광로 차리고 기계 차리고 하는데 공장 델루(저리) 가라야. 철몽둥이 뽑고 그거 가지고 100미리 뽑고 또 5미리로 연신해 달라는 사람이 있으면 또 5미리로 뽑고. 설비가 다 수입설비구 완전 기계화야. 강철공장 대비도 안 돼. 마을도 없는 완전 농촌 익측에 강철기지 운영하고 있는데 이게 군대회사냐 했더니 아니야, 인민위원회 소속이야 운영하는 남자가." 면접자 2.

개인 강철기지에서 생산하는 강재와 철근은 평양을 비롯한 도급 건설단위와 개인 부동산 건설장으로 판매되고, 수익금은 다시

---

* 동암동의 옛 이름이 동암리다. 1952년 군면리 대폐합에 따라 순천군 선소면의 동림리, 용암리, 간동리를 병합하면서, 동림리의 '동'자와 용암리의 '암'자를 따서 동암리로 명칭했다. 1983년에 순천군이 시로 승격되면서 동암동으로 개편됐으나 순천 주민들은 대부분 옛 지역명인 동암리를 사용한다.

[그림 25] 개인이 운영하는 강철기지의 작동 구조

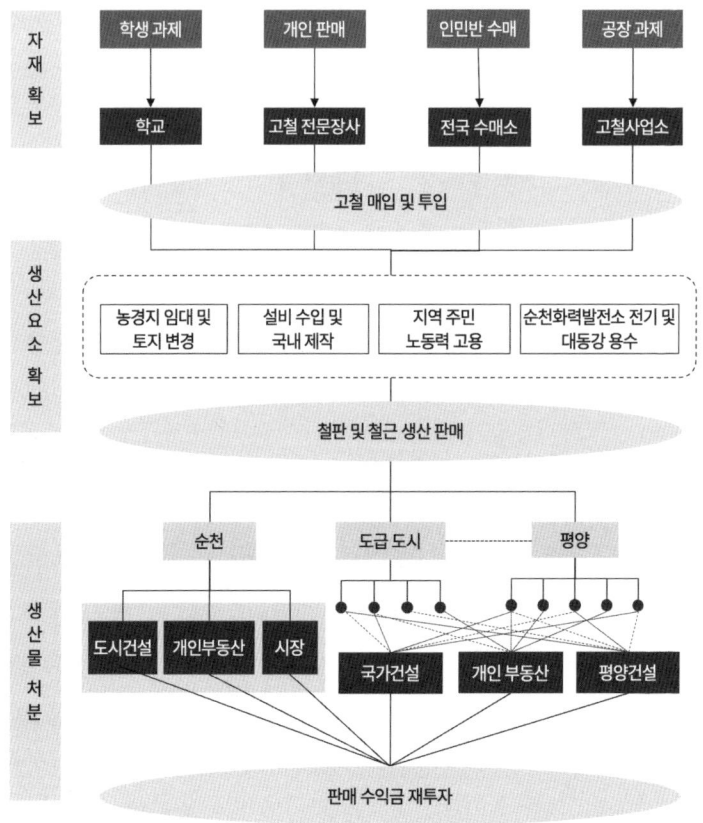

철강 생산에 투입된다. 동암동 일대를 위성 지도로 확인한 결과, 군부 산하 철판 및 철근 생산기지들도 밀집돼 있는 것으로 확인됐다. 용광로 가동에는 전력 및 공업용수의 안정적인 공급이 필수적인데, 순천화력발전소가 위치한 장선동과 봉우동은 동암동과 인접해 있으며 대동강을 통해 용수 확보 여건이 유리하다. 일부 강철 기지에서는 무연탄 연료를 사용하는 용광로를 개발해 강철을 생산하고 있다고 《노동신문》에서 보도한 바 있다.[23]

자투리 철판으로 8.3용접봉 생산

순천에는 1990년대 중순 이후부터 8.3용접봉을 대량 생산하고, 이를 시장에 도매하는 국영공장들이 등장했다. 시장의 수요에 맞춰 국영공장이 공급자로 나선 것이다. 대표적인 공장이 연봉동에 자리한 철제일용공장이다.

철제일용공장에서 8.3용접봉 생산에 나선 것은 탄광기계공장과 가까운 곳에 자리하고 있어 용접봉 제조에 필요한 철심 수급에 유리한 조건을 갖추고 있었기 때문이다. 길을 사이에 두고 자리하고 있는 탄광기계공장에서는 광차를 비롯한 탄광 설비를 생산하며 다량의 자투리 철판을 고철사업소에 파철로 바쳐 왔다. 그러나 철제일용공장에서 자투리 철판을 8.3용접봉 자재로 요구하자 이를 모아 뒀다가 시장가격으로 판매했다고 한다.

철제일용공장에서 자투리 철판을 활용해 용접봉을 제조하는 과정은 다음과 같다. 우선 탄광기계공장에서 조달한 자투리 철판은 용접봉 철심으로 활용해야 하므로 젓가락 모양으로 절단한다. 이후 산세척을 거쳐 철심 표면에 불순물을 제거하면 용접봉 철심 자재가 된다. 철심에는 피복제를 도포하는 단계가 있다. 피복제도 국영공장이나 시장에서 구매한다. 피복제는 주로 망간토를 비롯한 탄산칼슘, 규산염 등을 혼합해 반죽 형태로 만든다. 이후 철심을 반죽물이 들어 있는 커다란 통에 넣고 고르게 도포한다. 균일한 두께로 철심 피복 작업을 완료하면 건조대에 펴놓고 건조한다. 자투리 철판을 절단하는 공정에는 전기를 사용하지만, 건조 공정은 석탄 가열로에서 한다. 석탄 가열로에서 용접봉 피복이 단단하게 굳어지도록 건조하는 공정이 끝나면 용접봉이 완성된다.

이렇게 제조된 용접봉은 8.3용접봉 상품으로 도매된다. 종합시장 철제품 매대에서는 수입산 용접봉, 국내에서 생산한 정품 용접봉 등 다양한 명칭의 용접봉을 판매하며 사용 용도와 품질에 따라 가격도 다르다. 여기서 8.3용접봉은 가격이 가장 싸므로 국가에서 기관, 기업소에 할당한 아파트 건설장에서 통째로 구매하기도 한다. 국가자재를 공급받지 못하는 상황에서도 자투리 철판으로 용접봉을 제조하고 판매하고 있는 국영공장의 시장 활동은 재자원화를 강조하고 있는 자력갱생 정책에도 부합돼 앞으로도 활성화될 것으로 보인다.

[표 13] 순천에 자리한 재활용 철강기지 특징

생산 주체	입지	원부자재 조달	운영 특징
개인 강철기지	화력발전소와 수원지와 가까운 일대 밀집	철광석, 고철, 무연탄, 생석회 등을 시장에서 조달	지방정부 인허가로 부지를 해결하고 노동력, 자금은 개인 운영자가 조달
특권층 산하 철근기지			특권층 인허가로 부지, 노동력을 해결하고 자금은 개인 운영자가 조달
국영공장 8.3용접봉기지	공장 내 입지	자투리 철판 등을 국영기업에서 조달	국영공장 자체로 생산요소 해결

13장

서비스산업

　지금까지 이 책에서는 순천의 석탄, 시멘트, 제약산업이 발달하면서 신생 산업이 파생되고, 이를 통해 지역경제 시장화가 활성화되는 과정을 시기별로 살펴봤다. 순천지역경제의 시장화가 촉진되면서 일장리가 창출되고 소득이 상승하자 순천 주민들의 의식주 수준은 향상됐다. 삶의 질이 높아지면 본능적으로 근사한 식당에서 외식하고 쾌적한 공간에서 휴식하는 등의 문화생활 서비스를 누리고 싶어진다. 이 장에서는 이러한 주민들의 수요에 따라 순천에 등장한 서비스산업의 발달 과정을 보고자 한다.

일반 주민 대상 봉사시설

개인 목욕탕

전후 북한에서는 전국적으로 목욕탕 등 위생시설이 부족해 주민들의 위생 상태가 매우 열악했다. 이러한 환경은 전염병 확산의 주요 원인으로 지적돼 왔고, 이에 따라 위생 문제는 정책적 사안으로 부각됐다. 국가 차원에서 위생 문제를 해결하기 위해 각 도시마다 목욕탕을 증설하도록 지시했고, 농촌에서도 농장 단위로 한 개 이상의 목욕탕을 설치하도록 했다. 특히 공장이 밀집한 노동자지구에서는 공장 내 목욕 시설을 노동자들과 인근 주민들이 공동 이용하라는 조치가 내려지기도 했다.[24]

이러한 정책적 조치의 일환으로 북한의 각 시, 군에는 국영 목욕시설인 '은덕원'이 설치돼 주민들을 위한 편의봉사시설로 기능했다. 순천 역시 시내 중심지인 새덕동에 은덕원이 설치돼 지역 주민들에게 공공 목욕서비스를 제공했다. 순천 은덕원은 약 100명을 동시에 수용할 수 있는 비교적 큰 시설이지만 순천 인구가 약 27만 명에 달했던 점을 고려하면 공급은 절대적으로 부족했다. 공장과 인접한 지역의 주민들은 공장 내 설치된 목욕탕을 이용하도록 권장하기도 했지만 순천시멘트공장과 순천제약공장 등 중앙공업 정문에는 공장보위대가 경비를 서 일반인 출입을 통제한다. 상대적으로 개방된 벽돌공장 목욕탕은 일반 주민들이 이용할 수 있었으나 하루 2시간으로 제한 운영돼 실질적인 이용에 제약이 있었다. 이마저 1990년대 중반 경제난으로 석탄연료 및 수돗물 공급이 중단됨에 따라 은덕원을 포함한 공공 목욕시설은 운영이 중단됐다. 이로 인해 보통 순천 주민들 사이에서는 여름철에는 대동강이나 인근 하천에서 목욕을 하고, 겨울철에는 실내에서 간이 형태의 '함지 목욕'을 하는 방식이 일상화됐다. 함지 목욕은 커다란 주머니 형태의 비닐 박막 한쪽 끝을 천장에 고정하고, 그 아래 대야를 놓은 후 뜨거운 물을 부어 발생하는 수증기로 내부 공간을 데운 다음, 그 안에서 몸을 씻는 방식을 말한다. 이는 제한된 물과 열원을 활용한 대안적 위생 방식으로 당시 북한 주민들의 생활 여건을 반영하고 있다.

하지만 시장에서의 경제 활동으로 여윳돈이 생기면서 미적 욕구가 부각되기 시작하자, 국영 시설이었던 순천시 은덕원은 개인이 임대해 증축하면서 시장가격으로 운영됐고, 역세권을 중심으로 24시간 개인이 운영하는 목욕탕시설도 들어서게 됐다. 1990년대 말 신연포역 맞은편 아파트 후면에 신설된 개인 목욕탕을 사례로 본다면, 아파트 앞에는 각 세대별 연탄 창고와 텃밭이 있었다. 여기에서 살던 40대 남성이 자기 집 창고와 옆집 세대의 창고를 매입해 부지를 확보하고 목욕탕 건물을 건설했다고 한다. 목욕탕은 급수가 필수이므로 목욕탕 내부와 연결된 외부 두 곳에 지하 펌프를 설치한 후 펌프공 인력을 고용해 물 원천을 해결했다. 수동 펌프공은 건강하고 젊은 남성, 혹은 여성이 교대로 근무한다. 지하수를 끌어올린 후에는 석탄연료를 사용하는 보일러를 가동해 온수를 공급했는데, 여기에도 보일러공이 별도로 고용된다.

목욕탕 업주는 석탄연료 등을 조달하면서 목욕탕 운영에 고용한 펌프공과 보일러공의 임금, 석탄연료 등 목욕탕 운영 비용을 최종 계산해 목욕탕 이용 요금을 산정한다. 이 목욕탕은 공공 목욕탕이 기능을 상실한 환경에서 민간에 의한 서비스시설이 대안으로 자리 잡았다는 데 의미가 있다. 이후 개인 목욕탕의 운영 방식은 한 단계 진전했다.

2000년대 들어 개인 목욕탕은 단순한 목욕 서비스에서 찜질방, 편의점 등 다양한 부대시설을 갖춘 공간으로 변화했다. 이에 따라 목욕탕의 입지 또한 기존 자택 부지에서 공공시설 부지로 이동하는 경향이 나타났다. 2005년경, 순천에서 연포식료상점의 보일러 연료창고를 임대해 대중목욕탕을 건설한 연봉중학교 체육교사의 사례가 대표적이다. 이 체육교사는 낡은 창고를 철거한 후 시멘트, 모래 등 건축 자재를 구매해 신축 공사에 착수했다. 건축 과정에는 두 명의 일공만을 고용했고, 내부 인테리어는 외부 인력을 쓰지 않고 본인이 직접 작업했다. 오전에는 학교에서 수업을 하고, 오후와 주말 시간을 활용해 6개월 만에 목욕탕 공사를 마무리했다고 한다.

건물을 완공하고 지하 펌프를 설치한 후 체육교사는 목욕탕 운영을 위해 총 일곱 명의 인력을 고용했다. 이들은 주야 교대로 근무하는 카운터 일공 두 명(이 중 한 명은 체육교사의 아내), 펌프공 세 명, 청소공 한 명, 보일러공 한 명으로 구성됐다. 카운터 일공은 손님 응대 및 찜질방 이용객에게 맥주, 음료 등의 간단한 물품을 판매하는 역할을 수행했다. 특히 카운터 인력 중 한 명이 체육교사의 배우자인 점은 순천에서 흔히 나타나는 가족 중심의 고용

형태를 보여 주는 사례로 볼 수 있다. 목욕탕 운영은 체육교사가 총괄했으며, 그는 주로 석탄연료 조달 등 외부 조달 업무를 맡았다. 개인 목욕탕 자본이 일정 수준 이상 축적되자 기존의 수동식 펌프 방식에서 벗어나 중국산 디젤유발동기를 설치해 지하수를 끌어올렸다.

매년 신정을 앞둔 12월 말이면 목욕탕은 성수기를 맞는다. 일 년간의 묵은 때를 씻고 새해를 맞이하려는 문화적 관습으로 주민들이 몰리는 대목이기 때문이다. 이 시기 손님들은 서비스 품질이 우수한 목욕탕을 찾아간다. 이는 목욕탕 간 서비스 경쟁을 불러온다. 주로 물의 온도, 깨끗한 환경, 손님을 맞이하는 태도에 따라 서비스 품질을 평가한다.

"개인 목욕탕이 몇 개 없을 때는 목욕탕 운영하는 사람이 왕이었는데 목욕탕이 많아지면서 손님이 왕이에요. 손님 들어가면 웃으며 반겨 맞아야지 인상 찡그리면 돈 아까워서 나오고 말지. 새벽에는 부부목욕이 많은데, 부부목욕탕은 특별히 깨끗하고 물 온도 좋은데 안배해야지 다시는 안 가요." 면접자 2.

고객 끌기 경쟁에서 일부 목욕탕 업주들은 차별화된 서비스를 제공하기 위해 성냥갑 크기의 세숫비누나 생수 한 병을 손님에게 무료로 제공한다. 남성 고객에게는 카운터 종업원이 직접 담배 한 개비를 건네고 라이터로 불을 붙여 주기도 한다.

여기에서 더 나아가 2014년 순천에 신설된 개인 목욕탕은 사적 부문에 그치지 않고, 공기업 기반의 봉사시설로 확장됐다는 점에서 주목할 만하다. 내각 전력공업성 산하 순천화력발전소 폐열을 이용해 개인 돈주들이 자금을 모아 목욕탕을 비롯한 편의시설을 운영하면서 화력발전소와 수익을 나눈 것이다. 지금까지 화력발전소 터빈에서 나오는 폐열은 버려져 왔다. 그러나 순천시장에서 돈을 모은 주민들이 폐열을 이용해 목욕탕과 수영장, 한증탕 등을 건설하자고 발전소에 공식 제안했다고 한다. 해당 시설은 '화력원'으로 개건돼 화력발전소 노동자들에게는 일반 이용자보다 싼 가격으로 이용하도록 했다.[25]

개인 미용실

푸코(Michel Foucault)에 의하면 개인은 그 사회가 요구하는 미에 도달하도록 스스로 과제를 부여하면서 시간과 비용을 미용에 투자한다. 이는 몸을 가꾸는 자와 가꾸지 않는 자로 이분화돼 미용을 계속할 수밖에 없는 사회적 메커니즘이 작동하기 때문이다. 내면화된 미적 욕망과 자기관리 의식이 개인이 스스로 감지하지 못하면서 자신의 몸을 규율하게 만드는 미시권력으로 작동하는 것이다.[26] 이를 그대로 북한 사회에 적용해 본다면 북한 주민들의 미적 욕망은 사회주의 생활문화 양식이 규율하는 미시권력이 머리 모양부터 화장, 옷차림에 이르는 자기관리 의식으로 작동하면서 집체적이고 동일한 스타일이 재현되는 것과 맥락을 같이 한다.

이제는 북한 주민들도 획일적인 머리 모양과 옷차림에서 벗어나 보다 세련되고 개성적인 스타일을 원하고 있는데, 이는 기존의

미시권력에 대항하거나 그것을 스스로 변화시키는 힘의 발현이라고 말할 수 있다. 개인의 자유로운 표현과 선택이 사회적 규범을 넘어서는 모습으로 북한의 사회 문화가 변화고 있는 것이다. 이러한 변화가 가능하도록 순천에 다양한 파마와 직발(매직), 이발 등 서비스를 제공하고 있는 사기업의 증가는 주목할 만하다.

 2003년에 순천 신연포역 일대에 등장한 개인 미용실을 보자. 30대 여성이 개업한 미용실에서는 남녀 이발과 컷트, 직발, 피부 관리를 제공한다. 그는 현대적인 미용 기술을 배우기 위해 평양 창광원으로 갔다. 평양 창광원은 북한에서 이발과 미용 등에 대한 전문교육과 해외기술을 전수하는 인력이 근무하는 국영기관이다. 당시 평양 창광원에서 이뤄지는 사교육은 이론교육과 실습으로 나뉘며 모든 교육과 실습은 비공식으로 이루어졌다고 한다. 교육 기간은 7-10일 정도다. 교육이 끝나면 창광원에서는 이발, 미용에 필요한 수입산 기구를 동시에 판매해 추가 수익을 벌어들인다. 다양한 컷트와 파마 등의 기초지식을 알려주는 이론교육은 하루에 10달러고, 실습비용은 100달러다. 초기 비용을 달러로 투자한 미용실 업주는 국영 편의사업소 미용실보다 열 배 정도 비싼 가격을 적용한다. 그만큼 미용 기술이 높고 차별화된 서비스를 제공하기 때문이다. 특히 개인 미용실에서만 가능한 직발 머리는 당시 남한 드라마가 담긴 알판(CD)과 USB를 통해 남한 배우들의 머리 스타일이 북한에서 유행해 인기를 끌었다. 드라마 속 남한의 젊은 여성들의 머리가 대부분 직발이었기 때문이다. 2010년대에 들어서 순천에는 개인 미용실이 수십 곳 증가했다고 한다. 이에 따라 국영 미용실과 개인 미용실의 고객층이 뚜렷하게 나뉘었다. 국영 미용실은 주로 중장년층이 이용하는 반면, 개인 미용실은 개성과 유행을 중시하는 젊은 층이 주요 고객이다.

개인 미용실은 영업 즉시 지방정부에 등록해야 하며, 매달 수익금의 일부를 지방정부에 납부해야 한다. 지방정부는 개인 미용실이 영업을 시작한 후 한두 달 동안은 수익금을 면제해 주기도 한다. 그러나 일정 기간이 지난 후에도 수익이 없다고 속일 경우, 영업을 중지시키거나 벌금을 부과한다.

대중 체육문화 종합시설

김정은 정부 출범 이후 순천에 등장한 대중 체육문화 종합시설은 지방정부가 건설해 운영한다는 특징이 있다. 이러한 배경에는 〈편의봉사법〉이[27] 제정되면서 서비스산업을 제도권 내 편입시킨 중앙정부의 정책적 변화가 있다. 중앙정부가 지역 주민 수와 업종별 특성을 고려해 편의봉사시설을 보다 효율적이고 합리적으로 조직 운영하도록 지방정부에 권한을 부여한 것이다. 이를 통해 지방정부는 예산 수입을 확대할 수 있는 제도적 장치를 마련했으며, 그 일환으로 순천 지방정부는 공공서비스 명분을 내세워 시장가격으로 대중 체육문화 종합시설 운영에 나섰다.

대표적으로 2015년 대동강 일대에 신설된 롤러스케이트장을 꼽을 수 있다. 이 스케이트장은 주민단지와 가까운 입지적 장점을 바탕으로 높은 이용률을 보였다. 200명을 한 번에 수용할 수 있는 공간임에도 이용자가 많아 시간제로 운영될 정도였다고 한다. 당시 북한에는 중국에서 수입된 롤러스케이트가 청소년들 속에서 유행했지만 가격이 비쌌다. 시장에서 중국산 롤러스케이트는 30-50 달러로 판매되므로 소득이 낮으면 구입하기 쉽지 않다. 이에 따라 지방정부는 롤러스케이트장 입구에 롤러스케이트 대여소도 동시에 운영하며 고객 확보에 나섰다.[28]

 수영장도 대중 시설로 운영됐다. 당시 순천에는 수영장이 두 곳 있었다. 앞서 언급한 순천화력발전소의 폐열을 이용해 개인이 운영하는 실내 수영장과, 지방정부가 신설한 야외수영장이다. 야외수영장은 롤러스케이트장과 한 공간에 자리 잡고 있어 접근성은 편리하나 겨울에는 이용할 수 없다는 한계가 있다. 따라서 야외 수영장은 여름에, 실내 수영장은 겨울에 성수기였다고 한다. 특히 실내 수영장은 설날을 비롯한 겨울철 명절에 순천 주민들의 가족 나들이 장소로 인기가 높다. 실내 수영장이 인기를 끌자 2016년 순천 지방정부는 직동탄광 일대에 실내 수영장을 신설했고, 2017년에는 순천 도심에 또 다시 실내 수영장과 목욕탕을 대중 체육문화 시설로 신설했다고 알려졌다.

중산층 대상 종합봉사소

 종합봉사소란 목욕탕, 찜질방, 사우나, 서양 음식 전문식당, 노래방 등 다양한 서비스 시설이 동일한 입지에서 운영된다는 의미의 상호명이다. 개인 서비스 시설과 다른 점은 내부에 현대적인 설비가 갖춰져 있으며, 사회주의 문화에서 전혀 볼 수 없을 만큼 고급스러워 자본주의 문화의 서비스 시설을 연상시킨다는 것이다. 특히 고객에게는 기본 제공되는 서비스와 함께 맞춤형 서비스가 제공된다.

순천의 종합봉사소는 2003년에 착공해 2004년에 개업했다. 상호명은 '금천강무역회사 종합봉사소'이며 지방정부 명의로 운영된다. 종합봉사소 경영자는 개천교화소에서 10년 복역하고 출소한 순천 주민으로 남성이다. 그는 고난의 행군 시기 출소한 직후 '돌가공 가내반'을 조직했는데, 가내반이란 비공식 노력으로 조직된 생산단위를 말한다. 돌가공 가내반은 함경남도 단천광산에서 채취되는 광석을 화차로 조달해 돌솥, 절구 등의 돌가공 제품을 중국에 수출하는 소규모 단위로 출발했다. 중국시장에서 돌가공 제품의 판로가 개척되자 2000년대 들어 돌가공 가내반은 지방정부 산하 수출기업으로 성장했다. 이 남성은 돌을 밑천으로 기업을 발전시켜 주민들에게 실질적인 임금이 제공되는 일자리를 창출해 인기를 얻었고, 이러한 이유로 순천 주민들은 그를 '돌두령'이라고 불렀다. 돌두령은 북한에서 제작된 장편 애니메이션 '소년장수'에 등장하는 적장 캐릭터다.

대동강의 경관을 활용해 건설된 종합봉사소는 지하 2층, 지상 3층으로 구성된 시설이다. 각 층마다 중국음식과 민족요리, 서양음식 전문식당이 있고, 지하에는 목욕탕과 찜질방, 사우나가 있다. 특히 노래방이 인기를 끌었다고 한다. 2000년대 중반 순천시장에서 쌀 1킬로그램이 1,000원에 판매됐다면, 종합봉사소에서 1회 목욕비용은 2,000원으로 공장 노동자 월급과 맞먹는 가치였다. 개별 룸에서 식사하고 노래방을 이용하면 최소 1만 원, 다양한 서비스를 요구할 경우 하루에 한 명이 지출하는 비용이 수만 원에 달했다. 중산층이 아니면 지출할 수 없는 가격이었다.

따라서 종합봉사소의 주요 고객은 석탄 수출시장에서 외화를 벌고 있는 무역회사 간부들과 고소득 계층일 수밖에 없다. 특히 권력 계층이 주요 고객이어서 종합봉사소 주차장은 늘 만차였다고 한다.

> "돌두령 봉사소 지하에 들어가 봤는데 야~ 다리입구에 있는데 거기 진짜 이자 말마따나 노래방도 있고 막 찜질방 있고 굉장하더라구, 이거 자본주의인가 놀랐어요. 마당에는 11번을 단 승용차가 서 있는데 당 기관 차량이에요. 평남도 당 기관 간부 차들이죠. 또 14는 인민위원회 차, 그 앞에는 보위부, 안전부차 17번 이런 차들이 쭉쭉 서 있고, 화물차 보면 평양남바(번호)만 서있어. 이거 누가 못 다치는 사람이로구나…." 면접자 12.

종합봉사소 운영에서 주목할 점은 수익금의 일부를 지방정부에 납부하면서도 지역에 거주한 영예 군인들과 전쟁 노병 등 국가 공로자들에게 매달 한 번씩 목욕탕 이용권을 무료로 제공했다는 것이다. 특히 순천에 거주한 어린이들과 소학교 학생들에게 해마다 공급되는 김일성, 김정일의 생일 기념 당과류도 종합봉사소의 수익금으로 생산했다. 이는 수령에 대한 충성심으로 모든 것을 평가하는 북한 사회의 특징을 시장 마케팅으로 적극 활용한 사례로,

북한에서 어떻게 자본주의 사기업이 존재할 수 있는지를 이해할 수 있는 대표적인 모델'로 평가할 수 있다.

[표 14] 순천에 자리한 서비스 봉사망의 주체와 운영 특징

구분	개인 봉사망	공공 봉사망	공공 명의 개인 봉사망
운영 주체	소자본 주민	시 인민위원회	자금력을 갖춘 개인
주요 시설	목욕탕, 미용실	실내 수영장, 롤러스케이트장	사우나, 찜질방, 서양 음식 전문식당, 노래방
가격	대중 소비 기준 시장가격	대중 소비 기준 시장가격	고소득 계층 기준 시장가격
운영	24시간 운영 작은 물품 서비스	시간제 운영 롤러스케이트 대여소 설치	24시간 운영 맞춤형 특별 서비스
주요 고객	일반 계층	일반 계층	권력 및 고소득 계층

순천의 대형마트, 릉라88 종합상점·종합식당

2014년 순천 강포동 농경지에는 대형 상업시설이 신설됐다. '릉라88 종합식당', '릉라88 종합상점' 상호명으로 운영되는 상업시설 경영자는 앞서 언급한 수출피복공장 운영자다. 그의 이력은

---

* 금천강무역회사 사장 박기원에 대해 중앙당 신소도 제기됐지만, 순천시당 책임비서와 친분이 두텁다 보니 중앙당 신소처리과장으로 일하는 순천시당책임비서 아들이 이를 막았다고 한다. 권력기관들은 그와 사돈을 맺으려고 했다. 박기원의 맏아들은 국가보위부, 둘째 아들은 군관으로 제대시켜 금천강무역회사 사장대리 수업을 시켰다. 막내아들은 평양영화대학에서 영화계에 진출했으며, 외동딸은 금천강무역회사 산하 부재공장 지배인으로 가족경영체계를 구축했다.

1980년대 순천지구탄광연합기업소 산하 2.8직동청년탄광 경리과에서 시작된다. 자재공급체계가 흔들리기 시작하던 1980년대 순천지구탄광연합기업소에서는 평양화력발전소에 석탄을 안정적으로 공급하기 위해 석탄을 수출해 채탄 설비 등을 자체로 해결하겠다는 제의서를 도 무역국을 통해 김정일에게 올렸다고 한다. 제의서가 비준되면서 순천탄광연합기업소를 비롯한 도 내 여러 탄광들에 석탄 수출 권한이 부여됐다. 이에 따라 순천탄광연합기업소에는 수출과가 별도로 조직됐고, 그는 2.8직동청년탄광 경리과에서 수출과로 이직해 수출과장을 맡게 된다. 면접자 3에 따르면, 이 시기 순천에서 생산된 석탄은 주로 조총련을 통해 해외로 수출됐다. 당시 조총련계 상공인들의 대북 투자는 1984년 북한이 〈합영법〉을 제정하기 이전부터 이뤄지고 있었고, 이들은 북한 석탄의 해외 수출에 적극 나섰다. 그러나 1987년부터 북일 간 무역이 단절되면서 순천지구탄광의 석탄 수출도 중단됐다고 한다.

하지만 그는 일찍이 석탄 수출시장의 구조를 꿰뚫고 있었다. 2000년대에 들어서며 북중 간 석탄 수출이 급증하며 순천에 석탄산업이 급격히 발달하자, 순천에서 남포항까지 석탄을 전문 수송하는 편대를 조직했다. 이때 그의 사업은 노동당 행정부 산하 54부[*]와 연계돼 있어 중국에서 차관으로 트럭 화물차를 받아 편대 운

---

[*] 북한에서 54부는 1980년 출범한 군부의 대표적 외화벌이기구인 매봉무역총회사 산하 기관 중 하나다. 매봉무역총회사 산하에는 51부, 52부, 53부 등 여러 무역기관이 존재했고 그중 54부가 핵심이었다. 김정일 체제가 출범한 1990년대 후반 54부는 강성무역총회사로 독립했다. 이후 54부 운영에는 김정일 국방위원장과 당시 군 총정치국 조직담당 현철해 부국장, 리명수 작전국장 등 군부 실세들이 참여하면서 위상이 커졌다. 김정

영이 가능했다. 여기서 그는 막대한 외화를 축적했다. 순천에 거주한 그는 축적한 자본을 수출피복공장에 이어 대형 상업시설 시설에 투자했다. 4층으로 구성된 해당 상업시설 1층에 피자 전문점을 비롯한 다양한 음식을 판매하는 식당이 밀집돼 있고, 찻집과 커피점도 입점해 있다. 2층부터 4층까지는 식품, 의류, 가전제품 등을 판매하는 종합상점이 운영된다. 주민들은 이곳을 '평양 백화점'이라고 지칭할 정도다. [그림 26]을 보면 국산 및 수입산 식품, 생필품, 가전기구 등을 조달해 지역 내 소비자뿐 아니라 인근 시장과 상점에도 공급되는 구조를 볼 수 있다. 특히 시설 외곽에는 주차장, 주유소, 세차장, 편의점 시설까지 갖추고 있어 버스와 택시는 물론 화물차 운전사들도 차량을 주차하고 잠시 휴식하는 공간으로 이용한다고 한다.

"학도가 운영하는데 건물이 커, 4층 건물이야.—'순천백화점 규모와 같을까?'—그 상점은 완천 촌이고, 이건 1층에 '릉라88 종합식당' 간판이 있고 거기서 오코도미(피자)부터 없는 게 없어. 2층부터 4층까지는 종합상점이거든. 잡화부터 냉동기까지 다 팔아. 건물 앞에 공지가 넓어서 차 세우고, 그 옆에 기름도 넣고 세차도 할 수 있게 스탄다, 주유소 일체 다 있어."

일 위원장이 2008년 8월 뇌혈관계 질환으로 쓰러지고 회복한 뒤 얼마 지나지 않은 2010년, 54부는 국방위원회 산하 기구로 이동했다. 장성택은 자신이 수장으로 있던 노동당 행정부의 외화벌이기구와 54부를 사실상 통합해 운용하면서 각종 이권사업에 개입했다. 노동당 행정부 산하 54부의 이권사업의 핵심은 석탄 수출이었다. 2012년 12월 김정은 정부 출범 이후 장성택이 처형된 것은 54부와 관련된 이권 문제에서 비롯된 것으로 알려졌다. 장용훈, 「北 장성택 이권 개입 중심기관 '54부'는 어떤 곳」, 《연합뉴스》, 2013년 12월 23일.

간판은 백화점이 아닌데 '평양 백화점'이라고 불러요." 면접자 2.

이는 단순한 상업망을 넘어 서비스시설이 복합적으로 기능하는 자본주의 '쇼핑몰'에 가깝다고 볼 수 있다. 이러한 형태의 상업시설은 소비 패턴의 변화 등과 맞물려 순천과 같은 도시 중심으로 점차 확대될 가능성이 높다.

[그림 26] 순천에 자리한 '릉라88 종합상점'의 작동 구조

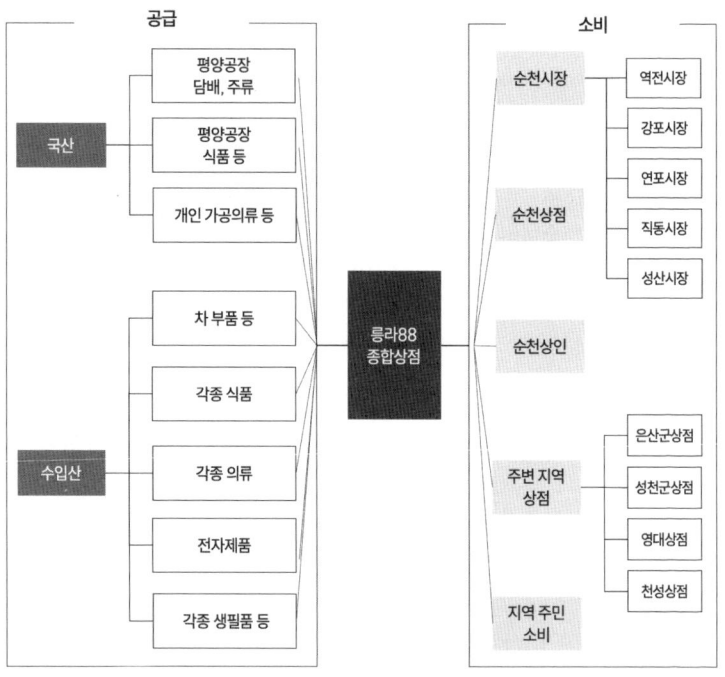

지방정부 주도의 운송 서비스 확대

택시사업소 신설

2015년 순천에는 인민위원회 산하 택시사업소가 신설됐다. 지방정부가 직접 운송 서비스에 나선 것인데, 이는 경제난 이후 운송 서비스 영역에서 나타난 국가와 개인 간 협력 구조의 연장선상으로 이해할 수 있다. 지금까지는 버스나 택시 등 운송수단을 보유한 개인이 국영기업이나 군부대 등에 명의를 등록하고 번호판을 받아 차를 운행하면서 수익의 일부를 소속 기관에 상납해 왔다. 그런데 이제는 시 인민위원회 택시사업소가 개인이 보유한 각종 차량들을 인민위원회 차량으로 등록하도록 하고 '택시' 간판과 번호판을 제공하며 운송 서비스에 나선 것이다.

지금까지 개인이 국영기업 명의로 버스나 택시를 등록하고 간판과 번호판을 받으려면 그 절차가 꽤 복잡했다. 우선 개인이 국영 명의로 차를 등록하려면 관련 서류를 도 설비 감독국에 제출해 국가 설비 목록에 등록해야 한다. 도 설비 감독국에서는 다시 국가계획위원회 자동차 등록과에 문서를 보내 비준을 받는다. 비준이 떨어지면 자동차 구매자가 거주하는 지역의 사회안전국 차량처에 한 통, 도 설비 감독국에 한 통씩 각각 보낸다. 마지막으로 사회안전국 차량처가 차량 번호를 발급하는데 '차를 사는 것보다 차 번호 받기가 더 힘들다'는 말이 있을 정도로 까다롭다. 따라서 각 단계마다 뇌물은 필수다. 사회안전국 차량처에서 차 번호판을 발급받으려면 500달러 이상의 뇌물을 써야 하는데, 순천에 시 인민위원회 택시사업소가 신설되면서 이 모든 절차가 간소화됐다고 한다.

순천에서 시 인민위원회 소속으로 운행되는 버스, 택시 이용료는 시장가격이다. 이밖에 개인이 보유한 오토바이도 교통수단으로 부각되고 있다. 주로 오토바이는 콜택시 형태로 운행된다. 화물수송 전용 삼바리 오토바이도 있다. 삼바리 오토바이는 오토바이에 화물적재함을 달고 차량이 다닐 수 없는 골목길을 오가며 장사 물품을 운반하는 데 이용된다. 각 오토바이는 번호판이 있어야 운행할 수 있는데, 번호는 인민위원회 택시사업소나 운수사업소에 등록돼야 받을 수 있다.

[표 15] 2010년대 순천에서 운영되는 대중교통 수단과 이용 가격

소속	탑승인원	운행 지역	운임가격 (북한 원)	지불 화폐	서비스
통근열차 (철도성)	약 1,000명	평성-순천-직동-영대-천성	1,000원	내화	장사물품 무제한 운송 (개당 유료)
최단거리버스 (국영 명의 개인 차량)	30-100명	순천-직동-영대-천성 (10-15km)	2,000-3,000원	내화·외화·휴대전화 통신요금	출퇴근시간 집중 운행
단·중·장거리버스 (국영·국영 명의)	100-200명	순천-평성 등 20km	5,000-6,000원		장사물품 우선 운송 (유료)
단거리 승용차택시 (순천인민위원회 명의 개인 차량)	1-2명	순천-평성 등 20km	8,000원		콜택시·속도·초소통과·장사물품제한
장거리 승합차택시 (순천인민위원회 명의 개인 차량)	8-15명	순천-함흥 등 300km	약 10-12만 원	내화·외화	목적지직행·장사물품 운송
오토바이 (순천인민위원회 명의 개인 차량)	1명	순천-평성 등 20km	8-10만 원	내화·외화	왕복운행 필수·24시간 기동성·초소통과

소속	탑승인원	운행 지역	운임가격 (북한 원)	지불 화폐	서비스
삼바리 오토바이 (순천인민위원회 명의 개인 차량)	5-20명	지역시장- 자택 등 10km 이내	3,000원	내화· 외화· 휴대전화 통신요금	골목· 산지 이동· 장사물품 전문 운송
뻘뻘이 자전거 (개인 차량)	1명	최소 단거리 5km 이내	2,000 -3,000원	내화· 외화· 휴대전화 통신요금	골목· 자택 이동· 장사물품 제한

세차장, 주차장 신설

순천에서는 시 인민위원회뿐 아니라 보위부, 검찰소, 재판소도 주유소와 세차장을 경쟁적으로 건설하기 시작했다고 한다. 사법기관 명의 주차장이나 세차장은 2000년대에 이미 존재했으나, 2010년대 들어서는 기존의 운영 방식과 세금 납부에서 뚜렷한 차이를 보였다. 2000년대에는 국가보위성 산하 순천시 보위부 명의로 운영되는 개인 세차장은 수익금의 일부를 소속된 보위부에만 바쳤다. 그러나 2010년대 들어서는 반드시 시 인민위원회에 수익금의 일부를 국가납부금으로 바쳐야 한다. 이중으로 세금을 납부하게 된 셈이다. 세차장의 월 영업 수익이 적어 세금으로 납부할 현금이 부족할 경우 보위부에는 한두 달 미뤄 납부할 수 있지만, 국가납부금은 반드시 인민위원회에 납부해야 한다는 것이다. 이는 세금을 징수해 중앙정부의 예산확보에 기여하는 지방정부 권한이 강화된 것으로 이해할 수 있다.

"이제는 순천보위부, 순천검찰소, 순천재판소가 직접 세차장 건설하고 주차장 만들고 돈벌이를 해요. 보위부든 검찰소든 세차장을 돈주가 운영해서 수익금을 보위부와 나누지만 부지를 받거나 간판 받으려면 인민위원회 승인을 받아야 되거든. 부지가 땅이잖아. 보위부 세차장이라고 해도 인민위원회에서 국가납부금 받아가요 매달 […] 보위부에 바치는 수익금과 국가납부금 성격은 달라요." 면접자 2.

이러한 환경은 개인 돈주들이 자발적으로 인민위원회 직속으로 세차장과 주차장, 주유소 등을 운영하도록 유인한다.

"보위부하고 하면 보위부 간부한테만 돈 내면 되는데, 그게 아니니까 돈주들이 시(市)하고 해요. 거기다 돈 투자해서 스탄다를 지은 거죠. 개인이 돈 벌어서 지방기관의 승인을 받아서 스탄다를 지어서 운영하는 거예요. 그래야 돈벌이 잘됩니다." 면접자 25.

후방기지 및 도시건설·수산기지 확장

인민위원회 후방기지

순천 지방정부가 주민 생활 향상을 명분으로 내세워 '후방기지'를 운영하는 것도 주목된다. 원래 시, 군 인민위원회가 농축산물을 시장으로 판매할 목적으로 후방기지를 운영하는 것은 원칙에 어긋난다. 후방기지란 일종의 부업지 개념이기 때문이다. 부업지는 공장노동자들에게 술과 고기 등 명절물자를 공급하기 위해 공장의 부업으로 운영하도록 허용된 곳이다. 시, 군 인민위원회는 국가에서 공급하지 못하는 간부들의 김장용 채소와 술 등 후방물자를 공급할 목적으로만 부업지 운영이 가능했다고 한다.

> "원래 인민위원회하고 행정경제위원회하고 합쳐졌다 헤어졌다 했는데 인민위원회는 정권기관이라서 자체로 뭐 해가지고 이익을 가져갈 수가 없어요. 부업지 형태로 크게 하지도 못하고 할 수도 없거든요. 인민위원회 경리과에서 부업지 정도 관리했는데, 옥수수, 콩하고 깨를 심어도 그 자체를 팔지 못해요. 경리과에서 그걸 식료공장에 2-3톤인가 해서 주면 대신에 술을 가져오면, 그 술을 과별로 공급하는데 그러면 과가 자체로 뭐 할 때 술을 쓰고 그랬지." 면접자 28.

1990년대 경제난으로 식량과 생필품 공급이 중단되자, 북한 당국은 인민위원회가 외화벌이기지나 원료기지 운영을 허용했다. 이는 주민들에게 기초식품 등을 공급하기 위해 식료공장에 원료를 공급하도록 한 조치였다. 당시 순천 지방정부는 농장 토지를 떼어 내 부업지로 운영하며 주민들에게 공급해야 할 된장, 간장 등의 원료 생산에 나섰지만 적자가 누적되자 해당 부업지를 국영상점들에 배분했다고 앞서 설명한 바 있다.

그런데 2010년대 들어 순천 지방정부가 운영한 후방기지 부지는 농경지가 아니라 야산을 개간한 토지였다. 이는 시, 군 인민위원회가 자기 지방의 특성에 맞는 원료기지를 자체로 꾸리고 자력갱생함으로써 주민들의 수요를 충족시키라[29]는 당 정책 관철의 일환이라고 볼 수 있다. "인민들의 수요는 한정되지 않는다. 양으로부터 질로, 그리고 품종구조에서 다양하게 발전하는 것이 합법칙적인데다 소비품에 대한 수요도 성별, 연령별 각이하다."[30] "날로 높아지는 인민들의 수요에 대응하려면 인민위원회가 기존의 수동적이고 피동적인 사업태도에서 벗어나 적극적이고 주동적으로 일을 해내는 완강한 실천가가 되어야 한다"는 게 당국의 요구였다.[31]

"김정은의 지시로 시 당이면 시 당, 인민위원회면 인민위원회가 아예 원천과가 따로 있어요. 지방이 자립으로 살라 해서 지방정부가 쎄졌거든요." 면접자 35.

이로부터 순천 지방정부의 후방기지 운영은 기존과 전혀 다른 적극적이고 주동적인 양상을 보인다. 순천 시내에서 20km 정도 떨어진 응봉동 농촌에서도 15km 정도 더 들어가야 하는 산골 일대를 5년에 걸쳐 개간해 곡물과 육류 등을 생산하는 기지를 신설한 것이다. '완전 깡촌'에 인민위원회 후방기지가 들어서면서 산골로 불리던 응봉동 농촌은 도시와 연결된 일대로 변모돼 주민들의 삶도 달라졌다고 한다.

"야산이라 야산은 다 개간했지. 금천리 쭉 지나면 응봉리* 농촌이고 거

---

* 응봉동의 옛 지역명은 응봉리다. 응봉리는 본래 자산군 운암방의 지역으로서 구름이 많이 낀다 해 운곡리라 했는데, 1952년 군면리 대폐합에 따라 순천군 응봉리에 편입됐다. 1983년 순천군이 시로 승격되면서 응봉동이 됐다. 순천 주민들은 대부분 옛 지명인 응

기서도 안탁(급히 꺾이는 골목)으로 한참 들어가야 하는데 농촌도 그런 농촌 없어. 산골인데 완전 깡촌이야. 거기 일체 나무 이따우 다 뿌리 뽑고 곡갱이질 해서 그거 개간하는 거 해마다 해서 넓어졌지. 산탁에 붙어 있던 인가(살림집)는 허줄하고 완전 못 살다가 달라지니까 얼마나 좋아했는지 몰라." 면접자 13.

여기서 생산된 농축산물은 평양식당과 상점, 순천 대형마트 릉라88 종합식당과 종합상점 등에 시장가격으로 공급된다. 후방기지는 인민위원회가 관리 운영하며 그 산하에 각종 목장과 부업지가 운영된다. 각 단위 책임자들은 '인민위원회 아랫단위 사람'[32]이다. 2013년부터《노동신문》에는 '군 인민위원회 아랫단위 노동자'에 대한 기사가 종종 실린다. '아랫단위'의 기능이 무엇인지에 대에 설명되지 않았지만, 인민위원회가 자체로 운영하는 후방기지 산하의 농축산 기지로 추정된다. 예를 들면 회창군 인민위원회 아랫단위 노동자 '리현순동무'는 수십 마리의 돼지, 수백 마리의 오리와 토끼 등을 오성산초소의 군인들에게 원호물자로 지원하고, 다시 축산 범위를 세 배로 늘렸다. 수백 마리의 가축을 당국에 기부하고, 다시 축산시장을 세 배 확장하려면 일반 상인의 자금 규모로는 실행하기 어렵다. 아랫단위 노동자가 축산사료를 지방산업공장에서 해결했다[33]는 것으로 보아 회창군 인민위원회 아랫단위의 성격과 윤곽을 짐작할 수 있다.

봉리를 사용한다.

북한의 지방 도시에서는 개인 돈주가 술공장이나 식료공장 등에 알곡이나 자금을 투자하고, 그 대가로 공장에서 생산된 물자를 공장과 배분하는 방식이 일반화돼 있다. 술공장과 식료공장에서 나오는 술과 식용유 외 술 모주와 콩 대두박을 가축 사료로 확보하기 위해서다. 회창군의 사례에서는 인민위원회 후방기지 형태로 등록된 아랫단위의 노동자가 가동하지 못하는 지방산업공장에 원료를 투자하고 나오는 부산물을 수백 마리 규모의 가축 사료로 활용하는 것으로 추정된다. 이는 순천 지방정부가 운영하는 후방기지 산하 아랫단위 모델과 유사한 구조를 보여준다.

순천 지방정부의 후방기지 산하 목장에서도 돼지, 토끼, 닭, 염소 등의 목장을 운영하며, 각 목장마다 사료가공 기지가 부속돼 있다. 이와 별도로 부업지에서 재배한 곡물을 탈곡하는 탈곡장과 경비 목적의 개를 사육하는 분소(소형 목장)도 운영된다.

"어마어마해~ 처음에는 돼지만 키우더니 그건 이젠 새 발의 피지. 닭, 토끼 뭐 염소두 150마리 돼. 개두 기르고, 완전 종합목장이야. 사료도 직접 농사하는데 강냉이 밭만 해도 수십 정보는 넘을 걸, 콩밭 있지, 내가 거기서 꿩 쫓는 일을 했거든. 땅콩이랑 그거 다 농사지은 거 가을할 때 알알이 탈곡해서 마대에 넣어 창고에 가득가득 쌓아놓는데 양정사업소 같아. 어쨌든 말이 부업지지 큰 농장이야." 면접자 35.

눈여겨 볼 점은 후방기지 산하 각 목장의 축산 방식이다. 돼지 사육의 경우 사료에 따라 고기의 맛과 육질이 달라지며, 이는 시장

가격에 영향을 미친다. 이에 따라 후방기지 산하 목장에서는 알곡 배합 사료를 돼지에게 먹인다. 배합 사료를 먹고 자란 돼지는 성장 속도가 빠르고, 고기의 육질이 부드러워 '8호돼지고기'로 높은 가격에 거래된다. 가격이 비싸도 맛이 좋은 고기는 평양이나 평성 등 소득 수준이 높은 지역시장으로 '정육'과 '뼈 있는 고기'로 등급이 매겨져 유통된다는 것이다.

"가축은 뭐를 먹이냐에 따라 맛이 달라져요. 풀만 먹은 돼지는 미끈미끈하고 맛없지. 술 모주도 도토리모주 먹은 돼지는 맛이 없어요…. 알곡사료 먹은 돼지가 빨리 크고 맛이 있거든요. 모주라는게 탄수화물 다 뽑은 거니까…." 면접자 19.

"후방기지 목장 돼지는 모주 안 먹여요. 강냉이 태개서 콩가루 뽑아서 섞여 먹이거든요. 기니까 돼지고기가 만만하고 맛있지. 명절 때면 돼지 한 마리 메테서 간부들 공급해 주는데, 고기 맛이 8호돼지 같아요." 면접자 2.

아래 [그림 27]에서 볼 수 있듯이 순천 지방정부의 후방기지는 육류뿐 아니라 땅콩, 수박 등 고부가가치 농산물을 생산해 시장가격으로 판매해 안정적인 수익을 확보한다. 특히 이곳에서 생산되

---

* 중앙당에 올라가는 최상의 제품을 '8호제품'이라고 한다. 김정은과 그의 가계, 최고위 간부들의 식탁용 육류를 생산하는 운곡주석목장은 순천과 안주, 숙천 지역으로 연결돼 자리하고 있다. 여기서 생산된 육류와 과일 등을 8호제품이라고 한다. 따라서 북한 시장에서 고기 맛이 좋으면 흔히 '8호돼지고기'로 희화된다.

[그림 27] 순천 지방정부의 후방기지, 생산 단위, 서비스산업 메커니즘

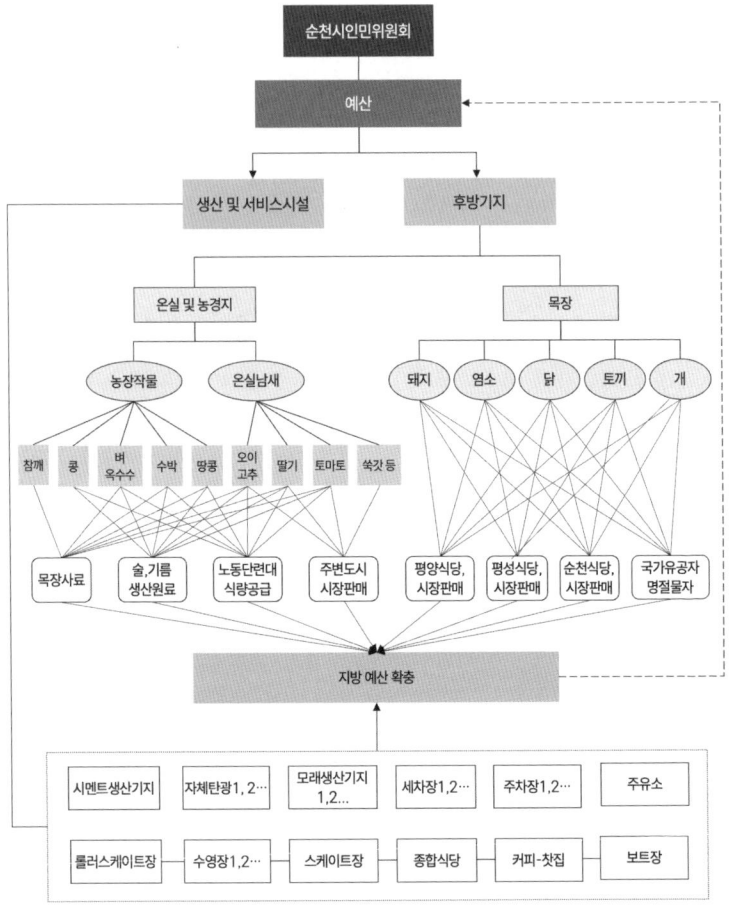

는 농축산물의 상당 부분은 릉라88 종합식당과 종합상점을 통해 판매돼 자금이 순환되는 구조를 이루고 있다. 이러한 흐름에 편승한 응봉동 농촌 주민들의 시장 활동도 주목할 만하다. 가족 소비용

으로 강냉이나 배추 등을 재배하던 텃밭과 뙈기밭에서 땅콩과 수박을 재배해 후방기지 차량이 생산물을 싣고 상업망으로 도매가격으로 넘김으로써 현금 수입을 벌어들인다. 북한의 농민들이 가족 소비 중심의 전통적인 농산물 생산 구조에서 벗어나 수요가 높은 작물 재배로 전환한다는 것은 점점 개인의 텃밭과 뙈기밭이 상업적 공간으로 변화하고 있음을 의미한다.

후방기지 농축산 인력은 정노력(정규직)이 있지만 노동단련대 수감자들이 동원되기도 한다. 모두 50-70명 정도의 노동력이 일하는데, 노동단련대 수감자들이 많다고 한다. 노동단련대는 국가 교화국 산하 노동교화소(교도소)와 달리 시, 군 인민위원회 노동부가 관할하는 단기 수감시설이다. 불법적 행위로 단속한 주민들을 노동단련대에 수감하면 노동으로 교양해야 하는데, 그 노동력을 순천인민위원회 노동부가 후방기지 산하 농축산 노동에 투입하는 것이다. 이러한 이유로 순천에 자리한 노동단련대 수감자들은 다른 지역의 수감자들에 비해 상대적으로 양호한 처우를 받는 것으로 알려졌다. 2014년에는 순천 노동단련대의 건물이 개건·확장되고, 내부에 대중탕과 한증탕이 새로 설치돼 수감자들이 이용했다고 한다. 후방기지 산하 부업지에서 생산한 강냉이가 노동단련대 식량으로 우선 공급되고 있어 수감자들은 강냉이밥이라도 실컷 먹을 수 있다는 게 면접자들의 증언이다.

이는 북한의 일반적인 구금시설 사정과 비교했을 때 이례적이다. 2016년 북한 당국은 전국의 사법기관 간부들을 순천 노동단련대에 집합시켜 '방식상학'을 조직했다. 특정 분야에서 모범적인 사례를 전국적으로 일반화하기 위한 학습 방식을 북한에서는 방식 상학이라고 한다. 순천 지방정부의 후방기지와 연계된 노동교양 시스템의 경험사례를 적극 따라 배워 인권 처우를 개선하도록 강조한 것으로 보인다.

"순천깡판 처음에 1층짜리 한심했는데 3층짜리 새로 지었어. 안에 다 타일 붙이고 따뜻한 물, 찬물 다 나와. 대중탕, 한증탕에서 목욕하고 먹는 것도 잡곡밥 더 달라면 더 줘. 딱 자유가 없을 뿐이지. 웬만한 집보다 낫지. 초복 말복 때는 깡판생들한데 개고기 먹이거든 힘쓰라고. 내가 2016년도 깡판에서 어머니날(11.16.) 맞았는데, 그날 여자들한데는 큰 사라(접시)에 떡 일곱 개, 사과 한 알, 달걀 한 알, 지짐은 무득하게 담아 주는데, 그거 다 못 먹으니까 건사했다 먹으라고 봉지 주더라고. 배고픈 고생은 안 하는데 단지 일이 너무 쎄서 글지, 순천깡판은 달라 다른 지역 깡판하고 […] 면회도 일주일에 두 번 시키고 […] 전국적으로 법관들 순천깡판에 모아 놓고 순천 따라 배우라고 시범상학 했거든." 면접자 2.

주민들은 대형 상업시설인 후방기지와 릉라88 종합상점, 릉라88 종합식당 등 서비스산업의 활성화에 대해 순천경제는 시 당 책임비서와 사법기관, 개인 돈주가 3두 마차가 돼 견인한다고 입을 모은다고 한다. 이는 북한 도시에서 통치 권력과 사회 치안 세력, 개인의 자본이 결합한 구도로 이해할 수 있다.

이로써 순천은 북한의 사법 간부들에게 매력적인 지역으로 다가온다. 순천처럼 시장이 발달하고 돈의 흐름이 활발한 지역은 '노른자위' 근무지로 인식되기 때문이다. 졸업을 앞둔 정치대학 졸업생들이 시, 군 사법기관에 배치될 때, 대학 간부과에 뇌물을 주고 순천에 배치되려고 한다는 일화는 일리가 있다. 시장화가 진전된 지역일수록 정경유착이 심화되는 이유도 여기에 있다.

도시건설 및 수산기지 확장

지역 시장화에 적극적인 역할로 기여한 순천 지방정부는 도시건설에 예산을 투자해 도시공간과 인프라 확장에 나섰다. 2014년에는 연봉-연포동 제1단계 도로공사를 완공했고, 2015년에는 석탄 수출 트럭의 운행으로 파손된 성산-강포동 구간 도로를 보수했다. 2016년에는 제약공장 주변의 비포장도로를 콘크리트로 포장하고, 시내 걸음길(인도)에는 색깔 있는 블록을 새롭게 깔아 도시 미관을 개선했다고 북한 당국은 널리 선전했다. 지역경제 시장화가 도시개발로 순환되는 구조를 따라 배우도록 한 것이다.[*]

이어 2017년에는 연포동 일대에 주상복합형 아파트 단지 건설을 착공했다. 연포동은 시내 중심에서 다소 떨어져 있지만 이 지역에 아파트 신축을 기획한 데는 이유가 있었다. 석탄, 시멘트, 제약 산업 등 순천을 대표하는 핵심 산업과 인접한 지역이기 때문이다. 과거에는 권력기관과 인접한 순천 도심권이 부유층의 거주지로 인

---

[*] 《노동신문》은 순천시 도로 공사가 2013년에 진행됐다고 보도했으나 당시 순천에 거주했던 면접자 2에 의하면 2013년에는 도로포장을 위한 자갈깔기 등 기초공사가 진행됐고 2014년부터 도로 공사가 시작됐다고 한다. "도로의 견고성과 문화성 보장에서 중시한 문제: 순천시 일군들의 사업에서," 《노동신문》, 2013년 11월 5일.

식됐지만, 2010년대 들어서는 산업이 집적된 연포동과 직동 일대가 새로운 '부자 동네'로 부상했다는 게 현지 거주자들의 공통된 증언이다. 지방정부가 주민 소득이 상승한 지역에 고급 아파트를 건설함으로써 잠재적 수요를 자극하는 동시에 도시개발 효과를 극대화하려 한 것으로 보인다.

지금까지 순천에서는 도심을 제외하면 부동산 개발, 특히 아파트 건설이 크게 진척되지 않았다. 이는 부지가 필수적인 개인 제조업의 발달과 관련이 있다. 빵, 술 제조 등에는 자재 창고와 생산 설비를 설치할 수 있는 텃밭 부지가 필수적이다. 따라서 단층주택이 밀집된 연포동과 봉화동 일대는 지금까지 크게 개발되지 않았는데, 뒤늦게 살림집 증축 및 신축 바람이 불기 시작한 것이다. 이러한 흐름 속에 지방정부가 주택 공급자로 나섰다.

"차단봉(철도 주변)있는 데서 장마당 가는 길바닥 주변에 쭉 단층들 다닥다닥 붙어있는데, 그쪽에 아파트 짓는다고 길이 재고 너비 재고 측량 작업했어. 아파트가 크고 밑에 쭉 상점들 들어선다 기니까 가난한 사람들이 너무 좋아서, 철거 세대는 새 아파트 우선 주거든. 친구가 거기 살았는데, 단층집 한심한 거 해(햇빛)도 안 들어서 대낮에도 시꺼맸거든. 거기 아파트 건설하고 새 집 준다니까 너무 좋아서 나한데 말하더라구 […] 그거 아파트 건설 순천이 자체로 건설하는 거야. 2017년부터 기초공사 시작했어." 면접자 2.

지방정부 주도로 건설 중인 주상복합형 아파트 단지를 어떤 방식으로 분양할지도 주목된다. 철거 세대와 국가공로자에게는 무상으로 공급하되, 그 외 일반 세대에게는 시장가격으로 분양할 가능성이 높다. 아파트 단지가 조성되면 주변에 대규모 상권이 형성돼 주택가격 상승을 부추기게 된다. 주택 공급이 절대적으로 부족한 북한에서 주택시장은 독점에 가까운 구조를 띠고 있어 개인이 주도하던 주택시장이 점차 지방정부로 이전될지도 주목해야 할 것이다.

순천 지방정부의 가시적인 성과는 수산물 생산기지 신설에서도 드러난다. 대표적으로 2017년 11월 순천 평리에 신설된 순천메기공장이 있다. 김정은은 순천메기공장을 시찰하면서 전국의 모범적인 전형단위로 내세웠다.[34] 북한 체제 특성상 최고지도자가 본보기 단위로 내세운 단위는 '영도 업적 단위'로 분류돼 더 큰 성과를 내야 하므로 다양한 편의를 제공받는다. 이러한 편의는 시장기반을 확장할 수 있는 기회를 의미한다. 예컨대 메기공장을 정상 운영하려면 원자재와 설비가 안정적으로 공급돼야 하므로 중앙에서는 무역 와크 배분 등 외화벌이 기회를 우선 제공한다. 실제로 2020년에는 순천메기공장 내 연간 수십 톤 규모의 생산능력을 갖춘 자라양식기지가 또 신설됐다며 북한 당국은 당 정책을 관철하는 자력갱생 기지들이 순천에 계속 들어서고 있다고 널리 선전했다.[35] 이러한 성과는 지역경제 시장화에 정당성이 부여돼 정책적, 경제적, 지역적 발전으로 이어지게 된다.

나가며

이 책을 쓰는 동안 시간여행을 하듯이 북한 순천에 머물렀다. 그곳에서 함께 했던 수많은 사람들의 경제활동을 시기별로 추적하고 기록하는 과정은 자식에게 주지 못한 엄마의 사랑을 다소 전하는 듯, 담담하면서도 뿌듯했다. 남북이 통일돼 고향으로 돌아가서 평양에 자리한 인민대학습당 경제서적 코너에서 이 책을 본다면 얼마나 행복할까. 어쩌면 먼 훗날 역사서적 코너에서 이 책을 펼쳐보게 될지도 모르겠다. 아직 더 깊이 분석하고 기록해야 하는 순천의 이야기가 남아 있지만 후속 연구로 미루고, 지면상 이 책은 일단락 하려 한다.

돌이켜 보면 순천지역경제의 발전 경로에는 파란 신호등만 켜져 있었던 것은 아니다. 2017년 유엔 안보리 결의안 2371호와 2397호로 대북제재가 강화된 데 이어, 코로나19로 북중 무역이 원천 중단되면서 순천지역경제가 연쇄적으로 받은 타격은 불가피했다. 그 속에서 또 다른 차원의 대응을 끊임없이 모색했던 경제 주체들의 행위는 이 책에서는 대부분 언급하지 못했다.

그럼에도 1990년대 경제난 이후 중앙공급체계가 와해된 상황에서 순천의 지방정부와 기업, 주민 등이 석탄, 시멘트, 제약산업을 중심으로 출구를 개척한 그 나날들은 북한 지역경제의 새로운 역사를 기록했다고도 말할 수 있다. 누구도 예측 못한 지역경제의 시장화는 국내외 시장으로 빠르게 확대되며 생산도시 순천의 발전사를 만들었고, 나아가 계획과 시장, 중앙과 지방의 관계를 변화시켜 신지역경제를 탄생시켰다. 순천은 결국 북한경제 개혁과 개방의 가능성을 현실로 보여준 생산도시라고 말할 수 있다. 1990년대 경제난 이후 순천지역경제의 발전 추이를 정리하면 [표 16]과 같다.

순천지역경제의 발전 요인을 쉽게 설명한다면 다음과 같다. 먼저 입지적 조건이다. 순천은 지하자원과 중앙공업 기반을 갖추고 있으며, 평양 소비시장과의 근접성, 교통의 발달로 국내외 자본과 노동력을 유인해 생산과 유통망의 확대가 가능했다. 특히 자동차산업이 존재하지 않는 지역에도 불구하고 차 부품상점, 차 유리제조, 주차장과 세차장 등 운송 관련 산업이 발달한 실태는 북한 지역경제가 자립하는 데 교통의 발달이 중요한 요인으로 작용하고 있음을 보여준다.

다음으로 에너지원이다. 자금만 있으면 저렴한 비용으로 언제든 조달 가능한 석탄자원은 개인에 의한 신발, 식품 등 경공업 중심의 제조 기반을 건자재, 철강 등 중공업 중심의 제조 기반으로

[표 16] 1990년대 경제난 이후 순천지역경제의 발전 추이

산업	1990년대 공급체계 와해로 지역시장 형성	2000년대 해외 시장 연결로 지역시장 외연 확대	2010년대 기술혁신 붐으로 지역경제 발전
석탄	- 민간 부문에서의 석탄 수요로 국영기업 산하 자체 탄광이 공급 주체로 등장 - 자체 탄광과 개인 간 직거래 시장이 순천 주변 도내 지역으로 형성	- 중국 시장의 석탄 수요 급증으로 자본 선투자 - 자체 탄광 외 특권층·개인 등 공급 주체 증가 - 석탄 중개 물류기지 등장 - 석탄 자본의 재투자	- 채굴기술과 설비 개발로 공급 역량 강화 - 석탄 전문 수송대 등장 - 순천에서의 비교우위 산업으로 성장
시멘트	- 농촌에서의 시멘트 수요로 국영공장이 공급 주체로 등장 - 계획 내 비공식 시장 형성 - 농장과 공장 간 물물 거래	- 부동산 건설 붐으로 내수에서의 시멘트 수요 급증 - 석탄산업 부문의 자본 투자로 공장과 개인 간 생산물 배분이 활성화되면서 시멘트시장 발달	- 계획 외 첫 생산주체 등장 - 생산기술과 설비거래 등장 - 생산주체별 시장 경쟁으로 공급 역량 강화 - 순천에서의 후발 산업으로 성장
제약	- 전국적으로 의약품 수요가 폭발하면서 공장과 개인이 공급 주체로 등장 - 개인에 의한 의약품 제조로 전국 시장 독점, 파생시장의 조기 등장 효과	- 북한 무역회사의 비공식적 의약품 수입, 중국 대방의 공식적 의약품 유입 등으로 중국 의약품이 대량 유통돼 제약시장이 일부 후퇴	- 석탄산업의 자본 투자로 필로폰이 외화 벌이 상품으로 개발 - 불법 제조된 필로폰이 북중 국경을 통해 밀수출 - 개인 제조 종합비타민 유통
파생 산업	- 준내구재 산업: 신발 제작업, 의류 가공업, 맞춤가구 제작업 - 식품산업: 양조업, 양돈업, 제빵업 - 건자재산업: 모래 채취업, 생석회 제조업, 차 유리 제작업 - 재활용 철강산업: 강철 생산기지, 8.3용접봉 생산기지 - 서비스산업: 일반 주민 대상 봉사시설, 중산층 대상 종합봉사소, 릉라88종합상점·종합식당 등 - 지방정부 주도의 운송 서비스 확대, 후방기지 및 도시건설, 수산기지 확장		

나가며

전환할 수 있었던 주요 동력이었다. 만성적인 전력난이 지속되는 북한에서 석탄 에너지는 가격 경쟁에서 시장 우위를 점할 수 있는 가능성을 제공한다.

다음으로 인적자원이다. 지역 산업이 침체되지 않고 지속적으로 성장하기 위해서는 기술개발이 필수적인데, 순천에는 화학공업대학이 중앙대학으로 자리하고 있다. 특히 주요 기업마다 공업대학, 전문기술대학, 기능공 학교가 운영되고 있어 기술개발에 필요한 인적자원이 지속적으로 배출되고 있다. 이러한 여건은 기술자, 기능공이 지역 인구의 일정 비중을 차지해 지역경제 시장화의 혁신적인 성장을 뒷받침한다.

마지막으로 지방정부의 역할이다. 순천 지방정부는 중앙정부의 정책과 지시를 하달하고 집행하는 수동적 행위자에 머무르지 않고, 제도적 장치를 적극 활용해 사경제가 형성되고 확장되는 데 기반을 제공했다. 특히 농축산물을 전문 생산해 평양을 비롯한 특정 도시 상업망과 시장에 공급하는 인민위원회 후방기지의 역할이 두드러진다. 여기서 눈여겨 볼 점은 도시와 농촌 간의 연계를 통해 농축산물을 안정적으로 생산하고 유통망을 확장시킨다는 것이다. 이는 농촌의 시장화를 촉진해 도농 격차가 줄어드는 효과로 이어져 순천 지방정부의 예산 확충에 긍정적으로 작용하며, 이렇게 마련된 예산은 도시건설과 새로운 산업을 신설하는 데 재투자되고 있다. 이로써 순천은 자립적 지역경제의 잠재력을 갖춘 생산도시로 자리매김하고 있다.

이러한 순천의 발전 양상은 김정은 정부가 추진하고 있는 지방발전 20×10 정책과 연관성을 갖는다는 점에서 함의가 크다. 북한 당국이 2024년 1월 최고인민회의 제14기 10차 회의에서 발표한 지방발전 20×10 정책은 향후 10년간 매년 20개 시, 군에 지방공업공장을 건설함으로써 도농 격차와 인민들의 기초적인 물질문화 생활을 개선하겠다는 목표를 담고 있다. 이러한 정책은 2019년 북미 하노이 정상회담 결렬 이후 북한이 제시한 '정면 돌파전'과 〈시, 군 발전법〉의 연장선상으로 이해할 수 있다. 대북제재 장기화에 대응하기 위한 전략의 지속으로 시, 군 단위 자생력을 한층 강화하려는 의도다.

이로써 북한의 시, 군의 행정적, 경제적 성격도 변화하는 중이다. 과거의 시, 군은 단순히 생산력의 지리적 배치를 위한 연결 거점에 머물렀다면, 현재는 사회주의 강국을 건설하기 위한 전략적 거점으로 재정의되고 있다. 시, 군의 발전이 곧 국가의 국력이라는 정치적 담론은 모든 지역이 자체 역량으로 자립해 정치, 경제, 문화의 각 분야마다 '문명한 고장'으로 전환할 것을 거듭 강조하는 정책 방향에서 나타나고 있다.[1]

따라서 북한은 지방정부의 주체적 역할을 그 어느 때보다 강조하고 있다. 각 도, 시, 군 인민위원회에게 지역의 자연적, 지리적 조건과 자원을 활용해, 산을 낀 지역에서는 산림 자원을 바다를 낀

---

* 2019년 12월 28일-31일까지 진행된 당 중앙위원회 제7기 제5차 전원회의에서 김정은은 수십 년간 이어진 북미 간 대립은 '자력갱생'과 '제재'의 대결이라며 앞으로도 제재 속에서 살아가는 것이 불가피하다며 정면돌파전을 선언하고 농업과 과학기술 등을 강조했다. "조선로동당 중앙위원회 제7기 제5차 전원회의에 관한 보도,"《노동신문》, 2020년 1월 1일.

지역에서는 수산 자원을 적극 활용해 지역경제를 발전시키라는 요구를 하는데 이는 전통적으로 중앙이 일방적으로 배치하던 산업 구조에서 탈피한 지역 맞춤형 자립 모델로 평가된다. 이로부터 순천은 "지역경제 발전의 동력이 무엇인지 실존으로 보여주며 진일보하고 있는 모델"[2]로 또다시 주목받고 있다. 물론 북한 체제 특성상 시장경제 제도화의 구조적 한계도 무시하지 못한다. 하지만 북한은 공식적으로 계획경제를 표방하면서도 지난 수년간 중국과 베트남식 개혁 개방 모델의 일부를 흡수해 경제개혁을 점진적으로 시도해 왔으며 현재도 진행형이라고 할 수 있다.

2025년 2월 김정은은 강동군 병원·종합봉사소 착공식에서 올해 강동군, 룡강군, 구성시에 시범적으로 서로 다른 규모의 병원을 각각 하나씩 건설해 본보기로 운영한 경험을 축적한 후, 내년부터 해마다 20개 시, 군에 병원들을 동시에 건설함으로써 '보건 현대화'를 실현하겠다고 연설했다. 모든 시, 군에 현대적인 병원들, 즉 선진의료봉사 거점들을 건설해 누구나 현대의학의 혜택을 마음 편히 누리도록 하는 것이 사회주의 보건의 사명이라고 강조했지만 무상치료제의 복원에 대해서는 한 번도 언급하지 않았다.[3] 섣부른 확대 해석이겠지만, 이는 코로나19 이후 평양을 비롯한 지방 도시에서 '표준약국' 유료화가 추진되는 현실과 맥락이 이어진다고도 볼 수 있다. 체제 안전과 경제개혁 단계를 절충하는 전략을 끊임없이 모색하는 최고지도자의 고민으로 읽힌다.

실제로 이러한 변화는 2021년 〈영수증법〉 제정, 2022년 〈가격법〉 개정, 2021년과 2023년 〈전자결제법〉의 제·개정 등 경제관리

제도의 개선에서 확인된다. 특히 2023년 하반기 일부 부문에 도입된 국정가격과 국정임금의 인상 조치는 2024년 상반기 전국으로 확대됐다. 또한 전국 상업망 등에 배포된 국가유일가격표가 시장가격에 가까운 기준으로 제정됐다. 이러한 정책은 중앙집권적 유일관리체계로 시장경제를 억제하고 사회주의 계획경제 복원을 시도한 것으로도 해석할 수 있지만, 중앙 차원의 '시장경제 개혁의 설계' 가능성도 배제할 수 없다.

물론, 이러한 북한의 개혁 실험 가능성은 완전한 비핵화와 북미 관계 개선을 통한 대북제재 해제가 선행돼야 한다. 그러나 최근 미중 간 패권 경쟁과 북러 간 밀착 구도는 대북제재 해제의 가능성을 제약한다. 그럼에도 북한은 대체 시장 개척의 일환의 하나로 원산갈마해안관광지구(2025.6.24.)를 준공하고 해외 관광객 유치에 나서는 등 적극적인 대응을 보이고 있다.

이러한 상황에서 남한이 북한보다 우위에 있는 국력을 바탕으로 경제협력의 선도적 주체로 나선다면, 남북 관계 긴장은 2018년 서울·평양의 '봄'처럼 완화될 가능성이 있다. 특히 지난해부터 김정은 정부의 역점사업으로 추진되고 있는 지방발전 20×10 정책과 연계해 남북 간 지역경제 협력 방안을 제시한다면, 실현 가능 출구는 열려 있다고 본다. 2025년부터 북한의 지방발전 정책은 시·군 지역에 지방공업공장 뿐 아니라 보건시설, 종합봉사소, 양곡관리시설을 설치하는 것으로 확장되고 있다. 이 사업의 성패는 자금과 설비 등 자본 조달이 중요하므로 북한으로서는 외부 협력 대안이 절실한 상황이다. 하지만 북한이 적대적 두 국가를 주장하면서 대

남 기구까지 폐지한 현실을 고려한다면 남북협력이 쉽지는 않다.

하지만 한반도 평화의 실질적 기반이자 미래 세대에 남겨야 할 유산은 남북한 사람들이 함께 모여 일하던 개성공단과 같은 기업의 창출이다. 이러한 기회는 자립으로 일어선 순천 주민들과 전국 시장에서 자본을 학습한 북한 주민들의 희망이고 염원이기도 하다. 나아가 해외 진출이 절실한 남한의 기업들에게도 새로운 출구가 될 것이다. 남북경협의 장이 열릴 때, 북한 사람들은 수혜자가 아니라 남한 사람들과 변화를 이끄는 주체의 동력으로 시너지를 발휘할 것이다. 순천을 비롯한 한반도 전역에 통일의 거점인 생산도시들이 현실화되기를 기대한다.

후주

1부 지역경제로 본 순천

1) 오경훈, "진주시의 지역경제 활성화 방안 연구," 경상대학교 대학원 석사학위논문(2013), 10쪽.
2) H. S. Perloff et al, *Regions, Resources and Economics Growth* (Baltimore: The Johns Hopkins Press for Resources for the Future Inc, 1964), p. 4.
3) 김성금, "군 경제의 종합적발전은 사회주의경제건설을 다그치기 위한 중요한 요구," 《경제연구》, 1999년 4호(1999), 13쪽.
4) 사회과학원 경제연구소 농업경제연구실,《사회주의건설에서 군의 위치와 역할》(평양: 사회과학출판사, 1969), 27쪽.
5) 김덕진, "경제건설에서의 우리 당의 새로운 발기," 《근로자》, 1958년 9호(1958), 110쪽.
6) 사회과학원 경제연구소 농업경제연구실,《사회주의건설에서 군의 위치와 역할》(평양: 사회과학출판사, 1969), 107쪽.
7) 김성금, "군 경제의 종합적발전은 사회주의경제건설을 다그치기 위한 중요한 요구," 14쪽.
8) 사회과학원 주체경제학연구소 편,《경제사전 2》(평양: 사회과학출판사, 1985), 579쪽.
9) 김금룡, "지방 산업공장들에서 지방자재동원에 의한 생산정상화 방도," 《경제연구》, 2003년 1호(2003), 27쪽.
10) 김정일, "사회주의건설에서 군의 위치와 역할,"《김정일전집 7권》(평양: 조선노동당출판사, 2014), 410쪽.
11) 강영원, "지방경제를 종합적으로 발전시키는 것은 인민생활을 균형적으로 향상시켜 우리식 사회주의 우월성을 더욱 높이 발향시키는 중요담보," 《경제연구》, 1994년 3호(1994), 17-18쪽.
12) 최완규, "북한 도시의 재구조화," 최완규 엮음,《북한 도시의 위기와 변화: 1990년대 청진, 신의주, 혜산》(파주: 한울, 2006), 11쪽.
13) 정보사령부 편,《북한지지: 평안남도 남포시편 2》(서울: 정보사령부, 2004), 536쪽.
14) 조선과학백과사전출판사·한국평화문제연구소 편,《조선향토대백과 3-평안남도 1》(서울: 평화문제연구소, 2004).
15) Central Bureau of Statistics, *DPRKOREA 2008 Population Census* (New York: UNFPA, 2008).
16) 정보사령부 편,《북한지지: 평안남도 남포시편 2》, 536쪽.
17) 정보사령부 편,《북한지지: 평안남도 남포시편 2》, 542쪽.

18) 조선과학백과사전출판사·한국평화문제연구소 편,《조선향토대백과 3-평안남도 1》, 543쪽.
19) 정보사령부 편,《북한지지: 평안남도 남포시편 2》, 536쪽.
20) 김일성, "동암갑문을 빨리 건설하여야 한다: 동암갑문 건설도면을 보면서 일군들과 한 담화,"《김일성전집 77권》(평양: 조선노동당출판사, 2008), 407쪽.
21) 조선과학백과사전출판사·한국평화문제연구소 편,《조선향토대백과 3-평안남도 1》, 235쪽.
22) 김익성 외,《조선지리전서: 공업지리》(평양: 교육도서출판사, 1989), 210쪽.
23) 정보사령부 편,《북한지지: 평안남도 남포시편 2》, 536쪽.
24) 김일성, "순천비날론련합기업소건설을 다그치며 순천시를 잘 꾸릴데 대하여: 순천비날론련합기업소건설 관계부문일군협의회에서 한 결론,"《김일성전집 84권》(평양: 조선노동당출판사, 2009), 229쪽.
25) 김일성, "순천비날론련합기업소건설을 다그치며 순천시를 잘 꾸릴데 대하여," 229-232쪽.
26) "위대한 정면돌파전사상이 안아올린 자력부강, 자력번영의 창조물 순천린비료공장 준공식 성대히 진행: 경애하는 최고령도자 김정은동지께서 준공식에 참석하시여 몸소 준공테프를 끊으시였다,"《노동신문》, 2020년 5월 2일.
27) 정보사령부 편,《북한지지: 평안남도 남포시편 2》, 548쪽.
28) 김일성, "평양시 인민들의 생활을 높이며 농업과 공업을 발전시키는데서 나서는 몇 가지 과업에 대하여,"《김일성전집 84권》, 413쪽.
29) 최경수, "일본의 한반도 지하자원 침탈역사,"《경향신문》, 2019년 8월 18일.
30) "평남청년탄전의 천성, 직동, 무진대청년탄광 정초식 거행,"《노동신문》, 1958년 9월 6일.
31) 김일성, "세멘트생산을 정상화하자: 정무원 및 순천세멘트공장 책임일군협의회에서 한 연설,"《김일성전집 66권》(평양: 조선노동당출판사, 2006), 337쪽.
32) 김일성, "순천세멘트공장에서 생산을 정상화하여 동생산을 늘이는데서나서는 몇가지 문제: 건재공업부문 일군협의회에서 한 연설 1978년 3월 22일,"《김일성전집 66권》, 352쪽.
33) 김일성, "세멘트생산을 정상화하자: 정무원 및 순천세멘트공장 책임일군협의회에서 한 연설, 1977년 10월 31일,"《김일성전집 64권》(평양: 조선로동당 출판사, 2006), 514쪽.
34) 이석기 외,《북한의 기업》(서울: 산업연구원, 2014), 308쪽.
35) 한국산업은행 동북아연구센터 편,《북한의 산업 下》(서울: 한국산업은행, 2005), 372쪽.
36) "우리나라 제약 공업의 발전 전망과 당면 과업,"《노동신문》, 1957년 11월 29일.
37) "우리나라 제약 공업의 발전 전망과 당면 과업."

38) "우리나라 제약공업의 발전 전망과 당면 과업."
39) "순천 페니실린 공장 조업식 진행."《노동신문》, 1961년 12월 31일.

2부 순천의 지역경제는 어떻게 형성되었나

1) 알프레트 베버, 안영진 옮김,《공업입지론》(파주: 나남, 2009), 19쪽.
2) "중국 인민들이 보내 준 석탄과 쎄멘트 함북도 내각 공장에 도착,"《노동신문》, 1954년 2월 1일.
3) 김일성, "산업운수부문에서 나타난 결함들과 그것을 고칠 대책에 대하여,"《김일성저작집 8권》(평양: 조선노동당출판사, 1980), 299쪽.
4) 정은이 외,《김정은 시대 서부 주요도시의 기업현황 및 가동률 결정요인 분석》(서울: 통일연구원, 2019), 182쪽.
5) 조선과학백과사전출판사·한국평화문제연구소 편,《조선향토대백과 3-평안남도 1》.
6) "경애하는 최고령도자 김정은동지께서 모범적인 강연강사들에게 감사를 보내시였다,"《노동신문》, 2020년 8월 1일.
7) 정은이 외,《김정은 시대 서부 주요 도시의 기업현황 및 가동률 결정요인 분석》(서울: 통일연구원, 2019), 34쪽; 홍민,《북한의 시장화와 사회적 모빌리티: 공간구조·도시정치·계층변화》(서울: 통일연구원, 2015), 8쪽.
8) "붉은기를 높이 들고 석탄생산에서 혁신을 일으키자: 탄전에 나래치는 '고난의 행군'정신,"《노동신문》, 1997년 2월 23일.
9) 황장엽,《북한의 진실과 허위》(서울: 시대정신, 1999), 22쪽.
10) 양문수, "1990년대 경제위기와 지방경제 운영체계의 변화," 최완규 엮음,《북한 도시의 위기와 변화》(파주:한울, 2006), 78-86쪽.
11) 양문수,《북한경제의 시장화: 양태·성격·메커니즘·함의》(파주: 한울, 2010), 234쪽.
12) 김정은, "현실발전의 요구에 맞게 우리식경제관리방법을 확립할 데 대하여: 당, 국가, 군대기관 책임일군들과 한 담화, 2014년 5월 30일," 양문수, "북한 시장화에 대한 경제사 및 정책사적 접근," 홍민 외,《북한 변화 실태연구: 시장화 종합 분석》(서울: 통일연구원, 2018), 94쪽에서 재인용.
13) 설송아,《여자는 죽지 않았다》(서울: 봄알람, 2025), 187쪽.
14) 임을출,《김정은 시대의 북한 경제: 사금융과 돈주》(파주: 한울아카데미, 2016), 223쪽.
15) G. H. Bort and J. L. Stein, *Economic Growth in a Free Market* (N. Y. : Columbia Univ. Press, 1964), pp. 107-108.
16) 〈조선민주주의인민공화국 지방주권기관법〉 제3장 22조, 국가정보원 편,《북한법령집 下》(서울: 국가정보원, 2020), 121쪽.
17) "도, 시, 군들사이의 경쟁열풍으로 사회주의건설의 전면적 부흥, 전면적 발전을 이룩하

자,"《노동신문》, 2021년 11월 17일.
18) 김정일, "군의 역할을 높여 인민생활에서 전환을 일으키자: 조선로동당 중앙위원회 책임일군들과 한 담화,"《김정일선집 13권》(평양: 조선노동당출판사, 1998), 443-451쪽.
19) "사회과학원 주체경제학연구소 편,《경제사전 2》(평양: 사회과학출판사, 1985), 731쪽.
20) 최설, "1990년대 경제난 이후 북한 지방경제 변화 연구: 평안남도 순천시 사례,"《도시사학회》, 26호(2021), 27쪽.
21) 김정일, "강행군으로 사회주의경제건설에서 새로운 진격로를 열어나가자: 조선로동당 중앙위원회 책임일군들과 한 담화,"《김정일선집 19권》(평양: 조선노동당출판사, 2013), 278쪽.

3부 순천의 주요 산업은 어떻게 변화하였나

1) Barry Naughton, 이정구·전용복 역,《중국경제: 시장으로의 이행과 성장》(서울: 경제경영출판사, 2010), 452-453쪽.
2) 남진욱, "북한의 광물자원 수출유형 분석: 무역통계를 중심으로,"《KDI 북한경제리뷰》, 2016년 9월호(2016), 33쪽; 정은이, "북한의 석탄산업과 북·중무역에 관한 연구: 북한 순천탄광지구를 중심으로,"《한국아동북아논총》, 제21권 1호(2016), 31쪽.
3) 황인균, "북한 지하자원의 경제적 가치 연구," 북한대학원대학교 석사학위논문(2018), 62쪽.
4) 이종규, "북한의 대중무연탄 수출 감소,"《KDI FOCUS》, 57호(2015), 3쪽.
5) 정은이, "북한의 석탄산업과 북·중무역에 관한 연구," 7쪽.
6) 임수호·양문수·이정균,《북한 외화획득사업 운영 메커니즘 분석: 광물부문(무연탄·철광석)을 중심으로》(세종: 대외경제정책연구원, 2017), 4쪽.
7) 임수호·양문수·이정균,《북한 외화획득사업 운영 메커니즘 분석》, 71쪽.
8) 황인균, "북한 지하자원의 경제적 가치 연구," 61쪽.
9) 〈조선민주주의인민공화국 중소탄광법〉 제8조(주체103(2014)년 12월 10일 최고인민회의 상임위원회 정령 제256호), 국가정보원 편,《북한법령집 上》(서울: 국가정보원, 2020), 750쪽; 조선로동당 중앙위원회 당력사연구소 편,《우리 당의 선군시대 경제사상 해설》(평양: 조선노동당출판사, 2005), 89쪽.
10) 정은이, "북한의 석탄산업과 북·중무역에 관한 연구," 31쪽.
11) 최주환,《북한경제분석론》(서울: 대왕사, 2006), 127쪽.
12) 임수호·양문수·이정균,《북한 외화획득사업 운영 메커니즘 분석》, 145쪽.
13) 이종규, "북한의 대중무연탄 수출 감소: 원인과 의미,"《KDI FOCUS》, 57호(2015년), 6쪽.

14) 신민재, "중국 환경기준 강화에 북한 무연탄 수출 제동," 《연합뉴스》, 2015년 3월 4일; 김도엽, "중국, 북한산 석탄 200만 톤 반송 지시," 《KBS》, 2017년 4월 11일.
15) 이종규, "북한의 대중무연탄 수출 감소," 3쪽.
16) 김정은, 2012년 5월 담화; 2016년 1월 1일 신년사 참고.
17) 임수호·양문수·이정균, 《북한 외화획득사업 운영 메커니즘 분석》, 81쪽.
18) 김일성, "중앙인민위원회와 정무원의 사업방향에 대하여: 조선민주주의인민공화국 중앙인민위원회 제9기 제1차회의, 정무원 제9기 제1차전원회의에서 한 연설," 《김일성 전집 89》(평양: 조선노동당출판사, 2010).
19) "석탄탐사에서 지구물리탐사방법의 리용," 《노동신문》, 2011년 6월 4일; "효과적인 석탄탐사기술을 개발도입," 《노동신문》, 2014년 8월 18일.
20) "과학기술로 석탄 생산을 힘있게 추동해간다: 탄전은 이런 과학자들을 기다린다," 《노동신문》, 2014년 8월 18일.
21) "과학기술로 석탄 생산을 힘있게 추동해간다."
22) "생산의 앞장에 우리가 서자: 순천지구탄광연합기업소 2.8직동청년탄광에서," 《조선중앙텔레비죤》, 2016년 11월 2일
23) Alexandre Y. Mansourov, "중국에 대한 북한의 시각," 《KDI 북한경제리뷰》, 2004년 2월호(2004), 41쪽.
24) 김정은, "신년사," 《노동신문》, 2016년 1월 1일.
25) "탄광들에서 채굴과 운반의 기계화비중을 더욱 높이자: 새 기술도입에서 옳은 방법론을 찾아쥐고," 《노동신문》, 2020년 7월 11일.
26) 임수호·양문수·이정균, 《북한 외화획득사업 운영 메커니즘 분석》, 71쪽.
27) 김부헌, "북중 접경지역의 초국경적 상호작용과 예외적 성격," 동국대학교 대학원 박사학위논문(2020), 44쪽.
28) 최설, "경제난 이후 북한 지방경제 변화 연구: 평안남도 순천시 사례," 북한대학원대학교 석사학위논문(2017), 68-69쪽.
29) 남진욱, "북한의 광물자원 수출유형 분석·무역통계를 중심으로," 《KDI 북한경제리뷰》, 2016년 9월호(2016), 33쪽..
30) 이석기, "북한의 산업과 실물부문: 동향과 평가," 《한반도 포커스》, 32호(2015), 25쪽
31) 정은이, "북한의 석탄산업과 북·중무역에 관한 연구"; 임수호·양문수·이정균, 《북한 외화획득사업 운영 메커니즘 분석》, 126쪽.
32) "북 석탄 위장수출 증언 나와," 《RFA》, 2018년 8월 6일.
33) "분조관리제 도입 30돐," 《조선신보》, 1996년 10월 24일.
34) 김소영, "경제위기 이후 북한 농업부분의 계획과 시장," 북한대학원대학교 박사학위논문(2017), 117쪽..
35) 최중국, "생산력의 발전과 관리체계," 《근로자》, 1962년 제2호(1962), 29쪽.

36) "전후 빈터에서 일떠서던 그 기세로 평양-남포고속도로 건설과 개천-태성호물길공사를 비롯한 중요대상건설을 힘있게 다그쳐야 한다,"《노동신문》, 2000년 1월 11일.
37) "당의 원대한 수도건설구상을 빛나게 실현하자,"《노동신문》, 2000년 4월 7일
38) "10월의 대축전을 자랑찬 세멘트 생산성과로!"《노동신문》, 2000년 7월 10일.
39) "기업관리에서 정비보강사업을 우선시하였다,"《노동신문》, 2024년 11월 18일.
40) 정보사령부 편,《북한조직편람》(서울: 정보사령부, 2000), 242-243쪽..
41) "선군시대의 경제건설로선을 철저히 관철하자: 세멘트생산에서 새 기록,"《노동신문》, 2003년 3월 18일
42) "기업관리에서 정비보강사업을 우선시하였다,"《노동신문》, 2024년 11월 18일..
43) "자력갱생의 기치를 높이들고 생산과 건설에서 계속 혁신: 성산세멘트공장 개건확장공사 추진, 평안남도에서,"《노동신문》, 2007년 8월 21일.
44) 한국양회공업협회,《북한의 시멘트산업》(서울: 한국양회공업협회, 2007); 한국시멘트협회,《북한 시멘트산업 현황》(서울: 한국시멘트협회, 2011), 12-13쪽.
45) "자체의 힘과 기술에 의거하여,"《노동신문》, 2018년 11월 21일.
46) "쎄멘트는 간단하게 생산된다,"《노동신문》, 1958년 9월 5일.
47) "국토관리총동원운동열성자대회 진행,"《노동신문》, 2012년 5월 9일; "경애하는 김정은 동지께서 국토관리총동원열성자대회 참가자들과 함께 기념사진을 찍으시였다,"《노동신문》, 2012년 5월 10일.
48) 김정은, "전당, 전군, 전민이 산림복구전투를 힘있게 벌려 조국의 산들에 푸른 숲이 우거지게 하자: 당, 군대, 국가경제가관 책임일군들과 함 담화, 2015년 2월 26일,"《노동신문》, 2015년 2월 27일.
49) "국토관리사업에서 새로운 전환을 일으키자,"《노동신문》, 2012년 5월 23일; 김정은, "전당, 전군, 전민이 산림복구전투를 힘있게 벌려 조국의 산들에 푸른 숲이 우거지게 하자."
50) "석탄생산을 늘일수 있는 확고한 담보 마련, 천성청년탄광에 파견된 2월17일과학자, 기술자돌격대에서,"《노동신문》, 2012년 5월 6일
51) "세멘트공장이 새로 일떠선다,"《노동신문》, 2016년 8월 23일.
52) "세멘트공장이 새로 일떠선다.".
53) "도, 시, 군들에서 지방건설에 필요한 세멘트생산기지를 튼튼히 꾸리자: 자기 고장을 자기 손으로,"《노동신문》, 2020년 6월 16일.
54) 고상모, 이길재, 에드워드윤, "북한광물자원 부존 및 개발현황 개요,"《자원환경지질》, 제46권 4호(2013), 299쪽.
55) "순천시멘트공장 배급 없어도 살만한 이유,"《좋은벗들》(인터넷판), 2012년 12월.
56) 김흥석, "북한보건의료제도에서 '무상치료제'의 함의," 고려대학교 보건대학원 석사학위논문(2009), 30쪽

57) 서울대학교 외과대학 통일의학센터,《북한 보건의료 백서》(서울: 보건복지부, 2013), 142-147쪽..
58) 김진숙, "북한 의약품정책의 특징과 한계 분석,"《보건사회연구》, 제32권 4호(2012), 631쪽
59) 신희영 외, "김정은 시대 북한 보건의료체계 동향: 전달체계와 조직체계를 중심으로,"《통일과 평화》, 제8권 2호(2016), 183쪽.
60) 최창석, "민주주의적인 인민보건건설을 위하여,"《인민들 속으로 79》(평양: 조선노동당출판사, 2009), 30쪽.
61) 최주환,《북한경제분석론》(서울: 대왕사, 2006), 231쪽.
62) "자체의 힘으로 더 많은 의약품을,"《노동신문》, 2002년 10월 16일.
63) 김정일, "순천군을 중요공업지구로 잘 꾸려야 한다: 순천뜨락또르부속품공장, 순천구두공장, 순천제약공장을 돌아보면서 일군들과 한 담화, 1968년 9월 25일,"《김정일전집 11권》(평양: 조선노동당출판사, 2015), 304쪽.
64) 이혜경, "북한 보건의료체계의 파행화와 변화에 대한 연구: 1990년대 후반기를 중심으로," 북한대학원대학교 석사학위논문(2008), 79쪽.
65) "고려약초를 의료봉사사업에 적극 리용,"《노동신문》, 2001년 10월 23일.
66) 정은이, "2000년 이후 북한시장의 발전요인에 관한 분석,"《비교경제연구》, 제19권 1호(2012), 97쪽..
67) 이혜경, "북한 보건의료체계의 파행화와 변화에 대한 연구," 65쪽.
68) 류국현, "북한경제정책에 따른 의약품 유통 실태 및 변화과정에 대한 연구," 고려대학교 대학원 박사학위논문(2016), 91쪽
69) Sheena Chestnut Greitens, "북한 불법 외화벌이활동의 변화,"《KDI 북한경제리뷰》, 2014년 6월호(2014), 44쪽.
70) "천만군인의 치솟는 분노와 폭발, 만고역적 단호히 처단,"《노동신문》, 2013년 12월 14일..
71) 이관형, "북한 마약 문제 연구: 국가주도형 초국가적 조직범죄 특성을 중심으로," 고려대학교 대학원 박사학위논문(2021), 272쪽.
72) "〈유엔 대북제재〉대북제재결의 2321호 주요내용,"《연합뉴스》, 2016년 11월 30일.
73) "필로폰,"《네이버지식백과: 약학용어사전》.
74) "북 국가과학원, 마약원료 유출시켜 연구자금 마련,"《RFA》, 2019년 3월 12일.
75) "평양의 대동강 기슭에 비타민C공장 준공,"《조선중앙통신》, 2013년 8월 9일.
76) "北돈주, 의료시스템 장악?…'약국' 직접운영 성행,"《Daily NK》, 2016년 11월 16일.

4부 파생산업과 신지역경제로의 발전

1) 김일성, "지방공업을 발전시켜 인민소비품 생산에서 새로운 전환을 일으키자: 전국 지방산업일꾼대회에서 한 연설, 1970년 2월 27일," 《김일성전집 44권》(평양: 조선노동당출판사, 2002), 272쪽.
2) 김일성, "경공업부문에서 6개년계획을 앞당겨 수행하기 위한 몇 가지 과업에 대하여: 조선로동당 중앙위원회 정치위원회에서 한 연설, 1973년 8월 10일," 《김일성전집 52권》 (평양: 조선노동당출판사, 2003), 243-244쪽.
3) 최설, "코로나19 펜데믹 전후 북한의 신발 수급 동향 분석," 《KDB 북한개발》, 36호 (2025), 102쪽.
4) 방영철, 《이제 벤처는 평양이다》(서울: 김영사, 2000), 102쪽.
5) "'생활비 카드로 입금해 주라' 지시에 행정기관·은행 분주", 《데일리NK》, 2025년 1월 20일.
6) "북 중앙은행, 시장 환율로 달러 환전 개시," 《RFA》, 2025년 3월 31일.
7) 최설, "코로나19 팬데믹 전후 북한의 신발 수급 동향 분석."
8) 이석기 외, 《북한 경공업 실태와 남북협력 방안》(세종: 산업연구원, 2021), 107쪽.
9) "박기원, 그 순천사람," 《임진강》, 5호(2009), 61쪽.
10) 과학백과사전종합출판사 편, 《로동행정편람 1》(평양: 과학백과사전종합출판사, 1998), 61-62쪽; 〈조선민주주의인민공화국 사회주의로동보호법〉, 국가정보원 편, 《북한법령집 上》(서울: 국가정보원, 2020), 595-596쪽.
11) 이용훈, "최근 북·중 경제관계의 특징과 시사점," 《KDI 북한경제리뷰》 2006년 3월호 (2006), 7쪽.
12) "北대동강, '황금알 낳는 강'...모래채취 사업 성업," 《데일리 NK》, 2015년 5월 6일.
13) "위생사업을 혁신할 구체적 대책을 강구, 중앙위생지도위원회 제2차 확대위원회에서," 《노동신문》, 1958년 5월 25일.
14) "봄철위생월간사업에서 중시해야 할 문제," 《노동신문》, 2023년 3월 2일.
15) "北 평안남도 안석간석지 대규모 침수사고 발생...김정은 격노," 《SPN 서울평양뉴스》, 2023년 8월 22일.
16) "김정은 "음주접대, 인민 재산 침해"…온천군·우시군 당조직 해산," 《한겨레》, 2025년 1월 30일.
17) "북 농장, 지력회복 '소석회' 확보에 사채도," 《RFA》, 2025년 2월 24일.
18) "순천석회석광산에서 25만산 대발파," 《노동신문》, 2025년 2월 1일; "순천석회석광산 30만산 대발파," 《노동신문》, 2021년 1월 5일.
19) "[평양 사이언스] 북한 특유의 공법, '30만산 대발파'로 광물 채굴," 《서울평양뉴스》, 2023년 4월 15일.

20) 이석기 외, 《북한의 기업》(서울: 산업연구원, 2014), 335쪽.
21) 이석기 외, 《북한의 기업》, 344쪽.
22) "북 제철소, 철광석·연료 부족으로 생산 차질," 《RFA》, 2023년 1월 5일.
23) "무연탄 용광로 새로 건설," 《노동신문》, 2020년 12월 5일.
24) "위생사업을 혁신할 구체적 대책을 강구, 중앙위생지도위원회 제2차 확대위원회에서," 《노동신문》, 1958년 5월 25일.
25) "북 순천화력발전소, 편의시설 운영으로 자금 마련," 《RFA》, 2019년 9월 30일.
26) 미셸 푸코, 오생근 역, 《감시와 처벌》(파주: 나남, 2005), 8-11쪽.
27) 장명봉 편, 《2013 최신 북한법령집》(서울: 북한법연구회, 2013).
28) "김정은 체육중시 선전물 北 롤러스케이트장 알고 보니…" 《데일리NK》, 2017년 1월 17일.
29) 최수광, "현시기 지방경제를 더욱 발전시키는 것은 인민생활향상을 위한 중요방도," 《경제연구》, 2013년 2호(2013), 14쪽.
30) 리기반, "군을 단위로 지방경제를 종합적으로 발전시키는 것은 올해 경제건설의 기본과업을 성과적으로 수행하기 위한 중요한 방도," 《경제연구》, 1999년 2호(1999), 9-10쪽.
31) "착상력과 전개력을 어떻게 키워주었는가: 함경북도 인민위원회 초급당위원회에서," 《노동신문》, 2019년 6월 6일.
32) "친딸의 심정으로: 평안북도 인민위원회 아랫단위 로동자 김영애동무," 《노동신문》, 2015년 9월 12일.
33) "오성산초소에 잇닿은 마음: 회창군 인민위원회 아랫단위 로동자 리현순동무," 《노동신문》, 2013년 11월 18일.
34) "경애하는 최고지도자 김정은동지께서 새로 건설된 순천메기공장을 현지지도하시였다," 《노동신문》, 2017년 11월 28일.
35) "순천메기공장에서 현대적인 자라양식기지가 일떠섰다," 《노동신문》, 2020년 10월 17일; "평안남도에서 여러 대상 건설 완공," 《노동신문》, 2020년 12월 24일.

나가며

1) "조선민주주의인민공화국 시, 군 발전법: 주체110(2021)년 9월 29일 최고인민회의 법령 제10호," 《북한법령집 下》(서울: 국가정보원, 2024), 131쪽.
2) "이런 관점이 지방발전의 진짜 동력이였다: 순천시 당위원회 사업에서," 《노동신문》, 2025년 5월 3일.
3) "경애하는 김정은동지께서 《지방발전 20×10정책》 강동군병원과 종합봉사소건설착공식에서 하신 연설," 《노동신문》, 2025년 2월 7일.

생산도시 순천
북한 신지역경제의 탄생

초판 1쇄   2025년 9월 30일

지은이   설송아
편집인   오주연
발행인   김애란
인쇄   한영문화사
출판사   힐데와소피
등록   제2021-000050호
주소   서울시 관악구 조원로 77, 202호 일부
이메일   hildeandsophie@gmail.com
홈페이지 www.hildeandsophie.xyz

© 설송아, 2025
ISBN 979-11-981358-5-8 93320

책값은 뒤표지에 있습니다.